Conflict Management &
Negotiation Strategies

갈등관리와 협상전략

원칙, 술수, 전술

백종섭 지음

창 민 사

머리말

우리나라 역사상 가장 유명한 국제협상이라면, 저자는 단연코 고려의 서희 협상을 꼽는다. 서희는 거란의 소손녕과 협상에서 오로지 세 치의 혀로 80만 대군을 물리치고, 강동 6주까지 얻어내 압록강까지 영토를 넓혔으니 말이다.

훌륭한 협상술은 자신은 물론 국가를 위해서도 매우 중요한 기술이다. 우리는 평생 살아가면서 가족, 친지, 이웃, 직장에서는 상사, 동료, 부하들과 이해관계로 갈등을 겪으면서 이를 해결하기 위해 협상을 한다.

저자는 1999년 인디애나 대학교(INDIANA Univ., at Bloomington) 연구년 시절에 단체교섭 관련 자료를 수집하고, 협상과목을 청강하면서 인연을 맺었다. 이후 몇 년간 연구하여 강의를 시작하였고, 공무원 교육원 특강에서 협상의 중요성을 전도사처럼 강조하였다. 이제는 갈등관리와 협상전략이 공무원 승진이나 면접시험에 필수적이며, 민간기업에서는 인사관리, 노무관리, M&A에서 매우 강조되고 있다. 협상론과 관련한 도서들도 꽤나 많이 출판되어 이제는 당당히 하나의 학문 영역으로 자리 잡아가고 있다.

훌륭한 협상술은 선천적인 것이 아니라 반복적인 학습과 경험을 통해 습득되는 하나의 기술이다.

본 저서는 선행 연구 자료들을 재정리하는 수준으로 출판하게 되니 사실상 편저로 하는 것이 옳다. 무엇보다도 갈등 및 협상과 관련한 훌륭한 선행 연구자들에게 신세를 크게 지었다. 일일이 출처를 밝히지 못하고 부분적으로 내각주와 참고문헌으로 처리하였음을 대단히 송구스럽게 생각하며, 선행 연구자 및 독자들의 넓은 이해와 양해를 구한다. 독자들의 따가운 비판과 조언을 겸허하게 받아들여 보다 나은 저서로 발전시키고자 한다.

『몹시도 추운 겨울 끝자락 봄날부터 일곱 살 형, 열 살의 누나는 세 살배기 필자의 영원한 엄마와 아빠가 되어 오늘의 저자를 있게 하였다. 하늘과 땅보다 더 높고 넓은 무한한 감사를 드린다. 오랜 세월 홀로 사시다가 33년의 병마로 얼마 전 영면하신 아버님께 안타까움과 한없는 존경심을 보낸다. 새어머님께도 죄송스러움과 진정으로 고마움을 표한다. 혼자만 좋다는 학자의 길에 격려와 용기를 준 반려자 한재경, 더 없이 소중한 아들 경태와 딸 소정이 앞날에 행복이 가득하길 빈다.』

끝으로 이 책이 나올 수 있도록 배려해주신 도서출판 창민사 윤동구 사장님과 임직원 여러분께도 진심으로 감사드린다.

2015년 을미생이 한 살을 먹으며

운봉(雲峰) 백종섭(白鍾燮)

생각을 바꾸면 행동이 바뀌고, 행동을 바꾸면 습관이 바뀌고,
습관을 바꾸면 인격이 바뀌고, 인격을 바꾸면 운명까지도 바뀐다.
나의 세대가 이룩한 발견 중에서 가장 위대한 것은
습관을 바꾸는 것만으로도 자신의 인생을 바꿀 수 있다는 것이다.

제임스, William James, 미국 심리학자/철학자

차 례

제I편 | 갈등관리

갈등관리의 이해 제1장

제2장 갈등관리의 유형과 전략

제Ⅱ편 | 협상의 구조와 과정

협상의 이해 제3장

제4장 협상의 구조와 과정

제5장 협상 작업표와 협상조

제 7 장 입장협상과 이익기반 협상전략

인간관계와 협상전략 제8장

협상과 게임이론 제9장

제 10 장 바림직한 협상원칙

제 11 장 다이아몬드의 협상전략과 모델

속임수 협상전략과 대응전략 제14장

제V편 | 협상 사례

제15장 지방자치단체의 정책갈등 사례

제16장 수원기지 비상활주로 이전 협상 사례

제 I 편

갈등관리

불가능하다구? 해보기는 했어?

정주영, 현대그룹 창업자

내가 알고 있는 유일한 실패는 시도조차 해보지 않는 것이다.

클루니, George Clooney

제1장 갈등관리의 이해

제1절 갈등의 원인

제2절 갈등의 이해와 기능

제3절 갈등과 조직성과

제1절 갈등의 원인

1. 갈등의 개념

사람은 사회생활을 영위하는 한 불가피하게 크고 작은 갈등을 겪게 된다. 이때 갈등을 어떻게 관리하느냐는 개인과 조직, 집단 및 국가와 사회 모두에 성공과 실패를 좌우하는 열쇠와 같다고 할 수 있다.

갈등(葛藤, conflict)[1]에 대한 개념 정의는 학자마다 다양하게 정의하고 있는데, 이는 갈등의 유형이나 관점이 다르기 때문이다. 즉, 순수하게 개인의 내면적인 갈등, 개인과 개인간 갈등, 개인과 집단(조직)간 갈등, 집단(조직)과 집단(조직)간 갈등에 따라 다른 개념 정의가 가능하다. 여기에서는 갈등에 대한 개념과 설명을 갈등 대상이나 범위 등을 한정하지 않고 포괄적으로 이해하여 설명하기로 한다.

갈등이란 행동 주체 또는 행동 주체간의 대립적 또는 적대적인 상호작용이라고 할 수 있다(오석홍, 2011: 593-595).

첫째, 행동 주체란 혼자 또는 둘 이상의 당사자들간에 발생하는 것으로 개인, 집단, 조직, 국가 등을 모두 포함한다.

둘째, 대립적이고 적대적이란 하나의 행동이나 작용이 다른 행동이나 작용의 정상적인 상황을 해치는 것을 말한다. 상대방의 목표달성에 효과성,

1) 갈등(葛藤)에서 갈(葛)은 칡, 등(藤)은 등나무인데, 모두 덩굴 식물로 줄기를 뻗어 엉켜 위로 성장하는 특성을 가진다. 엉킴의 대명사들이 서로 엉키니 얼마나 뒤엉키겠는가! 또한 영어(conflict)는 con(서로, 함께) + flict(충돌)의 합성으로 불일치와 충돌이 함께 진행되는 과정을 강조한다.

효율성, 형평성 등을 방해하거나 해를 끼치는 상황을 발생시키는 것이다.

셋째, 상호작용이란 갈등을 겪고 있는 당사자들간의 부정적이고 적대적이며 대립적인 태도와 행동 등 여러 상황을 주고받는 것이다. 다만, 갈등의 범위를 자신의 내면에서 발생하는 개인 한 사람으로 한정하는 경우에는 상호작용은 없다고 볼 수 있다.

2. 갈등의 원인

갈등이 발생하는 현상을 살펴보면, 갈등이 발생하여 진행하는 과정을 바라볼 수도 있고, 갈등이 발생하는 조건이나 원인을 분석할 수도 있다. 많은 연구자들은 갈등의 과정이나 조건 등을 분석하고 있다(오석홍, 2011: 598-602; 오세덕 · 여윤환, 2000: 289-297; 이창원 · 최창현, 2010: 328-333; 임영제 외, 2003). 이하에서는 선행 연구 결과를 정리하여 갈등을 발생시키는 조건이나 원인을 개인적인 측면, 조직구조적 측면, 그리고 의사소통 측면에서 설명한다.[2)]

1) 개인적 측면

사람들이 개인끼리 또는 조직과 갈등이 발생하는 이유는 여러 가지가 있지만, 대표적인 것은 사람마다 가지고 있는 가치관, 인식, 성격, 태도, 신뢰 부족 등을 생각할 수 있다.

(1) 가치관의 차이

가치관이란 인간이 자기를 포함한 세계나 그 속의 만물에 대하여 가

2) 이하 설명은 선행 연구 자료를 바탕으로 작성되었으므로, 자세한 내용은 위 자료들을 참조하기 바란다.

지는 평가의 근본적 태도나 보는 방법, 또는 가치를 중심으로 보는 관점(민중 엣센스 국어사전, 2000: 35)이다.

사람들은 사회생활을 하면서 다른 사람이나 상황, 사건 등을 바라보면서 생각하거나 판단하는 나름대로 일정한 행동양식이나 존재양식을 가지고 있다. 이것이 가치관인데, 개인마다 성장 배경과 과정이 다르기 때문에 가치관은 서로 다를 수 있다.

개인이나 집단이 어떤 상황에 대한 해석이나 판단, 평가 등이 다를 때 당연히 다른 가치관을 가진 사람이나 집단, 국가와 갈등을 야기할 수 있다. 종교에 대한 믿음과 생각, 사형제도에 대한 찬성과 반대, 민족주의에 대한 생각, 빈곤의 원인에 대한 입장, 행복과 불행에 대한 생각, 자신의 사회계층에 대한 생각 등은 대표적인 가치관의 차이에 의한 갈등이라고 할 수 있다.

(2) 인식의 차이

인식이란 사물을 분명히 알고 그 의의를 바르게 이해, 판별하는 일, 대상을 감지하는 감각 및 지각으로부터 이를 분별 · 판단하는 기억 · 사유에 이르기까지의 광의의 의식작용(민중 엣센스 국어사전, 2000: 1846)이다.

사람들이 동일한 사물이나, 사건, 상황을 바라볼 때 생각이나 느낌이 서로 다를 수 있다. 즉, 사물 등에 대한 지각이나 인식의 차이가 개인간, 조직간, 국가간 갈등을 유발시킬 수 있다. 이러한 인식의 차이는 가치관의 차이, 성격이나 태도의 차이 등에서 비롯되기도 한다.

주어진 사실을 자기 나름대로 해석하고 판단하면서 다른 사람에게 오해나 혼란을 주어 갈등이 나타날 수 있다. 똑같은 태양이나 달을 바라보면서 다르게 느끼는 것, 눈이나 비가 내릴 때 느끼는 인식의 차이 등이 갈등을 가져올 수 있다.

(3) 성격의 차이

사람마다 출생과 성장 배경 및 과정이 다르기 때문에 나름대로 고유하고 독특한 습관이나 행동과 태도들을 가지고 있다. 이러한 성격이 주어진 외부 사건, 상황들에 대한 서로 다른 지각을 통해 다른 판단과 해석으로 나타나 갈등으로 이어질 수 있다.

게으른 사람, 부지런한 사람, 수동적이거나 공격적인 사람, 지배욕이나 권력욕이 강하거나 약한 사람, 협조적이거나 투쟁적인 사람, 성격이 급하거나 느긋한 사람 등으로 분류할 수 있으며, 서로 상이하거나 비슷하더라도 정도의 차이 등 때문에 갈등이 발생할 수 있다.

(4) 태도의 차이

태도란 개인이 가지고 있는 속의 뜻이 드러나 보이는 겉모양(민중 엣센스 국어사전, 2000: 2317)이다. 사람들은 서로 다른 가치관과 다른 성격을 가지고 있기 때문에 어떤 상황이나 사실에 대하여 다른 생각을 가지게 되며, 따라서 서로 다른 행동과 태도를 나타낼 수 있다. 폭력, 어떤 잘못이나 실수에 대해 관대하거나 엄격하거나, 남성이 반바지 차림이나 슬리퍼를 신고 사무실에 출근하는 것에 대한 상사나 동료 또는 부하의 태도 등이 다를 수 있어 갈등이 발생할 수 있다.

(5) 신뢰 부족

신뢰란 믿고 의지하는 것으로 중요한 사회적 자본의 하나이다. 사람들은 사회생활을 하면서 수많은 사람들과 상호작용을 하면서 서로 돕고 의지하며 살아간다. 이러한 과정에서 서로 믿고 의지할 때 원만한 인간관계를 형성하며 성과도 높게 나타날 수 있다. 하지만, 모든 사람이 다 믿을 수 있을 만큼 정직하거나 공정하거나 합리적이지 않을 수 있다.

비윤리적이거나 정직하지 못하거나 불공정하고 불합리한 행동과 태도를 보이는 사람은 선뜻 믿음이 가지 않는다. 따라서, 신뢰가 가지 않는 사람이 아무리 올바르게 생각하고 행동하더라도 불신하고 오해하게 되어 당사자간에 갈등으로 이어질 수 있다.

2) 조직구조적 측면

조직은 효율적으로 업무를 수행하기 위해 매우 중요한 것이지만, 어떤 형태로 조직을 구성하며 어떤 관계와 절차로 업무가 진행되도록 하느냐에 따라 효율성은 달라진다. 혼자서 처리할 수 있는 업무도 있지만, 현대 사회에서는 대부분의 업무는 전문화로 인한 분업화가 이루어져 상호의존적이다.

업무의 상호의존성으로 책임과 권한의 불공정과 애매 모호성, 계선과 참모 간의 인식 차이와 역할 갈등으로 인한 문제, 의사결정 과정에서의 참여와 배제,[3] 역할갈등 유발 조직구조, 역할과 지위의 불일치, 성과평가에 대한 기준과 보상체계의 상이성 등이 조직구조와 관련이 깊다.

(1) 업무의 분화와 상호의존성

현대 조직에서 업무를 수행하는 경우 분화와 전문화는 기본적으로 이루어진다. 이러한 조직구조는 구성원들에게 다른 목표, 다른 시간지향성, 그리고 다른 관리방식으로 나타날 수 있기 때문에 갈등이 발생할 수 있다 (Robins, 2003: 167). 장기적이고 투자 지향적인 기획부서와 단기적이고 통제중심적인 예산부서의 갈등이 대표적이다.

업무는 상호의존적이기 때문에 협조적이기도 하지만 상호 갈등적이기

---

3) 2015년 1월 초에 청와대 모 민정수석이 국회 운영위원회 출석을 거부한 채, 사표를 던졌다는 뉴스가 언론에 회자되었다. 그 이유에 대해 당사자는 '불출석이라는 원칙을 지키기 위해서', 일부 언론 은 '그동안 여러 차례 자신의 업무와 관련된 사안들에 대한 논의 과정에 참여가 배제되어 왔기 때문에 취한 행동'이라는 보도가 있었다(동아일보, 2015.1.12.).

도 하다. 업무를 처리하는 순서, 절차, 속도, 진행 과정에서의 협의와 참여 문제 등으로 두 부서간에는 갈등을 가져오기 쉽다.

업무의 분화와 상호의존성이 원만하게 이루어지면 업무성과는 향상될 것이다. 반대로 갈등이 빈발하는 경우 이를 해소하기 위하여 분화된 조직을 통합하거나 재조정하여 의존성을 감소시켜 원천적으로 갈등을 완화하거나 해소하기도 한다. 대표적으로 작은 단위의 과나 계 단위 조직을 보다 큰 국 단위 또는 과 단위 조직으로 통합하여 나타난 대국대과주의(大局大課主義)라고 할 수 있다.

(2) 제로섬 상황(zero-sum situation)

조직구성원들은 필요한 자원에 대해 다른 구성원과 경쟁 상태로 나타날 수 있다. 즉, 상호 협력하여 승-승 효과를 가져오는 상황이 아니라 어쩔 수 없이 승-패의 상황이 발생할 수밖에 없는 경우가 있다. 둘 이상의 행동주체가 서로 양립할 수 없는 목표들을 동시에 추구할 때 승패의 갈등 상황이 조성될 수 있다

대표적으로 감사를 주 업무로 하는 감사 조직과 감사를 받는 피감사 조직구성원간의 갈등이다. 감사 조직은 최대한 문제를 적발하려고 노력하는 반면 피감사 조직은 이를 피하려고 노력할 것이므로 이 과정에서 불가피하게 갈등이 발생할 수 있다(이창원 · 최창현, 2010: 331).

(3) 권한과 책임의 불분명

조직구성원은 업무를 수행할 때 자신의 업무권한과 책임범위가 주어진다. 하지만 이러한 권한과 책임의 범위와 내용이 명확하지 않을 경우, 구성원간 권한과 책임에 대한 다툼, 즉 책임은 적게 갖고 권한은 더 많이 가지려는 갈등이 발생할 수 있다. 신설되는 업무나 조직이 분화되거나 통합되는 경우 조직구성원간에 치열한 눈치작전, 로비 등으로 갈등을 유발

할 가능성이 크다.

(4) 평가기준과 보상체계에서의 상이성

공공부문뿐만 아니라 민간부문 모두 조직구성원들은 목표를 세워 이를 달성하기 위해 노력하고 그 결과를 평가받으며, 성과 달성의 정도에 따라 적절한 보상을 받는다. 하지만 항상 동일하고 공정한 평가기준과 보상이 주어지지 않을 수 있다. 설령 평가자 입장에서는 공정하다고 강조할지라도 사람마다 또는 피평가자나 피평가기관마다 그 기준과 평가결과에 대해 동의하지 않으면 갈등을 일으키기 쉽다.

3) 의사소통 측면

의사소통 측면에서 발생하는 갈등은 다름 아닌 의사소통의 장애라고 할 수 있다. 의사소통 없는 사회생활은 상상할 수 없다. 우리들은 끊임없이 상호간에 개인적이든 업무적이든 의사소통을 하며 살아간다. 의사소통을 하기 위해서는 수많은 수단이 사용된다. 언어, 문자, 행동, 표정 등 매우 다양한 수단을 단독으로 또는 병행하여 사용한다.

하지만, 이러한 의사소통 수단은 항상 올바르고 정확하게 전달되고 해석되지 않은 경우도 허다하다. 이럴 경우 당연히 갈등이 발생한다.

특히 국제적인 협상 과정에서 서로 다른 언어나 문화로 인한 갈등은 파국은 물론이요 불행한 전쟁으로까지 이어질 수 있다. 갈등을 발생시키지 않기 위해서는 서로 이해하고 해석할 수 있는 수단을 사용하는 것이 최선이다. 아울러 의사소통 수단은 간결하고 명료하게 표현하는 것이 중요하다. 그렇지 않으면 의사전달은 왜곡되고 오해를 불러 일으켜 갈등을 가져온다. 특히 외교적인 측면에서는 사소한 언어나 단어, 용어로 인하여 국가간에 해석을 달리함으로써 상당한 갈등을 일으키는 경우가 자주 발생한다.

갈등의 이해와 기능 제2절

1. 갈등의 이해 관점

수없이 발생하는 개인 간, 조직 간, 그리고 국가 간 갈등을 어떻게 이해하고 바라보는가에 따라 갈등을 관리하는 방법이나 강도는 다를 수 있다. 갈등을 부정적이고 나쁜 역기능으로 보는가, 아니면 긍정적이고 나름대로 좋은 측면도 가진 순기능으로 보는가에 대하여 조직론자인 로빈스는 전통적인 견해, 행동주의적 견해, 그리고 상호작용주의적 견해로 분류하여 설명하고 있다(Robbins, 2003: 396; 다수 선행 연구자료 재인용).

1) 전통적 견해

갈등에 대한 전통적 견해(traditional view)는 갈등이란 문제를 일으키는 일종의 '말썽꾸러기, 문제아'로 바라보기 때문에 부정적인 입장을 가진다.

갈등은 개인과 조직에 나쁜 영향을 미치므로 발생하지 않는 것이 좋다는 것이다. 설령 갈등이 발생하더라도 더 커지기 전에 조속히 갈등을 해결해야 하며, 이때 공식적인 규정에 따라 해결하는 것을 선호한다. 이러한 전통적인 견해에서는 모든 갈등은 바람직하지 못하다는 입장이므로 조직과 집단의 성과를 향상시키기 위해서 관리자들은 갈등의 원인을 파악하여 이를 해결하는 것이 매우 중요한 일이라고 이해하게 된다.

2) 행동주의적 견해

갈등에 대한 행동주의적 견해(behavioral view)에 따르면, 모든 조직과 집단에서 갈등은 필연적으로 발생하므로 갈등은 완전히 제거할 수는 없다는 것이다. 아울러 갈등이 경우에 따라서는 조직과 집단의 성과 향상에 도움이 된다고 보는 입장이다.

갈등은 일종의 변화과정의 본질로 이해하고, 통제가 가능한 적절한 수준의 갈등은 오히려 구성원들간의 긴장감을 높이고 성취동기를 부여하며 창의력을 고취시키는 '촉매제 기능'을 할 수 있다고 본다. 따라서, 이 입장을 취하는 관리자는 무조건 갈등을 통제할 것이 아니라 일정한 수준에서 갈등이 더 이상 증폭되지 않도록 적절한 수준으로 관리하는 긍정적인 수용자세가 필요하다고 보는 것이다.

3) 상호작용주의적 견해

갈등에 대한 상호작용주의적 견해(interactional view)는 갈등을 변화와 발전의 중요한 도구로 활용하려고 시도한다. 조직구성원들이 갈등 없이 조화롭게 협조적이며 평온한 집단은 정적이고 무기력한 상태에 빠져 변화와 개혁이 필요할 때 신속히 대응할 수 없다는 것이다. 이른바 갈등을 '변화조장인자, 성장동력인자'라고 부를 수 있다.

따라서, 이 입장에서 관리자들은 어느 정도 자기 비판적이고 창의적인 분위기를 유지해 가면서 집단을 파괴시키지 않을 정도의 범위 내에서 최소한도의 갈등을 계속적으로 유지해 나가야 한다는 것이다. 갈등의 형태에 따라 바람직하지 못한 것과 바람직한 것을 구분하여 조직에 부정적인 효과를 미치는 갈등은 제거시켜 나가면서 긍정적인 영향을 미치는 갈등은 어느 정도 조장시켜야 조직은 물론 개인도 성장하고 발전할 수 있다고 보는 입장이다.

2. 갈등의 기능

1) 갈등의 순기능

우리가 일상생활은 물론 사회생활을 하는 경우 갈등은 항상 직면하는 현상이다. 이러한 갈등은 그 개인이나 집단 등 갈등과 관련된 모든 이해관계자들에게 크든 작든 영향을 주게 된다. 갈등은 좋은 측면과 나쁜 측면을 모두 가지고 있다. 갈등의 좋은 측면, 즉 순기능은 다음과 같은 경우라고 이해할 수 있다.

(1) 문제 탐색의 기회

우리가 갈등에 직면하는 경우, 갈등의 내용이 무엇이고 갈등의 원인이 무엇인지 생각하게 된다. 집단 내의 갈등이든 집단간의 갈등이든 관계없이 갈등은 이해관계자로 하여금 왜 발생하였는지 생각하는 기회를 제공한다. 이러한 기회를 통하여 그동안 무시했거나 가볍게 취급했던 것들을 다시 한번 되돌아보는 계기가 될 수 있다.

(2) 조직문화의 개선 기회

갈등에 직면하는 경우 그 갈등을 그대로 방치하는 사람은 별로 없을 것이다. 이해관계자들은 그 갈등의 원인과 내용을 분석하면서 이를 해결하기 위한 방안이 무엇인지 고민하게 될 것이다. 이러한 과정에서 구성원 간의 대화와 소통이 원만해지고, 협조하는 분위기가 조성될 수 있으며, 조직에 응집력과 함께 새로운 활력소로 작용할 수 있다.

(3) 조직발전의 기회

집단 내 갈등이든 집단간 갈등이든 이를 바라보는 관점 및 관리하는 방법과 전략에 따라 갈등은 조직 내 문화를 개선하여 조직발전에 기여할

표 1-1
갈등의 순기능

① 문제 탐색의 기회
② 조직문화 개선 기회
③ 조직발전의 기회

수 있다. 그동안 조직 분위기가 침체되었거나 구성원간 대화가 부족했거나 안이하게 관리해 왔던 조직인 경우, 갈등을 계기로 새롭게 바라보고 이를 긍정적으로 관리하여 문제 해결 능력을 향상시킨다면 조직발전에 도움을 줄 수 있다.

2) 갈등의 역기능

(1) 집단주의 팽배 가능성

갈등이 발생하면 갈등의 원인을 분석하고 합리적인 해소방안을 모색하기보다는 관리자는 갈등을 봉쇄하거나 확산되는 것을 방지하기 위하여 집단에 충성심을 자극하고 집단의식을 부추기기 쉽다.

특히 집단간 갈등의 경우 구성원이 속한 집단을 옹호하거나 보호하도록 요구할 수 있고, 상대 집단을 비난하거나 적대 집단으로 몰아붙이기 쉽다. 이러한 과정이 계속되면 사회에서 중요한 공동체의식과 상호 협력적 집단문화를 해칠 수 있다.

우리 사회에서 특히 정치적으로 지역간 갈등이 심화되는 경우, 갈등을 겪는 양 지역에서는 상대 지역을 비난하면서 자신의 지역 주민들은 집단의식으로 뭉쳐 합리적이고 이성적인 판단을 하지 않은 채 단순히 지역적 감정에 의하여 정치적 결정을 하는 것을 자주 볼 수 있다. 이러한 행동과 태도는 우리 사회의 발전을 가로막는 대표적인 지역적 집단주의 갈등이라고 할 수 있으며, 하루 속히 이를 극복하려는 국민, 주민 그리고 정치권의 각성과 노력이 절실하다고 본다.

(2) 비민주적 리더의 출현

갈등이 발생하면 이를 해소하거나 관리하는 과정에서 관리자는 대화와 소통을 통한 갈등관리보다는 집단 외부로부터 위협을 방지하기 위하여 독단적이고 일방적인 갈등관리를 추구할 가능성이 있다. 아울러 조직구성원들은 갈등을 해소하기 위한 방법의 하나로 강력한 리더를 원할 수 있어 악순환이 발생할 수 있다.

우리 사회에서도 가끔씩 계층간, 이념간 갈등이 발생하여 정부나 정치권에서 효율적으로 대처하지 못하여 사회가 혼란스러운 경우, 혹자들은 좀 더 강력한 리더, 소위 독재적이고 권위주의적 리더가 나타나 억압하고 통제하는 통치가 필요하다고 주장하는 것을 들을 수 있다. 참으로 안타깝고 위험한 발상이라고 할 것이다.

(3) 대화와 소통의 위축

갈등은 조직구성원들에게 위기감을 가져와 조직에의 충성심을 요구하고 강력한 관리자를 필요로 하는 경향이 많다. 이러한 조직 분위기에서는 집단의식이 팽배하고 다른 입장이나 주장은 표출되기 어렵거나 표출되더라도 매도되기 쉽다. 대화와 소통을 통한 문제 진단과 해소 방안 마련보다는 일방적이고 독단적이며 집단의식으로 갈등을 봉쇄하기 쉽다.

갈등이 발생할수록 대화와 소통이 더욱 중요함에도 불구하고 위기의식이나 피해망상으로 구성원간 또는 다른 집단간의 대화와 소통을 단절시켜 갈등을 해소하려는 유혹을 가지게 된다.

이러한 갈등관리는 궁극적으로 갈등을 해소하는 것이 아니라 억압하

표 1-2 갈등의 역기능

① 집단주의 팽배 가능성 ② 비민주적 리더의 출현 ③ 대화와 소통의 위축

여 갈등을 겉으로만 봉합할 뿐이므로 상황이 변하면 언제든지 그 갈등은 표출되거나 심지어 더 크게 증폭될 가능성이 농후하다. 속담에 '손가락으로 막을 것을 가래로도 못 막는다'는 말이 실감나는 상황이 발생하는 것이다.

제3절 갈등과 조직성과

1. 갈등과 조직성과간의 관계

조직에서는 필연적으로 크든 작든 갈등이 발생하게 마련이다. 관리자는 이러한 갈등을 어떻게 관리하느냐에 따라 조직의 성패가 좌우될 수 있다. 갈등의 강도와 조직성과간의 관계에 대하여 깁슨 등(Gibson et al., 1988)은 다음과 같은 그림으로 설명하고 있다.

갈등이 지나치게 낮거나 또는 지나치게 높은 경우 모두 조직성과에 부정적인 영향을 미친다는 것이다. 물론 조직구성원의 집단행동의 양태는 다르지만 결과는 엇비슷하게 부정적으로 나타난다.

반면, 적절한 수준의 갈등은 조직에 순기능적인 영향을 주어 환경 변화에 능동적이고 창의적으로 대응하며, 조직의 분위기가 적절한 긴장감 속에 활발하게 움직인다. 주어진 문제에 대해 적극적으로 해결해 나가며 목표 달성을 위해 구성원들은 노력한다. 물론 조직과 구성원 모두 대응하고 해결 가능한 수준의 갈등이어야 한다. 어느 정도가 적정한지는 조직과 구성원의 역사, 문화, 리더십, 능력, 역량 등에 따라 많은 차이를 보일 수 있다.

그림 1-1
갈등과 조직성과

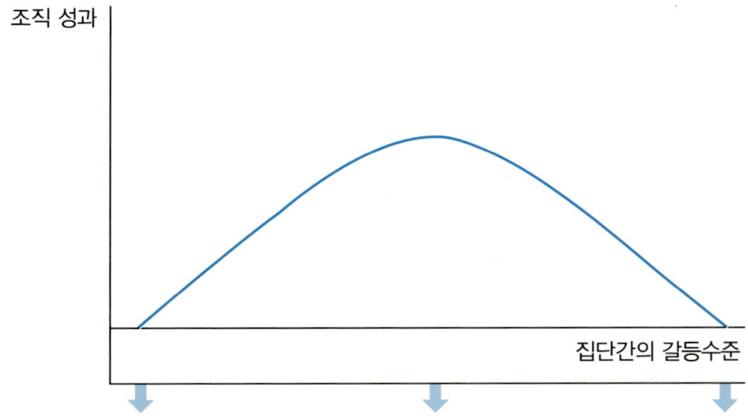

갈등 수준	낮 음	이상적	높 음
영 향	역기능적	순기능적	역기능적
집단 행동	① 환경 변화에 적응력 둔화 ② 무사안일한 태도 ③ 침체적인 분위기 ④ 의욕 상실	① 환경변화에 신속한 적응력 ② 창의적, 변화지향적 ③ 활발한 문제해결 행동 ④ 적극적 목표달성 행동	① 혼란 ② 분열 ③ 상호조정 부족 ④ 목적의식 부족
성 과	낮 음	높 음	낮 음

자료: Gibson et al.,1988: 308; 이창원 · 최창현, 2008: 322 재인용.

2. 조직성과와 갈등관리 전략

조직을 운영하는 관리자는 크고 작은 갈등에 직면하고 갈등을 최소화하고자 노력한다. 사실 관리자 입장에서 본다면 갈등은 없으면 최고라는 생각을 가질 수 있다. 하지만, 갈등은 항상 부정적이고 나쁜 현상이 아니라는 것을 우리는 알 수 있다. 따라서, 현명한 관리자인 리더는 갈등을 긍정적인 관점에서 바라보고 인식하면서 갈등을 순기능적으로 기능하도록 관리하는 전략이 필요하다.

무엇보다도 갈등에 대한 긍정적인 자세가 필요하다. 갈등은 항상 발생 가능하며 조직과 구성원들은 물론 관리자 본인에게도 긍정적인 측면을 가져올 수 있다는 인식을 가져야 한다.

아울러 갈등을 순기능적으로 활용하기 위하여 갈등의 원인 분석을 철저하게 한 후 문제점이 발견되면 이를 해소하려는 노력이 필요하다. 이 과정에서 관리자는 독단적으로 원인을 진단하고 처방책을 모색하는 것이 아니라 갈등 이해당사자들과 갈등의 인식, 원인 분석, 해소 방안 모색을 위한 대화와 소통을 가져야 한다. 이러한 과정에서 조직구성원들은 조직에 대한 몰입과 만족도 및 소속감이 증대되어 조직성과 향상에 긍정적인 기능으로 작용하는 계기가 될 수 있다.

협상 팁 1

인생과 경쟁의 효율성

스포츠 사회학자 **그린버그**는 '나무 쌓기' 놀이로 어린이들의 경쟁의식 발달을 조사했다. 그 결과, 2-3세 아이들에게는 경쟁의식이 나타나지 않았으나, 3-4세가 되자 42.6% 아이들에게서 경쟁의식이 발견되었다. 4-5세는 69.5%, 5-6세는 75.9%, 6-7세는 무려 86.5%로 나타났다.

우리가 경쟁하지 않고 서로 도와가며 산다면 더 할 나위 없이 좋겠지만, 그렇지 않다면 경쟁의식을 긍정적으로 바라 볼 필요가 있다. 경쟁의식은 이기심과 개체성을 자극하여 최대의 능률을 발휘하게 한다. 다만 지나친 경쟁이 문제일 뿐이다.

실제 우리 삶은 경쟁의 연속이다. 규칙을 지키는 정정당당한 경쟁은 긍정적 스트레스를 선사하므로 만족감과 즐거움, 활력을 준다. 반면, 강요된 경쟁, 과도한 경쟁, 반칙주의는 부정적 스트레스로 행복감을 떨어트리고 삶의 질을 저하시킨다.

경쟁은 갈등의 한 단면으로 적절한 갈등과 경쟁은 우리 삶의 질과 행복을 한 단계 높일 수 있는 중요한 수단의 하나이다.

자료 : 박정택, 2006:30-32.

* 원 저자의 양해하에 원문을 그대로 옮기면서 저자가 약간 축소하거나 추가하였음을 밝힌다.

남을 너그럽게 받아들이는 자는 항상 사람들의 마음을 얻고,
위엄과 무력으로 엄하게 다스리는 자는 항상 사람들의 노여움을 산다.
세종대왕, 한글 창시자

기회가 올 때를 대비하여 배우고 준비한다.
링컨, Abraham Lincoln

제2장 갈등관리의 유형과 전략

제1절 라힘의 갈등관리 유형
제2절 톰슨의 갈등관리 접근법
제3절 갈등관리의 일반적 전략
제4절 갈등관리 유형 측정

제1절 라힘의 갈등관리 유형

1. 갈등관리 5가지 유형

개인 차원이든 조직 차원이든 아니면 국가적 차원이든 수없이 발생하는 다양한 유형과 수준의 갈등을 어떻게 이해하고 관리하느냐는 개인과 조직, 그리고 국가의 성패를 좌우하는 매우 중요한 과제이다.

갈등을 관리하는 방법은 개인간의 갈등이냐 또는 조직간의 갈등이냐에 따라 다를 수 있다. 갈등의 원인이 조금씩 다를 수 있기 때문이다. 갈등관리 방법을 원인에 따라 다르게 설명할 수 있지만, 궁극적으로 그 대상을 어디에 두고 보느냐에 따라 다를 뿐이다.

여기에서는 개인간 갈등을 관리하는 방법을 분류한 **라힘**(Rahim, 1983, 1985, 1986)의 분류를 설명하지만, 이를 확장하면 조직과 국가에도 유사하게 적용할 수 있다고 본다. 아래 설명을 특히 2014년 전후하여 한국과 미국, 중국, 일본간의 과거 역사 문제와 관련한 상호관계를 상정한다면, 개인의 문제처럼 국가간의 문제도 거의 대동소이한 것으로 이해할 수 있다.

라힘은 갈등관리 유형을 분류하기 위한 기준으로 "자신에 대한 관심(concern for self)"과 "상대방에 대한 관심(concern for other)"의 정도로 매트릭스를 구성하여 다섯 가지 유형을 제시하였고, 각 자의 갈등관리 유형을 측정하기 위한 설문지 문항도 개발하여 제시하였다.

갈등관리의 다섯 가지 유형은 지배형(forcing), 회피형(avoiding), 수용형(accomodating), 협동형(collaborating), 타협형(compromising)으로 나누어진다(Rahim, 1985: 84; 백기복, 2013: 483-485 재인용).[1] 이들 중 최선의 방

그림 2-1
갈등관리의
다섯 가지 유형

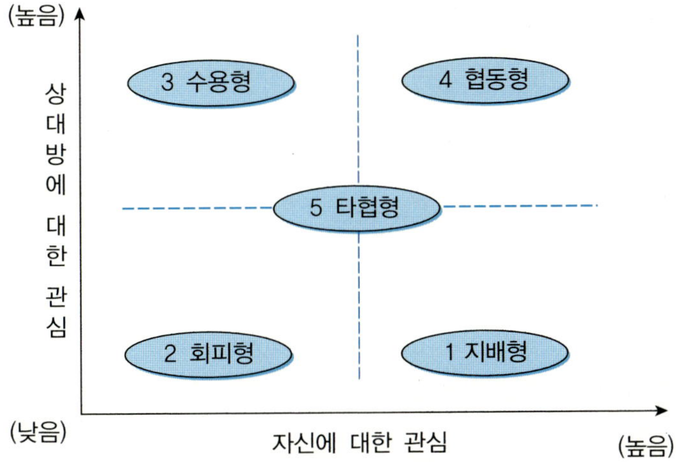

자료: Rahim, 1985: 84; 백기복, 2013: 483-485 재인용. 다만, 라힘의 매트릭스와 달리 각 셀의 위치는 독자들이 보다 쉽게 이해할 수 있도록 저자가 재배치하였음.

법이란 존재하지 않으며, 각 유형은 나름대로의 장점과 한계를 갖고 있어 갈등 상황에 따라 적합한 관리유형이 존재하는 것으로 이해할 필요가 있다.

1) 지배형

지배형(forcing) 관리전략은 자신에 대한 관심은 지나치게 높지만, 상대방에 대해서는 지나치게 배려하지 않는 사람으로 자기중심적으로 갈등을 해결하려고 시도한다. 즉 상대방의 입장이나 이익은 전혀 고려하지 않는다.

지배형은 권력과 같은 공식적인 권위를 사용하여 복종을 유도하기 때문에 강압형이라고 할 수 있다. 하지만, 종종 나이, 학력, 재력, 물리적 힘 등을 과시하면서 갈등을 지배하기도 한다.

---

1) 이 모형은 여러 학자들에 의해 유사하게 연구되어 왔다. Follet(1940), Thomas(1976), Pruitt & Rubin(1986), Van de Vliert & Kabanoff(1990), Nahavandi & Malekzadeh(1998) 등이 대표적이다.

지배형은 원만하게 해결되지 못하는 갈등이 발생할 때 주로 사용되기 쉽다. 신속하게 갈등을 해결한다는 장점이 있지만, 상대방의 분노와 원망을 초래한다는 약점도 있다. 공개적이고 참여적인 분위기에서는 적절하지 못한 갈등관리 전략이라고 할 수 있다. 일종의 승-패 게임(win-lose game, 일방적 승리)으로 나타난다.

2) 회피형

회피형(avoiding)은 갈등 당사자가 직면한 갈등문제를 적극적으로 해결하기보다는 일단은 이를 피하여 해결하려는 전략이다. 문제가 사소하거나 갈등을 피하는 것이 오히려 더 이익이 될 경우에 적합한 대안이다. 회피는 어려운 문제에 직면하였을 경우에도 나타나는 자연스러운 반응이지만, 매우 중요한 갈등 문제를 회피함으로써 큰 손해를 초래할 수도 있다. 일종의 패-패 게임(lose-lose game, 쌍방 패배)으로 나타날 수 있다.

또한 단기적으로는 갈등을 해소하는 방편이기도 하지만, 대부분 미완의 미봉책으로 끝나는 경우가 많아 조만간에 상황이나 여건이 변하면 갈등은 다시 불거질 가능성이 높다.

예로 부부가 결혼한 처음에는 서로 특히 남성이 배우자를 지배(!)하려는 욕구를 가지고 강하게 상대하는 경향이 많아진다. 하지만, 어느덧 자녀 두셋을 낳아 기르고 세월이 흘러 검은 머리에 하얀 눈이라도 내릴 때 즈음에는 부부 싸움을 회피하는 전략을 구사하게 된다.

특히 남편 입장에서는 더욱 그러하다. 물론 호르몬의 변화 등 여러 가지 원인이야 있겠지만, 어쨌든 50대를 넘기면서 남편은 점 점 부부관계에서 소극적이고 수동적이며 갈등을 회피하려는 태도가 나타나기 시작한다. 물론 이때 즈음 아내는 정반대로 변하기 시작하는 시기이기도 하다. 앙갚음(!)이라도 할 것인가. 세월의 지혜로움이 주는 선물이다.

3) 수용형

수용형(accomodating)은 자신의 관심과 이익을 양보하거나 포기하고, 상대방의 관심(이해, 이익)을 충족시켜 주기 위해서 배려하는 것이다. 수용형은 보통 배려형이라고도 불린다. 수용형은 문제를 원만하게 해결한다는 장점이 있으며, 배려의 대가가 주어질 때 매우 적절하다. 수용형의 장점은 갈등 당사자간에 협동을 가능케 해준다는 점이다. 약점으로는 중요하거나 복잡한 문제를 소홀히 다룰 가능성이 있기 때문에 궁극적인 해결방법이라기보다는 일시적인 해결 안이라고 할 수 있다. 일종의 패-승 게임(lose-win game, 일방적 패배)으로 나타난다.

수용형은 주로 심성이 착한 사람이나 성현들에게서 나타나는 경우로 우리 사회를 좀 더 아름답고 행복하게 살맛나는 세상을 만드는 '양념, 깨소금, 활력소'라고 할 수 있다.

4) 협동형

협동형(collaborating) 갈등관리 전략은 자신과 상대방의 관심과 이해를 모두 중요시하는 협력형 전략이다. 따라서, 양측의 이익을 정확히 파악한 후 문제의 본질을 집중적이고 정확하게 분석하여 갈등문제를 해결하기 위한 종합적인 방법을 찾아낸다.

이 전략의 장점은 갈등문제를 단편적 측면보다는 총체적인 측면에서 다루기 때문에 장기적인 안목에서 효력이 발생한다는 것이다.

갈등문제의 취지가 불명확하거나 복잡할 경우, 상반된 가치관 때문에 발생하는 갈등에 대해서는 적절하지 못한 전략이다. 단점으로는 갈등을 해결하는 과정에서 시간이 매우 오래 걸리고 그에 따른 비용도 많이 소요된다는 점이다. 협동형은 갈등 당사자 모두 이익을 보는 승-승 게임(win-win, 쌍방 승리)에 해당한다.

협동형은 이론적으로 가장 바람직스러운 전략이지만, 현실적으로는 실행 가능성이 낮은 전략이기도 하다. 그 이유는 갈등을 야기한 양측에서 갈등을 보다 합리적이고 효율적으로 해결하려는 목표를 가지고 있어야 하며, 아울러 서로 배려하고 인내하는 노력이 필요하기 때문이다.

비용적으로나 시간적으로 여유가 있다면 이 전략은 양측에게 가장 만족스러운 결과를 가져오는 전략이기 때문에 갈등 당사자들은 여러 가지 상황을 고려하면서 협동형 갈등관리 전략의 활용 가능성을 검토할 필요가 있다.

5) 타협형

타협형(compromising)은 갈등 당사자인 자신과 상대방의 공통된 관심 분야를 서로 주고받는 전략이다. 서로의 입장과 이익을 판단하여 적절하게 양보하고 상대방에게도 양보를 받아낸다. 성공적으로 갈등을 해결하기 위하여 당사자끼리는 물론 제3자의 개입, 협상 또는 표결 방법을 사용할 수 있다.

타협전략은 서로 다른 목표를 갖고 있거나 비슷한 힘을 갖고 있을 때 유용하게 사용할 수 있으며, 민주적인 방법이라 할 수 있다. 그러나 잦은 타협은 오히려 우유부단한 결과를 낳기도 하며, 문제해결의 창조적인 방안을 도출하는 데 방해가 되기도 한다.

우리사회에서는 가끔씩 타협을 패배로 인식하거나 비겁하게 상대방에게 양보했다는 식의 평가를 내려 일반 사회에서나 정치권에서 타협이 제대로 이루어지지 않는 경우가 많다. 하지만, 타협은 패배도 아니며 비겁한 양보도 아닌 서로간의 합의하에 적정한 수준에서 서로 양보하고 이익을 취하는 매우 현실적인 전략이다.

2. 갈등관리 유형별 적합 · 부적합 상황

이상의 5가지 갈등관리 유형에 따라 적합한 상황과 부적합한 상황이 가능하다. 이하에서는 이를 표로 정리하여 설명을 대신하였다.

표 2-1 갈등관리 유형별 적합 상황

갈등관리 기법	적합한 상황
지배형 (강압형)	1. 중요하지만 인기 없는 조치를 시행할 필요가 있을 때(예, 비용 감축, 상대방 단련의 목적, 규율 엄수) 2. 조직을 위해서 '내'가 분명히 옳다는 것을 알고 있을 때 3. 쟁점이 사소할 때 4. 신속한 결정이 필요할 때(예, 위급 상황) 5. 공격적인 부하를 통솔할 필요가 있을 때 6. 상대방이 내린 좋지 않은 결정이 자신에게 손해를 가져올 때 7. 기술적인 결정에 부하가 전문성이 부족할 때 8. 쟁점이 자신에게 중요할 때
회피형	1. 쟁점이 사소하거나 더 중요한 문제가 산적해 있을 때 2. 상대방과 갈등으로 발생하는 잠재적 역기능이 문제해결로 가져오는 이익보다 더 클 때 3. 냉각기간이 필요할 대 4. '나'의 이익을 충족시킬 여지가 없다고 판단되는 경우 5. 해결을 위해 소요되는 비용이 결과의 혜택보다 더 클 때 6. 상대방이 진정하고 다시 생각할 기회를 줄 필요가 있을 때 7. 결정을 내리기 전에 정보 수집이 더 필요할 때 8. '나' 아닌 다른 사람이 더 효과적으로 해결할 수 있다고 느낄 때 9. 현재의 문제가 다른 문제들과 연관되어 있을 때
수용형 (배려형)	1. 자신이 틀렸을지 모른다고 믿을 때(상대방을 수용하여 합리적이란 인상을 줄 수 있을 때) 2. 쟁점이 상대방에게 더 중요할 때(배려로 협력관계 유지 가능) 3. 나중에 더 큰 이익을 위해 양보나 포기할 필요가 있을 때 4. 자신이 약자 입장에서 쟁점을 다룰 때 5. 투쟁으로 전부 잃는 것을 방지할 필요가 있을 때(손실 최소화) 6. 상대방이 실수를 통해 스스로 배울 수 있는 기회를 줄 필요가 있을 때

갈등관리 기법	적합한 상황
협동형 (협력형)	1. 쟁점이 복잡할 때 2. 좀 더 나은 대안을 찾기 위해 상대방과 함께 아이디어를 모을 필요가 있을 때 3. 성공적 집행을 위해 상대방의 관여가 필요할 때 4. 문제해결을 위한 시간적 여유가 있을 때 5. 한쪽만으로는 문제 해결이 불가능 할 때 6. 공동문제를 해결하는 데 상대방이 소유한 자원이 필요할 때 7. 양자의 견해가 다 중요하여 타협할 수 없을 때 8. 문제해결보다는 학습이 주요 목적일 때
타협형	1. 목표가 서로 배타적일 때 2. 양측의 힘이 같을 때 3. 합의가 이루어질 수 없을 때 4. 통합적 또는 지배적 협상스타일이 성공적이지 못할 때 5. 상대방을 이김으로써 얻는 대가가 낮을 때 6. 복잡한 문제에 대하여 일시적 해결을 추구할 때 7. 시간이 촉박하여 일단 문제해결이 필요할 때

자료: Lewicki et al., 2011: 25 및 김진철 외, 2006: 296-298. 자료를 저자가 재정리함.

표 2-2
갈등관리 유형별 부적합 상황

갈등관리 기법	부적합한 상황
지배형 (강압형)	1. 쟁점이 복잡할 때 2. 쟁점이 자신에게는 중요하지 않을 때 3. 갈등 상황에 있는 양측의 힘이 동등할 때 4. 결정을 빨리 내릴 필요가 없을 때 5. 부하들이 높은 역량을 가지고 있을 때
회피형	1. 쟁점이 자신에게 중요할 때 2. 의사결정 책임이 자신에게 있을 때 3. 양측이 쟁점을 미루고 싶지 않으며, 쟁점이 해결되어야 할 때 4. 즉각적인 주의(관심)가 필요할 때
수용형 (배려형)	1. 쟁점이 자신에게 중요할 때 2. 자신이 스스로 옳다고 믿을 때 3. 상대방이 틀렸거나 비윤리적일 때

협동형 (협력형)	1. 과제나 문제가 단순할 때 2. 즉각적인 의사결정이 요구될 때 3. 상대방의 갈등해결 결과에 관심이 없을 때 4. 상대방이 문제해결 기술이 없을 때
타협형	1. 한 쪽이 더 큰 힘을 가지고 있을 때 2. 문제가 너무 복잡해서 '문제해결식' 접근방법이 필요할 때

자료: Lewicki et al., 2011: 25 및 김진철 외, 2006: 298-299. 자료를 저자가 재정리함.

3. 갈등관리 유형별 상호작용 결과

갈등관리 유형은 갈등을 유발하는 상대방이 어떤 유형으로 갈등관리 전략을 선호하느냐에 따라 서로 다른 상호작용과 결과를 가져올 수 있다. 결국 갈등이 발생할 때 항상 동일한 갈등관리 전략을 사용하는 것이 아니라 갈등의 내용, 갈등이 발생한 상황과 여건 등을 종합적으로 분석하여 자신이 어떤 상호작용으로 어떤 결과를 선호하느냐에 따라 갈등관리 전략을 선택해야 할 것이다.

표 2-3
갈등관리 유형별 상호작용 및 결과

구분	지배(경쟁)	회피	수용(배려)	협동(협력)	타협
지배(경쟁)	• 양측 모두 주제에 대해 자신의 목표를 추구함. • 관계에 무관심하여 갈등·불신·적대감 발생함.	-	-	• 협동측은 주제와 관계 모두 강한 관심. • 지배측은 주제만 추구함. • 보통 지배측이 승리하며 양측은 대립적이 됨.	• 타협측은 주제와 관계 모두 어느 정도 관심. • 지배측은 주제만 추구함. • 보통 지배측이 승리하며 양측은 경쟁적이 됨.

구분	지배(경쟁)	회피	수용(배려)	협동(협력)	타협
회피	• 경쟁측이 지배하거나 회피측이 도망함. • 회피측은 상호작용 최소화 노력, 경쟁측은 적극적임.	• 양측이 모두 자신 목표 추구 포기. • 상호 관계 위험 상황 행위하지 않음.	• 수용측이 회피측과의 관계에 더 큰 관심. • 회피측은 상호작용 최소화 시도함.	• 협동측은 주제와 관계 모두에 큰 관심. • 회피측은 상황을 회피하여 협동측이 결국 포기함.	• 타협측은 주제와 관계 모두에 어느 정도 관심. • 회피측은 상황을 회피하여 타협측이 결국 포기함.
수용(배려)	• 지배측은 자신의 목표를 추구. • 양보측은 지배측을 만족시키려함. • 보통 지배측이 크게 승리함.	-	• 양측 모두 자신의 목표 달성보다 상대측의 목표에 굴복하며, 부드러운 관계 유지에 노력함.	• 협동측은 주제와 관계 모두에 큰 관심. 수용측은 협동측 만족시키려 노력함. • 굳건한 관계 유지와 협동측이 더 큰 성과 달성함.	• 타협측은 주제와 관계 모두에 어느 정도 관심. • 수용측은 협동측 만족시키려 노력함. 관계는 개선됨. • 타협측이 수용측에게 특정 주제를 추구하도록 권유함.
협동(협력)	-	-	-	• 양측 모두 자신의 목표달성 추구함. • 상대방 목표에도 큰 관심. 양측 신뢰 · 개방 좋은 관계 유지됨.	• 협동측은 주제와 관계 모두에 큰 관심. • 최소한의 좋은 타협이 이루어짐.
타협	-	-	-	-	• 양측 모두 제한적으로 자신 목표 추구. 관계를 해치지 않으려고 노력함.

자료: Lewicki et al., 1996: 54-75. in Lewicki et al., 2010: 27. 저자가 약간씩 수정함.

톰슨의 갈등관리 접근법 제2절

톰슨(Thompson, 2012)에 의하면, 일반적으로 사람들이 어떤 문제에 직면하여 이를 해결하기 위한 과정에는 다양한 방법이 있지만, 통상 다음의 세 가지 방법을 사용하기 쉽다고 말한다. 각 각의 개념과 주요 특징을 정리하면 다음과 같다(Thompson, 2012; 김성환 외, 2013: 175-176 재인용).[2] 톰슨은 협상의 기술로 설명하고 있다.

1. 이해관계 중시 전략

이 전략은 상대방의 요구나 희망 또는 관심사항에 숨겨져 있는 내용을 파악하려고 노력하며, 거기에 응대하면서 협상 당사자간의 이해관계를 조정하는 접근법이다.

이 전략의 목표는 개인의 이익을 증대시키는 것이지만, 상대방의 관심사항을 이해함으로써 논쟁을 해결하는 것으로 상호 호혜적 전략이라고 할 수 있다. 이른바 파이를 늘리기 전략이며, 타협을 통한 상호 만족과 합의의 안정화에 기여할 수 있는 매우 바람직스러운 접근법이라고 할 수 있다.

---

2) 번역서 「지성과 감성의 협상기술」은 전직 외교통상부 장관 김성환, 전 인도 대사 김중근, 전 지식경제부 장관 홍석우 세 명이 퇴임 전후 직접 번역하여 특징이 있는 도서로 독자들에게 일독을 권한다.

2. 권리 중시 전략

권리를 중시하는 갈등관리자(협상자)는 자신의 몫에 대한 공정성과 정당성, 형평성을 기준으로 갈등관리(협상)를 진행하는데, 여기에는 계약 조건, 법률적 권리, 선례나 객관적 기대치 등을 포함하게 된다.

이 접근방법의 목표는 공정한 정의를 기본으로 설정하고 과거 중심적이다. 자신의 몫에 집중하면 승자와 패자로 구분하여 불공평한 분배가 이루어질 가능성이 높아 파이 늘리기는 곤란해진다.

3. 힘 중시 전략

갈등을 관리할 때 힘을 강조하는 갈등관리자(협상자)는 자신이 원하는 것을 얻기 위하여 지위, 계급, 협박 등을 동원하게 된다.

이 접근방법의 목표는 자신의 승리이며, 역시 승자와 패자를 구분하여 불공평한 분배가 이루어져 파이 늘리기는 어렵다. 이 접근법 결과는 상대방의 분노와 보복 가능성을 가져와 매우 위험한 갈등관리 접근법이라고 할 수 있다.

표 2-4
톰슨의 갈등관리 접근법

구 분	갈등관리 접근법 유형		
	이해관계 접근법	권리 접근법	힘 접근법
개념	사람들의 요구, 희망, 관심사항 등	자신의 몫에 대한 공정성, 형평성, 정당성	자신이 원하는 것을 타인에게 강요하는 능력 (폭력, 협조 거부 등)
목표	• 개인의 이익 • 논쟁의 해결 • 상대 관심사항의 이해	• 공정성 • 정의	• 승리 • 존경

구 분	갈등관리 접근법 유형		
	이해관계 접근법	권리 접근법	힘 접근법
시점	• 현재(현재 우리의 관심사는 무엇인가?)	• 과거(과거에 의해 무엇이 강요되었는가?)	• 미래(다른 사람을 압도하기 위해 앞으로 무슨 조치를 취할 수 있는가?)
분배적 전략 (파이 나누기)	• 타협	• 승자와 패자 구분 • 불공평한 분배	• 승자와 패자 구분 • 불공평한 분배
호혜적 전략 (파이 늘리기)	• 상대방 요구에 응해주어 파이 늘리기 실현	• 이해관계에 집중하지 않으면 파이 늘리기 곤란	• 이해관계에 집중하지 않으면 파이 늘리기 곤란
향후 영향	• 상호이해의 증대 • 만족 • 합의의 안정성	• 법원에서의 쟁송 가능성	• 분노 • 보복 가능성 • 복수

자료: Thompson(2012); 김성환 외(2013: 176) 내용을 저자가 약간 수정함.

갈등관리의 일반적 전략 제3절

갈등의 유형이나 원인이 다양한 만큼 갈등을 관리하는 전략도 역시 다양하게 제시할 수 있다. 앞에서 설명한 갈등관리 전략은 갈등의 유형에 따라 적절한 관리전략을 설명하고 있다. 이하에서는 갈등 유형에 따른 전략보다는 보편적으로 발생하는 갈등을 관리할 수 있는 몇 가지 방안을 설명하고자 한다. 여기에 설명하지 않은 수많은 전략이 가능함은 물론이다 (Robbins, 1978; Rahim, 1983; 오석홍, 2013).

1. 부족한 자원 확충

부족한 자원을 확충하는 전략은 갈등의 원인이 부족한 자원 때문에 발생하는 경우 가능한 전략이다. 자원에는 희소 자원인 권력, 명예, 부(재산), 지위, 예산, 인력, 공간, 보상 등 매우 다양하다. 만약 조직 내에서 자원이 부족하여 개인간, 조직간, 부서간 불공평하거나 불합리한 배분이 이루어지는 경우 갈등은 심하게 나타날 수 있다.

이때 자원배분의 기준과 원칙을 명확하게 세운 뒤에 배분이 이루어져야 한다. 무엇보다도 최상의 해소 방안은 부족한 자원 자체의 규모를 늘림으로써 갈등을 해결하는 것이다.

예로 가족 또는 친구간에 먹을 음식이나 과일 등이 부족할 때, 정책을 추진하려는데 예산이나 인력이 부족할 때, 물건을 구매하거나 여행을 가려는 경우 경비가 부족할 때 등 부족한 물건이나 예산, 인력을 조달하면 갈등은 쉽게 해결되는 경우이다.

하지만, 현실적으로는 부족한 자원을 확충할 수 없는 경우가 많기 때문에 이 전략은 특별한 상황에서 제한적으로 사용할 수 있다.

2. 공동목표의 설정

개인끼리 또는 집단간에 갈등이 발생하는 경우, 갈등의 관심을 다른 방향으로 돌리는 전략이다. 즉, 갈등을 겪고 있는 개인이나 집단간에 공동의 또 다른 목표 또는 상위 목표를 설정하여 갈등을 해결하는 전략이다. 개개인의 목표나 단일 집단의 목표보다 공동의 또는 상위 목표가 더 중요한 경우 상위 목표를 달성하기 위하여 대화하고 소통하며 노력하는 과정에서 개인간 또는 집단간 갈등은 해소될 수 있다.

다만, 당초의 갈등은 일정기간 동안 미봉책이나 수면 아래로 남겨지는 경우가 있으므로 관리자는 이를 면밀하게 파악하여 대처해야 할 것이다.

특히 전쟁은 국내적인 문제를 다른 나라와 침략과 전쟁이라는 상황을 만들어 갈등 유발자들의 관심과 야욕을 대외로 돌려 국내 갈등을 해결하는 경우가 종종 발생해왔다.

대표적인 예로 일본은 1500년대에는 막부들에 의한 전국시대로 혼란스러웠으나, 1590년에 **도요토미 히데요시**[3]가 일본을 통일하였다. 하지만, 다이묘(지방 영주)들이 반란을 일으킬 가능성으로 정치적 상황이 불안하자 개인의 야욕, 경제 불안을 동시에 해결하고자 조선반도 침략이라는 공동의 목표를 제시하여 일본의 갈등을 봉합한 사례이다.

3. 공동목표의 강조

개인간 또는 집단간에 갈등이 존재하는 경우 갈등 그 자체에 몰입되는 것을 방지하기 위하여 갈등을 겪고 있는 개인간, 집단간 차이점 보다는 공동의 목표나 이해관계 또는 관심사를 강조하는 전략이다. 이러한 과정에서 갈등 당사자들은 서로 적대적인 관계가 아니라 상호 공존할 수 있는 관계라는 사실을 인식하여 갈등을 해결할 수 있는 방법을 모색하게 된다.

직장이나 집단에서 구성원들이 각자 자신의 목표에 집착하여 구성원간 갈등을 일으킬 때, 리더는 조직의 공동목표를 제시하고 강조하여 갈등

---

3) 도요토미 히데요시는 보잘 것 없는 집안에서 태어나 당시 가장 세력이 강한 오다 노부나가의 급사(고모노)출신이었지만, 겨울에는 오다의 신발을 옷 속에 품어 데워 놓는 등 워낙 성실하고 충성심이 높아 오다의 신망으로 성주의 지위에 오른다. 이후 오다가 죽자, 그의 뒤를 이어 1590년 전국시대를 통일한다. 하지만, 정국이 불안정하고 경제도 악화되자 자신의 개인 욕망을 충족시키기 위하여 대륙으로 진출하려는 야욕으로 조선을 침략하게 된다. 도요토미 히데요시는 일본인에게는 천추의 영웅으로 불리지만, 한국인에게는 만만세의 흉적으로 불린다.

을 완화하거나 해소하는 방법이다.

이때 훌륭한 리더는 단지 조직의 공동목표만 강조하지 말고, 구성원 개인의 목표와 조직의 목표를 병행하여 달성할 수 있는 방안을 제시하는 것이 좋다. 조직의 목표와 개인의 목표를 적정 비율(8:2 또는 7:3 등)로 제시하여 조직과 개인의 목표를 동시에 달성하는 승승 전략이 필요한 것이다.

4. 직접 대면

갈등의 원인은 매우 다양하며, 갈등의 상당부분은 어떤 현상에 대한 오해, 그릇된 정보에 대한 판단 등으로 발생한다. 특히 오해나 정보 부족으로 발생하는 갈등은 서로 만나 대화와 소통을 통하여 오해를 풀게 하고 올바른 정보를 제공함으로써 자연스럽게 해소될 수 있다. 진솔하고 허심탄회한 대화와 소통은 대부분의 갈등을 해소할 수 있는 매우 유용한 전략임을 강조하고 싶다.

특히, 전화나 편지 등 소통의 간접 수단을 사용하는 경우 충분하게 자신의 입장이나 의견을 표현하는 데 한계가 있다. 이 경우 서로 직접 만나서 언어 뿐만 아니라 표정, 손발 짓, 목소리 높낮이 등 다양한 보디랭귀지(신체언어)라는 오감을 동원하여 대화를 나누면 보다 진솔하게 상대방을 이해하거나 이해시킬 수 있어 갈등해결에 큰 도움이 될 수 있다.

5. 제3자 활용 전략

앞에서 설명한 갈등관리 전략 이외에도 수많은 전략이 가능하다. 갈등이 빈번하게 발생하는 경우 일정기간 동안 서로 만나지 않는 전략, 상급자의 권력을 이용하여 갈등을 해결하는 전략, 전문가의 조정(알선 포함)과 중재 과정을 통하여 해결하는 전략, 오랜 시간이 필요하고 가장 어렵지만 확실하게 해소하는 방법인 구성원의 행동과 태도를 변화시키는 전략, 단기간에 가능한 조직의 구조를 개편하여 갈등을 해소하는 전략, 즉 조직을 통합하거나 분할하여 갈등을 소멸시키는 전략 등이 가능하다.

우리는 한두 가지 전략에 집착하지 말고, 갈등의 원인, 갈등 상황, 갈등 당사자, 갈등 배경, 갈등의 미래 등을 종합적으로 검토하여 최선 또는 차선의 갈등 해소 전략을 복합적으로 사용하는 지혜가 필요하다.

갈등관리 유형 측정 제4절

1. 의사결정 유형 측정

사람들은 사회생활을 하면서 개인적으로든 조직의 구성원으로든 항상 의사결정을 하기 마련이다. 의사결정이란 장래의 행동 방향을 모색하고 그에 대한 결단을 내리는 과정으로 문제를 인식하고 이를 해결하기 위한 방법들을 모색하여 가장 적합한 대안을 선택하는 과정(오석홍, 2013: 377)이다.

의사결정과 관련한 이론 등은 오랜 역사를 지니고 있어 사회과학 도서 전반에 잘 설명되어 있으므로, 여기에서는 갈등을 관리하는 하나의 수단으로 의사결정을 할 때 어떤 행태를 보이느냐를 측정해 보고자 마련하였다.

합리적인 의사결정 과정은 문제를 인식하고 이를 진단하는 과정, 문제해결을 위한 대안을 개발하는 과정, 개발한 대안들을 일정한 기준에 의하여 평가하는 과정, 평가한 대안들을 일정한 선택 기준에 의하여 최종적으로 하나를 선택하는 과정, 마지막으로 선택하여 문제해결을 시도한 후에 나타나는 상황을 점검하고 조정하는 과정으로 구성된다.

의사결정 유형은 매우 다양하게 분류하고 정의되는데, 합리모형, 최적모형, 점증모형, 혼합모형, 회사모형, 쓰레기통모형 등이 제시되고 있다.

이하에서는 단순하게 의사결정 유형을 앞에서 설명한 갈등관리 유형과 연결시켜 분류한 **해크만**(Hackman, 2004)의 측정 문항을 제시하였다. 물론 원래 저자는 논쟁의 정도로 세 가지로 구분하였으나, 이를 독자들의 이해를 돕기 위하여 5가지 갈등관리 유형과 연계시켜 보았다.

아래 측정 설문지가 독자들의 의사결정 행태를 완벽하게 측정하지는 않을 것인데, 그 이유는 사람들은 의사결정시 여러 가지 주어진 상황에 따라 다른 행태를 보이기 때문이다. 측정된 결과는 독자들이 일상적인 상황에서 편안하게 의사결정을 하는 경우에 본인에 근접하는 의사결정 행태라고 생각하면 좋을 것이다.

설문지 2-1 ● 의사결정 유형 테스트

아래 문항들은 여러분이 의사결정시 어떠한 유형으로 행동하는지를 알아보기 위한 것입니다. 솔직하게 응답하고 측정방법대로 작성하여 자신의 유형을 확인해 보세요.

전혀 그렇지 않다=1점	거의 그렇지 않다=2점	보통 이다=3점	가끔 그렇다=4점	항상 그렇다=5점

번호	내 용	점 수				
		1점	2점	3점	4점	5점
1	나는 논쟁할 때, 상대방이 나에 대하여 나쁜 인상을 가지게 되지 않을까 걱정한다.					

번호	내 용	점 수				
		1점	2점	3점	4점	5점
2	논란이 되는 주제(이슈)에 대하여 논쟁을 하면 내 지적 능력이 향상된다.					
3	나는 논쟁을 회피하는 것이 좋다.					
4	나는 논쟁할 때 에너지가 넘치고 열정적으로 논쟁한다.					
5	나는 논쟁이 끝나고 나면, 다시는 논쟁에 휘말리지 않겠다고 결심한다.					
6	나는 논쟁을 하면 문제를 해결하는 것이 아니라 더 큰 문제를 만든다.					
7	나는 논쟁에서 점수를 따면, 즐겁고 기분 좋은 느낌을 가진다.					
8	나는 논쟁을 하고 나면, 짜증이 나고 화가 난다.					
9	나는 논란거리에 대하여 논쟁하는 것을 좋아한다.					
10	나는 논쟁에 휘말릴 것 같은 느낌이 들면, 기분이 안 좋다.					
11	나는 어떤 주제에 대하여 내 입장을 옹호하는 것을 잘 한다.					
12	나는 논쟁을 피하게 되었을 때 안도의 느낌을 갖는다.					
13	나는 논란거리가 있을 때, 논쟁할 기회를 놓치고 싶지 않다.					
14	나는 내 의견을 거의 거절하지 않는 사람들과 함께 있는 것이 좋다.					
15	나는 논쟁이란 감동을 주는 지적 도전이라고 생각한다.					
16	나는 논쟁을 할 때 핵심 포인트를 잘 찾아내지 못한다.					
17	나는 논쟁을 하고 나면 청량감과 만족감을 느낀다.					
18	나는 논쟁을 잘 할 수 있는 능력을 가지고 있다.					

번호	내 용	점 수				
		1점	2점	3점	4점	5점
19	나는 논쟁에 휘말리는 것을 피하려고 노력한다.					
20	대화를 하다가 논쟁으로 발전될 것 같으면, 나는 대화에 집중한다.					

〈계산 방법〉

[단계1] = 다음 번호에 해당하는 응답 점수를 기입하고 합산한다.
2( ) + 4( ) + 7( ) + 9( ) + 11( ) + 13( ) +15( )
+ 17( ) + 18( ) + 20( ) = 총(A)점

[단계2] = 다음 번호에 해당하는 응답 점수를 기입하고 합산한다.
1( ) + 3( ) + 5( ) + 6( ) + 8( ) + 10( ) + 12( )
+ 14( ) + 16( ) + 19( ) = 총(B)점

[단계3] = (단계1 점수 A) + 60 = 총(C)점

[단계4] = (단계3 점수 C) − (단계2 점수 B) = 총(D)점 〈최종 점수〉

〈판 단〉

최종 점수 73-100점 = 강한 논쟁 성향 (배고픈 싸움닭) 〈논쟁형, 지배형〉
최종 점수 56-72점 = 보통 논쟁 성향 (배부른 닭) 〈타협형, 협상형〉
최종 점수 20-55점 = 약한 논쟁 성향 (겁먹은 닭) 〈배려형, 회피형〉

자료: Hackman & Johnson, 2004: 166; 백기복, 2013: 471-472 재인용하되 저자가 약간 수정하고 추가함.

2. 갈등관리 유형 측정

앞에서 우리는 개인간의 갈등을 관리하는 방법을 분류한 라힘(Rahim,1985)의 분류를 설명하였다. 라힘이 제시한 갈등관리 다섯 가지 유형은 협동형(collaborating), 수용형(accomodating), 지배형(forcing), 회피형(avoiding) 그리고 타협형(compromising)이다.

아래 설문지는 독자들의 갈등관리 유형을 측정하기 위한 것으로 각 문항에 응답하고 점수를 아래의 종합점수 난에 기록하여 합산함으로써 확인할 수 있다. 자신의 갈등관리 유형은 다섯 가지 유형 점수 중 최고 점수인 유형을 의미한다. 독자에 따라서는 최고 점수가 한 개 이상인 경우도 나타나는데, 이는 정상적이다. 이러한 현상은 몇 가지 한정된 문항으로 갈등관리 유형을 완벽하게 측정하는 한계가 있기 때문이다. 따라서, 아래 설문지는 본인의 갈등관리 유형을 유추해보는 정도로 생각하면 좋겠다.

아울러 어떤 하나의 갈등관리 유형이 최선은 아니며, 각 유형은 나름대로의 장점과 한계를 가지고 있고, 갈등 상황에 따라 더 적합한 관리유형이 존재하는 것이다.

갈등관리 유형 테스트 ● ● ● 설문지 2-2

아래의 항목들은 귀하의 갈등관리 유형을 알아보기 위한 것입니다. 다음의 15개 질문에 평소 생각하신 대로 솔직하게 대답하시면 됩니다. 유형 중 총점의 점수가 제일 높은 것이 귀하의 갈등관리 유형에 가깝습니다. 두 개 이상 유형도 가능합니다.

전혀 그렇지 않다=1점	거의 그렇지 않다=2점	보통이다=3점	가끔 그렇다=4점	항상 그렇다=5점

번호	내 용	점 수				
		1점	2점	3점	4점	5점
1	나는 내 주장의 장점을 설명하기 위하여 동료들과 논쟁한다.					
2	나는 타협을 이루기 위하여 동료들과 협상한다.					
3	나는 동료들의 기대에 부응하고자 노력한다.					
4	나는 주어진 문제에 대해 모두가 찬성할만한 해결책을 찾기 위하여 동료들과 함께 노력한다.					
5	나는 내 주장을 관철시키기 위해 강력한 자세를 취한다.					

번호	내 용	점 수				
		1점	2점	3점	4점	5점
6	나는 갈등으로 물의를 일으키고 싶지 않아 동료들에 대하여 느끼는 갈등을 참고 혼자 삭인다.					
7	나는 나의 해결방안을 관철시키기 위하여 끝까지 노력한다.					
8	나는 타협을 위해 '서로 주고받는(give and take)' 전략을 사용한다.					
9	나는 동료들과 문제를 함께 해결하기 위하여 정확한 정보를 주고 받는다.					
10	나는 동료들과 다른 의견을 가지고 있더라도 이를 공개하여 논쟁하지 않는다.					
11	나는 동료들의 의견을 적극 수용한다.					
12	나는 문제해결의 최선책을 찾기 위하여 모든 문제들을 털어놓고 이야기하는 성격이다.					
13	나는 문제해결에 진전이 없을 때 양측이 만족할 만한 절충적인 대안을 제시한다.					
14	나는 동료들의 의견을 따르려는 성향이 있다.					
15	나는 동료와의 의견대립을 피하기 위하여 내가 동료들의 의견에 반대하더라도 이를 그냥 묻어둔다.					

구 분	협동형	수용형	지배형	회피형	타협형
문항 번호 및 (점수)	4번 ( )점 9번 ( ) 12번( )	3번 ( )점 11번( ) 14번( )	1번( )점 5번( ) 7번( )	6번( )점 10번( ) 15번( )	2번( )점 8번( ) 13번( )
총 점	( )점	( )점	( )점	( )점	( )점
⊙ 귀하의 갈등관리 유형(제일 높은 점수, 복수 가능)은 무엇입니까?(,)					

자료: Rahim, 1983: 358-376; 백기복, 2013: 509-510 재인용하고 저자가 약간 수정함.

협상 팁 2

외나무다리 위 두 마리 염소

☞ 이 갈등 상황을 어떻게 풀 것인가?

☞ 승-패 게임 인가? 승-승 게임 인가?

제Ⅱ편

협상의 구조와 과정

기회가 주어지지 않는다고 불평하지 마라.
이순신, 대한민국 해군 전략가

행복한 사람은 좋은 환경에 있는 사람이 아니라 좋은 태도를 가진 사람이다.
다운스, Hugh Downs

제3장 협상의 이해

제1절 협상의 개념과 특징
제2절 협상의 범위와 유형
제3절 협상의 영향 요소

제 1 절 협상의 개념과 특징

1. 협상의 개념

협상이란 정의하는 사람마다 다양하게 제시하고 있지만, 저자는 다음과 같이 정의하고자 한다. 협상이란 이해관계 당사자들간에 갈등이 발생할 때 이것을 상호 이익극대화 방향으로 해결하기 위한 상호작용 과정이다. 협상이란 혼자가 아닌 두 사람(집단, 조직, 국가)이상이, 갈등이 발생하여 이를 해결하기 위한 주제를 가지고, 서로 만족할 만한 대안을 찾아내기 위하여, 지속적으로 상호작용하는 의사소통 과정이다.

협상에 대한 여러 학자들의 개념 정의를 살펴보면 다음과 같다.

- 협상이란 자신이 원하는 것을 다른 사람으로부터 얻어내기 위한 기본적인 수단이다. 즉, 자신과 상대방이 공유할 수 있는 이해관계와 서로 상반되는 이해관계를 가지고 있을 때 합의에 도달하기 위해 밀고 당기는 의사소통 과정이다(Fisher et al., 1991: xvi).
- 현명한 합의(agreement)란 가능한 한 양측의 합법적인 이해관계(interests)를 최대한 충족시켜주며, 상충되는 이해관계는 공정하게 해결해주고, 오랫동안 지속되며, 공동체의 이해관계도 고려하는 것이다(Fisher et al., 1991: 4).
- 협상이란 자신의 이해관계 일부는 인정을 받고, 일부는 반대에 직면할 때 상대방의 동의를 목표로 서로 의견을 교환하는 과정이다(Ury, 1993: 4).
- 협상이란 거래를 통해 각 각이 원하는 것들을 교환하는 것에 합의하고자 하는 양 당사자들로 구성된다(Hindle, 1998: 5).
- 협상이란 당신이 호의적이며 원하는 무엇인가를 상대방으로부터 얻어내는 과정이다(Cohen, 1994; 강문희, 2001: 15 재인용).

▶ 협상이란 사람의 마음에서 상호작용하는 것으로 당신이 실제로 행동할 필요가 있는 것을 조직화하는데 도움을 주고, 그 과정으로 인도하는 보다 우수한 길을 제공하는 방법이다(Diamond, 2012: 3, 12-13).

2. 협상의 특징

협상은 상호 존중과 명시적 제안으로 합의를 유도하는 지속적인 의사소통 과정이기 때문에 자신 또는 상대방의 일방적인 완전 승리보다는 협상 양측이 적절하게 만족을 느끼는 수준에서 합의를 도출하는 것에 주요 목적을 두어야 한다. 많은 선행연구에서 제시하고 있는 협상 개념에는 다음과 같은 몇 가지 특징을 가지고 있다.

첫째, 두 사람 이상의 이해관계 당사자가 있어야 한다.

이해 당사자는 개인, 집단, 조직, 또는 국가 모두 해당되며, 한 사람이 혼자서 협상을 진행할 수 없으므로 반드시 두 사람 이상의 이해관계 당사자가 존재한다. 이해관계 당사자란 개인이나 집단, 조직 또는 국가와 관련되는 어떤 문제, 사회적 문제, 이슈, 쟁점 등에 직접적 또는 간접적으로 영향을 받거나 주는 사람이다. 물론 직접적으로 관계되는 사람뿐만 아니라 간접적으로도 관계를 맺는 사람도 포함되지만, 협상 과정에는 대부분 직접적인 이해관계 당사자가 참여하게 된다.

이해관계 당사자의 규모, 성격, 특성 등이 협상 과정과 전략에 많은 영향을 미치므로 협상자는 이해관계 당사자의 규모나 특성 등을 사전에 잘 파악하여야 한다.

둘째, 협상 주제가 존재해야 한다.

협상을 진행하기 위해서는 협상의 대상, 즉 협상 주제(이슈)가 있어야 할 것이다. 협상주제는 하나일 수도 있고 여러 개의 복수일 수도 있다. 협상의 주제는 결국 당사자들의 이해관계가 될 것이며, 겉으로는 입장 형식으로 나타날 것이다. 임금, 후생복지제도, 근로시간, 연봉, 구매 또는 판매가격, 수출입 가격 등이 협상주제가 될 것이다.

셋째, 갈등해소를 위한 상호작용 과정이다.

인간은 혼자 사는 동물이 아닌 이상 다른 사람들과 상호관계를 맺으면서 사회생활을 영위하므로 크든 작든 다른 사람과 이해관계로 갈등을 가지는 것이 보통이다. 갈등은 한정된 희소자원을 서로 가지려는 과정에서 발생할 수 있다. 대표적인 희소성 자원은 권력, 재산(부), 명예라고 할 수 있으며, 이러한 자원들은 이를 소유하려는 사람보다 부족하기 때문에 끊임없이 경쟁을 하고 갈등을 유발시킨다.

협상이란 이러한 희소한 자원을 나누어 가지려는 과정에서 발생하는 갈등을 최소화하거나 해소하기 위한 매우 유용한 수단의 하나이다.

합리적이고 효율적으로 경쟁과 갈등을 해소하기 위해서는 한정된 자원을 나누어 가지려는 사람들끼리 대화를 해야 한다. 대화를 통해서 자신의 몫을 주장하고 상대방의 몫을 확인하는 과정이 필요하다. 이러한 협상과정은 당사자들간에 지속적인 정보교환과 소통을 위한 과정, 즉, 상호작용 과정이 절대적으로 필요하다.

넷째, 상호 이익극대화가 목적이다.

협상에서는 상호간에는 이해대립이 존재한다는 것을 인지하고, 상호만족할 만한 대안을 도출하려고 노력해야 한다. 아울러 협상자들은 궁극적으로 인간의 본질적인 목표인 협상자 자신은 물론 상대방의 이익극대화가 1차 목표라는 점을 이해할 필요가 있다.

문제는 '자기 이익극대화'라는 개념인데, 이는 무조건적으로 자신의 이익만을 극대화한다는 의미가 아니다. 자신의 협상력, 자신의 정보력, 주어진 상황 등을 최대한 활용하여 그 한도내에서 자신의 이익을 극대화하는 것을 말한다.

적절한 정보교류와 상호 공존, 상호 이익극대화라는 관점에서 협상을 이해하고, 자신의 협상력 한도내에서 자기의 협상력 한도내에서 이익을 극대화하므로 양측은 서로 만족하는 협상 결과가 도출될 수 있는 것이다.

다섯째, 상호 존중과 신뢰가 중요하다.

협상은 한정된 자원을 서로 더 많이 가지기 위한 지속적인 상호작용 과정이다. 이러한 과정은 상황에 따라 상호 비방과 비판, 기만과 술수 등을 동원하여 상호간에 갈등을 확대시킬 가능성이 농후하다. 만약 협상 과정이 갈등을 해소하기 보다는 갈등을 증폭시키는 과정으로 변질된다면 그 원인은 상호 불신에 큰 원인이 있다.

따라서 협상이 갈등을 완화하거나 해소하는 본래의 목적을 달성하기 위해서는 협상자들은 자신은 물론 상대방 모두 서로에게 주어진 문제를 해결하려는 당사자라는 믿음과 존중이 필요하다. 성공적인 협상은 결국 협상자들간의 존중과 신뢰를 바탕으로 진행될 때 그 가능성은 그만큼 높아진다고 할 수 있다. 이러한 존중과 신뢰는 특히 다른 문화를 지닌 국가간의 협상에 필수적이며, 아울러 협상 결과를 성실하게 이행하고 준수한다는 믿음도 포함한다.

3. 협상 능력의 측정

협상 능력은 선천적이라기보다는 후천적인 기술의 하나라고 할 수 있다. 누구든지 협상에 대한 기본 교육과 학습을 통하여 지적 능력을 키운 뒤, 이를 바탕으로 일상생활에서 반복적으로 경험하는 과정에서 협상 능력은 향상될 것이다.

협상 능력을 측정하는 방법은 여러 가지가 있을 것이다. 협상에 대한 개념 이해, 협상 과정에 대한 이해, 협상의 전략과 전술 등에 대한 기준으로 측정할 수 있다. 여기에서는 힌들(1998)이 제시한 협상 능력 측정 설문지를 제시하고자 한다. 독자들은 협상에 대한 학습을 하기 전에 먼저 자신의 기본적인 협상 능력을 측정해보면 더욱 도움이 되리라 생각한다. 학습 이후에는 협상에 대한 이해가 많아져 객관적인 측정이 어렵기 때문이다.

물론 측정 결과가 자신의 협상 능력을 완벽하게 평가하는 것은 아니며, 협상에 대한 이해나 협상 상황 등에 따라 어느 정도 편차가 있을 것이므로, 지속적인 관심과 학습, 그리고 경험을 통하여 여러분의 협상 능력을 향상시킬 수 있다.

설문지 3-1 ● ● ● 협상 능력 측정 설문지

아래 문항들은 여러분이 갈등이 발생할 때 이를 해결하는 방법의 하나인 협상 능력을 테스트하는 것으로 정답은 없습니다. 솔직하게 응답하고 합산하여 자신의 협상 능력을 확인해 보세요. 자신의 생각에 가까운 척도에 √ 또는 ○하세요.

전혀 그렇지 않다=1점	가끔 그렇다=2점	자주 그렇다=3점	항상 그렇다=5점

번호	내 용	척 도			
		1	2	3	4
1	나는 협상에 임하기 전에 상대방을 연구한다.				
2	나는 내 전략을 찾아내기 전에 협상주제의 배경을 연구한다.				
3	나는 협상의 주요 목적을 분명히 한다.				
4	나는 협상의 목적에 적합한 전략과 전술을 선택한다.				
5	나의 협상전략들은 협상의 주요 목적을 달성하게 해준다.				
6	나는 협상 대리인을 사용할 때, 그에게 충분하게 설명해 준다.				

번호	내 용	척도			
		1	2	3	4
7	나는 협상 대리인을 사용할 때, 그가 필요로 하는 최대한의 권한을 준다.				
8	나는 협상을 할 때 유연한(신축적인) 태도를 가진다.				
9	나는 협상은 상호간에 이익을 얻을 기회를 준다고 믿는다.				
10	나는 만족할 만한 합의에 도달하려고 결심하고 협상에 임한다.				
11	나는 협상에서 나의 입장을 간단하고 알기 쉽게 표현한다.				
12	나는 나의 입장을 논리적이고 명료하게 표현한다.				
13	나는 상대방과 대화할 때 의식적으로 제스처(보디랭귀지)를 사용한다.				
14	나는 상대방의 약점을 노출시키려고 하지 않는다.				
15	나는 협상하는 동안 계속하여 공손하고 예의바르다.				
16	나는 협상과정에서 실제적이고 단호한 최후보루를 찾아낸다.				
17	나는 상대방의 전술을 이해하기 위해 나의 본능과 직관을 사용한다.				
18	나는 의사결정을 위해 필요한 경우 충분한 힘(power)을 가지고 있다.				
19	나는 상대방의 문화적 차이를 이해하고 적절하게 반응한다.				
20	나는 협상팀의 한 일원(구성원)으로 나의 역할을 잘 수행한다.				
21	나는 객관적이며, 상대방의 입장을 생각한다.				
22	나는 상대방이 제안할 수 있도록 안내하는 방법을 알고 있다.				
23	나는 공개적으로 제안하는 것을 회피한다.				
24	나는 조건부적인 제안을 계속함으로써 합의에 이르도록 진행한다.				

번호	내 용	척 도			
		1	2	3	4
25	나는 한 걸음씩 한 걸음씩 최종 목표에 접근한다.				
26	나는 전략과 전술적인 목적을 위해서만 의도적으로 나의 감정을 나타낸다.				
27	나는 정기적으로 협상과정을 요약하고 정리한다.				
28	나는 생각할 시간을 위해 전술적으로 협상 중간에 휴식을 사용한다.				
29	나는 협상이 결렬될 때 제3자(조정자, 중재자 등)를 소개한다.				
30	나는 협상의 교착상태를 타결하기 위한 효율적인 방법으로 조정자를 고용한다.				
31	나는 양 당사자가 날인한 합의안은 보증하고 책임진다.				
32	나는 가능하다면 언제나 서로 승리(win-win)하는 협상을 선호한다.				

〈계산 및 평가 방법〉

☞점수 합계 : 1(　)개×1점 + 2(　)개×2점 + 3(　)개×3점 + 4(　)개×4점=총(　)점

♣ 매우 우수(90)점 이상, ♣ 우수(75점 ~89점), ♣ 보통(74점 이하)

자료: Hindle,1998: 66-69.

협상의 범위와 유형 제2절

1. 명시적 협상

협상의 범위는 매우 다양하게 나타날 수 있다. 일반적으로 협상이란 당사자들이 공식적으로 결정된 협상 장소에서 명시적으로 협상 주제를 논의하는 것이다. 협상은 그 이외에도 다양한 형태로 이루어질 수 있지만, 공식적으로 이루어져 대부분 사람들이 알 수 있는 명시적 협상이 대표적이다.[1)]

2. 묵시적 협상

협상과 밀접하게 연관되는 사람들 이외에는 알 수 없는, 겉으로 드러나지 않는 암묵적 흥정 및 정보의 유출과 통제 등으로 진행되는 협상이다. 명시적 협상이 다양한 이해당사자들이 관련되어 원만한 협상을 진행하기 곤란한 경우 먼저 협상과 관련한 정보를 통제하여 협상타결을 모색하는 협상이다. 이후 협상 결과를 공개할 수도 있고, 그대로 비밀리에 오랜 기간 동안 묻혀두는 경우도 있다.

3. 협상적 모색

협상을 본격적으로 진행하기 전에 자신과 상대방의 협상 주제, 협상

1) 이하의 내용은 다음 자료를 중심으로 정리하였다. 이달곤, 2007. 협상론 제3판: 15-17.

범위, 협상 구성원, 협상 시간, 협상 정보 등을 탐색해보는 것을 협상적 모색이라고 한다.

4. 사전 협상

본 협상을 진행하기 이전에 미리 참모들이나 진행 요원들이 협상 주제, 협상 장소, 협상 범위, 협상 참가자 범위, 협상 일정, 협상 타결 후 결정 방법과 표현 형식, 협상 용어 등을 협상하는 것으로 협상에 관한 협상이라고도 한다.

이상의 내용을 표로 정리하면 〈표 3-1〉과 같다.

표 3-1
협상의 범위

<table>
<tr><th>협상의 범위</th><th>의 미</th><th colspan="4">포괄 범위</th></tr>
<tr><td>명시적 협상
(explicit negotiation)</td><td>개인, 조직, 국가가 공식적이고 명시적으로 진행하는 협상 행태</td><td>가장 좁은 의미</td><td rowspan="2">좁은 의미</td><td rowspan="3">넓은 의미</td><td rowspan="4">가장 넓은 의미</td></tr>
<tr><td>묵시적 협상
(implicit negotiation)</td><td colspan="2">겉으로 드러나지 않는 암묵적 흥정 및 정보의 유출과 통제 등의 협상</td></tr>
<tr><td>협상적 모색
(negotiation move)</td><td colspan="3">유리한 협상을 위한 협상 이전의 전략과 전술 탐색전</td></tr>
<tr><td>사전 협상
(prenegotiation)
협상에 관한 협상
(negotiation on negotiation),</td><td colspan="4">본 협상을 진행하기 위해 사전 준비를 위한 협상과정. 협상대표들이 협상을 진행하기 전에 실무진들이 협상 일정, 협상 주제, 협상 장소, 협상 참여 인원, 공동 발표문 등에 대한 사전 협의</td></tr>
</table>

협상의 영향 요소 제3절

1. 협상의 목표

협상에 영향을 미치는 요인들은 매우 다양하며, 이러한 요인들을 사전에 잘 확인하고 분석하여 적절한 협상전략을 수립하고 실행해야 성공적인 협상 결과를 얻을 수 있다. 먼저 가장 중요한 것은 협상의 목표이다.

협상의 목표(goal)란 협상자가 현재는 가지고 있지 않지만 협상을 통하여 얻고자 하는 것(Diamond, 2012: 161)으로 협상 성과요 협상 이익이라고 할 수 있다. 협상의 목표가 무엇이냐는 협상의 성공에 매우 중요한 요인이다. 협상의 목표를 무엇으로 설정하고 어느 정도의 목표로 설정하느냐가 협상에 많은 영향을 미친다. 쉘(Shell, 1999)은 협상 목표를 명확하게 설정하여 노력할수록 보다 많은 협상 성과를 얻을 수 있다고 말한다. 일반적으로 높은 목표를 설정하면 협상자의 기대수준이 높아지면서 이 목표를 달성하기 위한 동기가 높아져 상대적으로 더 높은 협상 성과를 얻을 수 있는 것이다(안세영, 2010: 25-26).

2. 협상력

협상력(power)이란 상대방으로 하여금 그 자신이 바라는 대안 쪽으로 다가오도록 만드는 힘(이달곤, 2007: 21), 협상에서 자신이 원하는 조건으로 합의를 얻어낼 수 있는 능력이다(Shell, 1994: 90; 안세영, 2010: 28 재인용).

협상력은 상대방이 본인 의도에 접근하도록 하는 능력, 의도된 협상 결과를 만들어 낼 수 있는 능력, 협상의도 구현을 위한 협상 요소를 종합적으로 활용하는 능력, 협상 테이블에서 상대를 통제하고 마음을 바꾸도록 하는 힘이다. 협상력은 협상자의 지위, 협상 시간(협상 시한), 협상자간의 상호의존성, 내부 이해관계자의 협조 또는 반대에 따라 달라질 수 있다(안세영, 2010: 29).

3. 협상자간의 관계

협상은 사람간의 문제이며, 사람간의 정보교환과 의사소통 과정, 대화 과정이다. 따라서, 협상에서는 협상에 참여하는 협상자들간의 관계가 매우 중요하다. 당사자들 간의 관계(relationship)가 일회성을 지닌 거래적 관계, 상호 협조적인 호혜적 관계, 상호 갈등과 경쟁을 하는 적대적 관계이냐에 따라 협상에 임하는 자세와 태도, 행동이 다르며, 그 결과로 협상 성과는 크게 달라질 수 있다.

일반적으로 당사자간에 신뢰에 기반하여 우호적인 관계일수록 협상 성과는 높다고 볼 수 있으므로, 평소에 인간관계를 우호적으로 구축해 놓는다면 협상에서 큰 도움이 될 것이다.

4. 대 안

협상을 진행하는 사람은 협상이 성공하는 경우와 실패하는 경우를 상정하며 준비하는 경향이 높다. 무엇보다도 협상이 실패하는 경우 다른 대안(BATNA), 대책은 무엇인가를 고민하게 마련이다. 협상이 실패할 가능성을 염두에 두고 미리 미리 다른 대안, 대책을 모색해보고 준비해두는 것은 협상자세와 성과에 많은 영향을 미친다.

좋은 대안(BATNA)를 가지면 가질수록 강한 협상력으로 좋은 협상 성과를 얻을 수 있다. 여기에서 BATNA(Best Alternative To a Negotiated Agreement)란 '협상에서 합의에 이르지 못했을 때 선택할 수 있는 최선의 대안'이라고 할 수 있다(Fisher et al., 1991: 99-100).

협상자는 항상 협상이 성공할 때와 실패할 때를 염두에 두고 여러 가지 대안을 검토해야 한다. 특히, 협상이 성공적으로 합의되지 못할 경우, 다음의 대안을 검토하고 준비해 두어야 한다. 힘들게 손해를 보면서 협상하는 것보다는 협상하지 않고 더 좋은 이익을 얻을 수 있다면, 그 사람은 협상 장소에서 보다 강력하게 자신의 이익을 요구하고 주장할 수 있을 것이다.

반면, 협상 이외에는 특별한 대안인 BATNA가 없는 협상가는 협상 장소에서 소극적으로 자신의 이익을 주장하거나 상당이 많은 이익을 포기하거나 양보해야 할 것이다. 따라서, 훌륭한 협상가는 협상에 임하기 전에 최소한 협상중에라도 항상 자신의 BATNA를 준비하고 개발해야 한다.

5. 시 간

협상은 마치 시작과 끝이 명확하게 구분되는 사건과 같다는 것이다. 협상자들은 모두 항상 시간 제약을 받고 있다는 사실을 기억할 필요가 있다(Cohen, 1994; 강문희 역: 130, 137). 협상에서 시간적 여유가 있는 협상조가 더 여유롭게 협상 대안과 자신의 BATNA를 개발하며 전략을 탐색하는 시간적, 정신적 여유가 있기 때문에 더 유리할 것이다.

협상 마감 시간이 임박해오면 협상자들은 긴장하고 초조해지며 그만큼 합의에 매달릴 가능성이 높아 양보를 쉽게 할 가능성이 높다. 만약 상대방이 시간 제약을 간파했다면 정보가 노출된 협상자는 상당한 손해를 감수해야 할 것이다.

코헨(Cohen, 1999; 강문희 역, 140)은 시간과 관련하여 훌륭한 협상가가 되려면 다음과 같은 네 가지 특징적인 행동을 취하라고 충고한다.

먼저, 인내심을 가지라는 것이다. 양보 행위나 문제해결은 협상 종료 시간 가까이 또는 그 시간이 지나서 발생하기 때문이다. 둘째로 적대관계에 있는 협상 장소에서는 당신이 할 수 있는 최선의 전략은 마감 시한을 상대방에게 드러내지 않는다는 것이다. 마감 시간도 협상의 산물이므로 맹목적으로 마감 시간을 지키려고 하지 말라고 충고한다.

셋째로 상대방이 냉정하고 평온해 보일지라도 그들에게도 마감 시간이 정해져 있다는 사실을 기억하라는 것이다. 넷째로 다급한 행동은 협상에서 이익이 확실하게 보장될 때만이 취해야 한다. 천천히 그리고 참을성 있게 행동할 때 원하는 결과를 얻을 수 있다는 것이다.

6. 정 보

협상은 정보 탐색과 자기 정보의 적절한 통제와 누출 과정이다. 따라서, 협상에서 정보(information)는 대단히 중요한 영향력을 주는데, 다양한 방법과 수단을 동원하여 가능한 한 상대방에 대해 많은 정보를 수집하고 분석해야 한다. 정보는 성공이라는 창고로 들어가는 문을 여는 열쇠이다(Cohen, 1994; 강문희 역, 142). 상대방의 정보를 많이 확보하기 위해서는 사전에 수집하고 분석하는 방법 이외에 협상 장소에서도 가능하다.

협상 테이블에서 자신이 말을 적게 하면서 질문을 통하여 상대방이 많은 말을 하도록 유도한다. 상대방의 많은 발언 속에는 은연중에 협상에 큰 도움이 되는 정보가 있을 수 있다. 따라서 훌륭한 협상가는 많은 말을 하여 자신의 정보를 노출하는 것이 아니라 질문을 통하여 상대방의 정보를 알아내고, 침묵을 즐겨 사용하는 사람이다. 협상에서도 '침묵은 금'이라고 할 수 있다.

협상에 유용한 정보는 상대방의 협상 목적, 의도, 상대방의 약점과 강점, 상대방의 협상전략과 BATNA, 상대방 내부 이해관계자간의 갈등(내부협상자 관계와 전략), 상대방의 협상 시간 제약, 상대방 협상 대표자의 개인적 정보(조직에서의 지위, 성격, 취미 등)등이 대표적이다(안세영, 2010: 44).

특히 자신과 상대방의 협상영역(ZOPA)을 확인하면 크게 성공할 수 있다. 협상 영역은 자신과 상대방이 양보할 수 있는 최저선과 최고선의 공통영역으로 좀처럼 확인하기가 쉽지 않지만, 협상 과정에서 상대방의 여러가지 대화와 정황 등을 종합해 나가면 어느 정도 합의가능영역을 추측해 낼 수 있다.

다음 〈그림 3-1〉에서 설명하면, 판매자의 협상 가격 범위는 S, S_3, S_2, S_1이고, 구매자의 협상 가격 범위는 B_1, B_2, B_3, B이다. 판매자와 구매자가 겹치는 범위가 곧 협상에 의한 합의가능영역이라고 할 수 있다. 즉, S-B가격이 ZOPA이다.

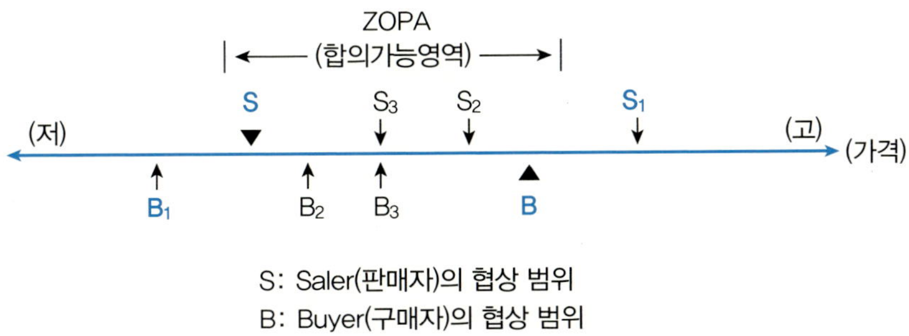

그림 3-1
합의가능영역 (ZOPA, Zone Of Potential Agreement)

7. 협상전략과 전술

협상자들은 협상 테이블에서 보다 많은 이익을 얻기 위하여 다양한 협상전략과 전술을 사용한다. 협상전략과 전술은 협상의 목적, 협상의 주제, 협상자간의 관계, 협상자들의 협상 문화, 협상 정보, 협상력, 자신과 상대방의 BATNA, 협상 시간의 제약 등에 의해 달라질 수 있다. 어떤 협상전략과 전술을 사용하느냐에 따라 협상 성과는 크게 달라질 수 있다.

일반적으로 협상자들은 입장협상전략을 선호하며, 그중에서도 강성입장 전략을 사용하는 경향이 높다. 물론 상황에 따라서는 양보를 많이 하는 연성협상전략을 사용할 수도 있다. 원칙협상전략, 이익기반 협상전략 등을 사용할 수도 있다. 어떤 협상전략과 전술을 사용하느냐의 선택은 앞에서 설명한 협상 목적, 협상 주제 등에 적합해야 한다. 보다 구체적인 협상전략과 전술은 별도의 장에서 설명하기로 한다.

협상 팁 3

간디의 게임 법칙

인도의 민족운동가 마하트마 간디가 출발하는 기차에 간신히 올라탔다. 그런데, 그만 신발 한 짝이 벗겨져 철로 위로 떨어졌다. 그러자 간디는 나머지 신발 한 짝도 벗어서 먼저 떨어진 신발 쪽으로 던졌다. 누군가 두 짝 다 주워야 쓸모가 있다고 생각한 것이다.

이 순간적인 행동 속에 간디가 추구하는 삶의 게임 방식이 고스란히 담겨 있다.

인도의 독립운동을 지도할 때 간디의 두 가지 원칙은 '진리파지'(사타드라하)와 '비폭력'(아힘사)이었다. '진리파지'란 우리가 남과 겨룰 때 사사로운 감정이나 내가 속한 집단의 이해타산 때문이 아니라, 오로지 양쪽을 모두 위한다는 진리를 꼭 쥐고(파지), 진리에 입각해야 한다는 주장이다.

예컨대, 인도가 왜 영국에 대항해서 싸워야 하는가. 영국이 인도를 식민지화하면 인도인들의 비인간화와 아울러, 남을 비인간화하는 영국인도 마찬가지로 비인간화한다. 그러기에 인도인이나 영국인 다 같이 인간화하기 위해 인도의 독립이 필요하다는 식이다.

싸우더라도 '너도 살고 나도 살자'는 진리를 붙들고 싸우면 '윈-윈(win-win)' 게임이 된다는 것이다. 진리파지의 행동이 바로 비폭력이다.

자료: 박정택, 2006: 55.

과거의 시간은 일단 사라지고 나면 다시는 돌아오지 않는다.

관중, 管仲, 중국 제나라 정치가

자기 존중의 결핍이 실패의 근원이다. 정말로 성공하려면 할 수 있다고 믿어야 한다.

하이얏 & 갓립, arole Hyatt & Linda Gottlieb

제4장 협상의 구조와 과정

제 1 절 사전 협상

1. 협상 상황 분석

협상은 먼저 당사자간에 일정한 주제에 대하여 갈등이 발생함으로써 시작된다. 당사자들이 이러한 갈등을 해결하고자 하는 욕구가 있을 때 본격적으로 협상이 진행되는 것이다. 물론 갈등이 발생하더라도 이를 해결하고자 하는 욕구가 없는 경우에는 협상은 이루어지지 않을 것이다.

협상이 진행되거나 진행되기 전에는 항상 협상을 에워싸고 있는 주변 환경들이 다양하게 존재한다. 여기에서 환경이란 광범위하게 정치적 상황, 경제적 상황, 사회 · 문화적 상황 등이 있으며, 좁게는 협상 당사자 및 협상 주제와 직접적 또는 간접적으로 영향을 주거나 받는 이해 당사자들이다. 협상에서는 이러한 관련 환경이라는 상황들이 매우 다양한 형태로 영향을 주거나 받는다. 따라서, 협상을 성공적으로 이루어내기 위해서 훌륭한 협상가는 협상을 에워싸고 있는 여러 가지 상황인 환경을 사전에 잘 분석하고 정리하는 능력을 소유하며 이를 위해 노력을 기울인다.

협상이 발생하게 된 배경, 협상 주제 등에 관련된 사전 정보와 지식, 상대방의 협상과 관련한 일반적이고 광범위한 정보 수집과 분석이 포함될 수 있다.

2. 협상적 모색

협상적 모색은 본격적으로 본 협상을 진행하기 전에 보다 유리한 협상을 위하여 자신과 상대방의 협상 주제, 협상 범위, 협상 구성원, 협상 시간, 협상 정보 등을 탐색해보는 것이다.

3. 좁은 의미의 사전 협상

좁은 의미의 사전 협상은 본 협상을 진행하기 이전에 협상의 양측 실무진들이 만나 본 협상을 진행하기 위한 사전 준비 협상 과정이다. 여기에서는 협상 대표자들이 협상을 진행하게 될 때 발생할 수 있는 제반 상황을 실무진 차원에서 사전에 정리하고 조율하는 단계이다. 협상 일정, 협상 주제, 협상 장소, 협상 참여자 범위와 인원, 협상 언어, 협상 진행 방법, 협상 타결 후 결정 방법과 표현 형식(공동 발표문 여부와 형식 등) 등에 대하여 사전에 협의하는 것으로 '협상에 관한 협상'이라고도 한다.

제2절 본 협상

1. 본 협상의 의미

본 협상은 본격적으로 협상 대표자들이 협상 장소에서 협상 주제를 논의하면서 협상하는 과정을 말한다. 협상 주제에 대하여 양측의 합의 내용과 합의 조건들을 탐색하는 정보 교환과 지속적인 의사소통 과정이다.

본 협상은 자신의 요구 조건에 맞는 수준에서 합의가 이루어져 협상이 종결되는 경우, 상대방의 요구 조건에 맞는 수준에서 합의가 이루어져 협상이 종결되는 경우, 합의가 원만하게 이루어지지 않아 추가적인 협상이 필요한 경우(이달곤, 2007: 88) 및 자신과 상대방의 요구 수준에서 합의가 이루어져 협상이 종결되는 경우로 나눌 수 있다.

2. 제의와 대응 제의

이러한 협상 과정에는 협상 당사자의 한쪽에서 먼저 협상 상대인 상대방에게 제의하는 순서로 진행된다. 제의란 협상 주제에 대하여 상대방이 고려하기를 바라는 내용과 합의 조건들을 제시하는 것을 말한다(이달곤, 2007: 89).

협상 테이블에서 누가 먼저 제의를 하느냐는 협상전략의 하나로 매우 중요하다. 먼저 제의하는 것이 유리하거나 불리할 수도 있으므로, 협상이 이루어지게 된 배경, 협상 주제, 협상 주제에 대한 정보력 등을 종합적으로 고려하여 판단해야 한다.

협상자 일방에 의한 제의가 먼저 이루어지면 상대방은 협상 주제에 대하여 자신이 바라는 내용과 합의 조건들을 제사하는 대응 제의가 이루어져 협상이 본격적으로 진행하게 된다.

결국 본 협상은 협상자 양측의 제의와 대응 제의, 수정 제의와 수정 대응 제의가 반복적이고 지속적으로 이루어지는 상호 교류 과정이라고 할 것이다. 이러한 제의의 주고받는 과정에서 정보의 일부가 교류되고 수많은 전략과 전술이 동원되며, 각 협상조 구성원들은 자신에게 주어진 역할을 유감없이 발휘하여 자신들의 이익을 극대화하려고 노력하는 과정이다.

협상은 경우에 따라서는 다음에서 설명하는 수많은 술수와 전술이 동원되어 협상을 성공적으로 또는 파국으로 몰아갈 수도 있는 매우 흥미진진하고 드라마틱한, 그러나 협상을 진행하는 당사자들에게는 엄청난 중압감과 스트레스를 줄 수 있는 전투의 장이 될 수도 있다.

3. 협상 관계자

협상을 제대로 이해하기 위해서는 협상 관계자가 누구인지 명확하게 구분할 필요가 있다. 대표적인 관계자는 협상 모체, 협상 당사자, 협상 관찰자, 협상 청중이다. 먼저 협상 모체(협상 주체)란 협상 과정에 참여하지는 않으나, 협상과정에 영향을 미치면서 협상 결과를 확정하고 초래할 편익과 비용을 감수하며 집행을 보장하는 주인 노릇을 하는 사람(집단, 조직)이다. 국가간 협상에서는 국민(정부와 직접 이해 당사자), 기업간 협상에서는 주주가 이에 해당될 수 있는 실질적인 협상의 이해 당사자이다(이달곤, 2007).

협상 당사자는 협상장에 협상대표로 참여하여 실질적으로 협상을 진행하는 당사자로 1인 또는 여러 명으로 구성되는 조(팀)일 수 있다. 협상 당사자는 협상 주제와 관련한 전문가로 구성되는 것이 바람직하며, 조(팀)로 구성되는 경우 각 자의 역할이 주어질 수 있으며, 구체적인 내용은 뒤에서 설명하고 있다.

협상 관찰자란 협상의 실질적인 이해 당사자보다는 약간 멀리 떨어진 협상 구경꾼으로 협상과 관련하여 직접 또는 간접적으로 이해관계를 가질 수 있지만, 협상자들이 이들의 견해를 대변하지는 않는다. 다만, 협상 구경꾼들이 경우에 따라서는 협상에 끌려들어가거나 협상 결과에 영향을 받거나 협상 결과의 실현과정에 간접적으로 영향을 미치기도 한다.

협상 청중은 협상에 직접적으로 관여하지는 않으나, 오히려 협상자들이 협상과정과 협상 결과에 영향을 미치기 위하여 협상자에게 직접 또는 간접적으로 메시지를 띄우는 대상자들이다. 협상 청중의 유무에 따라 협상자들의 전략과 전술이 달라질 수 있다는 것이다(이달곤, 2007: 122-124).

제3절 협상 종결

1. 협상 타결

협상자들이 협상 주제에 대하여 상호 정보교환과 상호작용을 거쳐 양측이 만족할 만한 대안이 도출되면 협상은 타결되었다고 할 수 있다. 협상이 타결되면 당사자들은 합의 내용을 문서로 작성하여 서로 교환해야 한다. 구두로 합의한 신사협정은 상황이 변하면 협상 양측의 누구라도 언제든지 합의 내용을 파기할 수 있다. 따라서, 협상의 합의 결과는 반드시 문서로 작성하여 실질적으로 실행 권한이 있는 당사자가 서명하여 보증하도록 해야 한다.

물론 합의문에는 합의 주제와 내용, 합의 조건, 실행 기간이나 방법, 합의 날짜와 당사자 등이 명시되어야 할 것이다.

2. 합의 결과의 집행

협상의 합의 결과에 대한 문서 작성이 이루어졌다고 해서 협상이 마무리되었다고 할 수는 없다. 협상 내용의 실행, 즉 이행이 이루어져야 비로소 협상은 마무리되는 것이다.

특히 국가간의 협상 결과는 대부분 양 국가의 의회에 의한 사후 승인, 즉 비준이 필요하다. 아무리 성공적으로 협상이 타결되어도 의회에서 승인이 이루어지지 않으면 협상 합의문은 휴지로 전락할 수도 있다.

이행을 위해서는 양측에서 이행 계획을 수립하여 이행 기일을 명시하고 상호 감독 · 점검할 수 있는 방안도 마련해야 한다. 아울러 이행이 되지 않는 경우 이에 대한 대책도 마련해야 하며, 여기에는 법적인 대응이나 금전적 제재를 포함할 수도 있다.

협상 결렬과 제3자 제4절

1. 협상 결렬

협상을 진행하면서 여러 가지 원인에 의해 협상은 결렬을 맞이할 가능성도 상존한다. 협상 주제의 내용이나 범위 등에 대한 인식의 차이, 협상 당사자들간의 신뢰 부족, 협상 모체와 협상 관찰자 및 협상 청중의 관여 등이 형상 결렬에 영향을 미칠 수 있다. 또한 협상 상황을 에워싸고 있는 수많은 국내외적 정치 · 경제 · 사회 · 문화적 요인 등도 중요한 영향 인자로 작용할 수 있다.

협상이 항상 성공적으로 쉽게 합의에 도달하는 것은 아니며, 여러 차례의 결렬과 재협상 등의 반복적인 과정을 거치는 경우가 더 많다. 협상이 당사자간의 여러 가지 상황—상호 불신, 전문성 취약, 갈등 증폭 등—이 발생하여 원만하게 진행되는 것이 어려운 경우 제3자를 활용하는 협상도 가능하다.

2. 협상의 제3자

협상이 원만하게 이루어지지 못하는 경우 제3자를 활용하는 방법에는 여러 가지가 있지만, 대표적인 방법은 알선, 조정 및 중재라고 할 수 있다. 알선은 제3자가 협상 당사자의 갈등을 확인하고 양측이 합의에 이를 수 있도록 분위기를 조성하며 조언을 하는 행동으로 직접 합의안을 제시하지는 않는다.

조정은 알선의 다음 단계 또는 알선과 동시에 진행할 수 있는 절차와 제도이며, 조정자가 당사자들이 합의에 이르도록 도움을 주는 차원을 넘어 당사자들에게 적절하다고 생각하는 조정안을 제시하는 절차를 가진다. 하지만, 조정자의 조정안은 구속력이 없기 때문에 양 당사자들은 조정안에 반드시 따를 필요는 없다.

마지막으로 중재는 제3자가 갈등이나 분쟁에 개입하여 당사자들을 구속하는 중재안을 제시하는 절차와 제도이다. 중재자는 먼저 양측의 입장을 청취하고 당사자들이 합의에 이르도록 조언과 독려를 진행하면서 직접 자신의 합의안을 제시하는 과정이다(백종섭, 2013: 104, 149-151).[1)]

이상의 협상 구조와 과정을 그림으로 제시하면 다음과 같다. 협상 구조와 과정은 갈등이 발생하는 것으로부터 시작된다. 사람들은 갈등이 발생하는 경우 대부분 이를 해결하고자 하는 욕구를 가지게 된다. 이러한 욕구가 협상의 출발점이라고 할 수 있다.

---

1) 우리 나라는 노사간의 단체교섭이 원만하게 이루어지지 않아 분쟁이 발생하는 경우 일정한 조건하에 중앙노동위원회가 조정과 중재를 실시하도록 규정하고 있다(백종섭, 2013: 153).

그림 4-1
협상의 구조와 과정

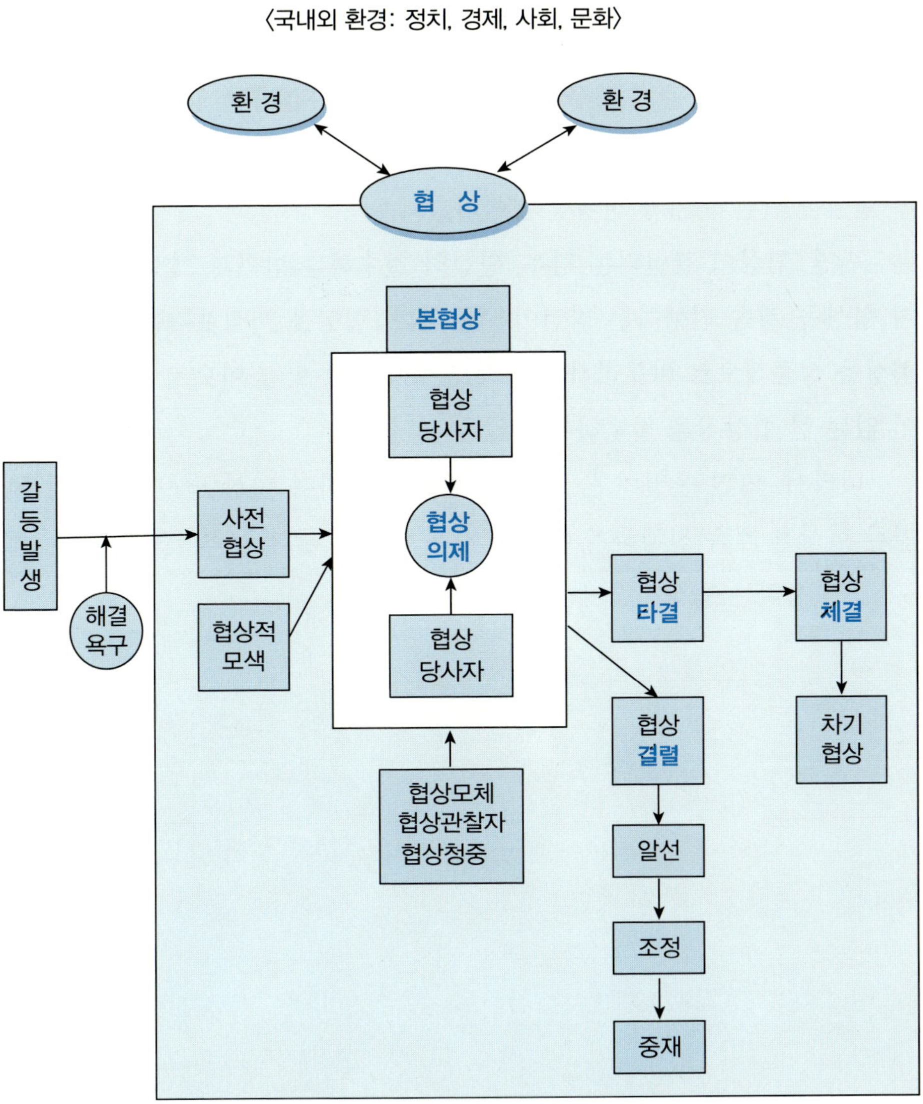

자료: 이달곤, 2007: 63 내용을 바탕으로 저자가 수정하고 추가하였음.

갈등 해결을 위한 협상이 필요하다고 인식하게 되면, 당사자는 갈등의 상대방과 사전 협상, 협상적 모색 등을 통하여 본 협상을 준비하게 된다. 당사자들은 본 협상장에 등장하여 공통의 문제라는 협상 의제를 사이에 두고 정보를 주고받는 의사소통 과정이 진행된다.

이러한 상호작용 과정에서 협상을 성공적으로 타결이 이루어질 수도 있고, 협상이 결렬될 수도 있다. 일단 협상이 타결되면 양측의 대표자가 서명을 하고 후속 이행조치를 시행하면 된다. 이로써 협상은 체결되고 차후 협상을 위한 준비가 진행될 것이다.

반면, 협상이 결렬되는 경우, 완전히 철수하는 방안과 제3자를 활용하여 협상을 계속 진행하는 방안이 가능하다. 협상을 시작했다는 것은 본래 협상을 성공적으로 마무리하려는 의도가 있다고 할 것이므로 특별한 사정이 없는 한 협상장을 철수하지는 않을 것이다.

따라서, 의견 불일치 등 다양한 이유로 인하여 협상 당사자들간에 원만한 협상을 계속 진행하기 어려운 경우 알선자, 조정자 및 중재자라는 제3자를 활용하는 협상전략이 유용하다.

협상 팁 4-1

여우와 두루미

우리는 이솝의 여러 가지 우화를 쉽게 접할 수 있다. 하지만 그 우화가 주는 시사점, 의미는 접하는 사람마다 다르게 해석되기도 한다. 저자가 조금 각색하여 이야기를 풀어 본다.

어느 날, 여우는 자기 생일잔치에 친구 두루미를 초대하였다. 멋있게 꾸며진 거실과 식탁에는 먹음직스러운 음식들이 진열되어 있었고, 여우는 두루미를 식탁으로 안내하였다. 두루미의 앞에는 커다란 접시위에 김이 모락모락 피어오르는 호박죽이 놓여 있었다. 여우의 접시위에도 역시 같은 음식이 놓여 있었고 여우는 두루미에게 맛있게 먹으라고 권하고는 자기 접시에 담겨져 있는 호박죽을 맛있게 핡아 먹기 시작하였다.

그런데, 두루미는 냄새만 맡고 있을 뿐 죽을 먹지 않고 있었다. 여우는 두루미가 호박죽이 싫어서 안 먹는 줄 알고 미안한 표정으로 바라보았다. 두루미는 맛있는 호박죽을 먹지 못하게 되자 여우가 자기를 골탕 먹이는 줄 알고 참다가 화가 나서 집으로 돌아와 버렸다.

며칠 뒤 두루미도 자기 생일날에 여우를 초대하였고, 긴 호로병 속에 팥죽을 담아 주었다. 두루미는 긴 주둥이로 팥죽을 맛있게 먹었지만, 여유는 입맛만 다실 뿐 먹을 수 없어 난처한 표정으로 바라만 보고 있었다. 두루미는 속으로 고소해 하며 표정관리에 애를 쓰고 있었다.

☞ 여우와 두루미가 갈등을 일으킨 이유는 무엇인가?

☞ 갈등을 해결하는 방법은 몇 가지이며 무엇인가?

☞ 다른 우화를 찾아서 갈등관리 방법으로 분석해보시오.

협상 팁 4-2

두 마리의 말과 당근

주인 운봉은 경주마 두 필의 말고삐를 넓은 우리 안에 가둔 뒤 서로 묶어두고 쉬도록 하였다. 얼마 뒤 운봉은 좌우 10여 미터 거리에 당근 2상자씩을 놓아 주었다. 그런데 당근은 두 말에게는 조금 멀리 떨어져 있어 상대방 말이 도와주지 않으면 먹을 수가 없었다. 다음날 운봉이와 보니 두필의 말은 몹시 지친 모습으로 숨을 헐떡이며 서 있었다. 의아하게 생각한 주인은 자세히 보니 자신이 놓아 둔 당근 상자는 그대로 놓여 있었다.

☞ 어떤 상황이 발생하였는가?

☞ 왜 그러한 상황이 발생하였는가?

☞ 이 상황을 win-win 게임으로 변화시키는 전략은 무엇인가?

매우 강직하여 조직내에서 다른 사람들과 어울리지 아니하고, 완고하여 남의 의견을 듣지 아니하며, 남을 이겨야 속이 시원하고, 지나치게 경솔하여 맹목적으로 자신감을 드러내 보이는 자는 망하기 쉽다(한비자). 〈저자가 현대에 맞게 약간 의역하였음〉.

친구를 사귈 때는 반드시 엄격한 기준이 있어야 하고 절대 경솔해서는 안 된다.
순자, 고대 중국 정치가

세상 일의 80%는 협상이며, 우리의 삶 또한 협상의 연속이다.
코헨, Herb Cohen

제5장 협상 작업표와 협상조

제1절 협상 작업표
제2절 협상조 구성원과 역할

제1절 협상 작업표

1. 협상 준비의 중요성

협상에서 상대방의 다양한 전략과 전술을 슬기롭게 극복하여 자신의 협상 이익을 극대화하느냐 아니면 상대방의 협상 이익을 극대화시켜 주느냐는 사전에 얼마만큼 협상을 잘 준비하느냐에 달려 있다고 해도 지나치지 않다.

유능한 협상가가 되기 위해서는 평소에 협상에 관한 지식과 기술을 학습해야 한다. 성공적인 협상을 위한 매우 중요한 협상 기술에는 목표의 내용과 범위를 정의하고, 협상 과정에서 제안할 수 있는 여러 가지 대안을 개발하는 능력, 상대방과 효율적으로 상호작용 할 수 있는 능력, 협상을 진행하면서 협상 주제나 대안에서 우선순위를 결정할 수 있는 능력 등이 필요하다.

협상 상황의 변화 가능성, 협상과 관련한 대내외적 영향 요인들, 상대방의 다양하고 변화무쌍한 전략과 전술 등은 협상에 관한 철저한 사전 준비를 방해하는 요인들이다.

성공적인 협상을 위해서는 협상 주제와 관련하여 자신의 최종적인 목표를 명확하게 설정하고 이를 달성하기 위한 최적의 전략과 전술을 체계적이고 치밀하게 준비하는 노력에서부터 출발한다. 그렇다고 사전에 완벽한 협상 준비를 한다는 것은 아니며, 협상은 상황이 변할 수 있고, 상대방이 있기 때문에 자신만의 준비로 완결되지는 않는 특징을 가진다.

아울러 협상 전 뿐만 아니라 협상을 진행하면서 지속적으로 아래에서 설명할 협상 관련 사항들을 수정하고 재수정하는 과정으로 이해해야 한다.

2. 협상 작업표 작성

사전에 철저한 협상 준비가 불가능하다고 해서 사전 준비를 소홀히 할 수는 없다. 협상에서 성공하기 위해서는 사전에 목표를 설정하되 목표간의 우선순위를 부여해야 한다. 협상에서 합의 가능성을 기준으로 분류하고 이에 적절한 전략과 전술을 검토해야 한다. 협상 주제와 관련한 정보와 자료를 수집하고 수집된 자료를 바탕으로 논리적인 구성을 마련해야 한다.

협상 준비와 관련하여 **유리**(1993)는 저서의 말미에 부록으로 다음과 같은 협상 작업표를 제시하고 있으므로, 이 표를 중심으로 저자가 협상 준비 과정을 간략하게 설명하기로 한다. 이 표의 전체적인 틀은 본래 **유리**가 공저로 참여하여 **피셔** 등(Fisher et al., 1991)이 저술한 '합의를 이끌어내는 협상법(Getting to Yes)'에 기초하고 있다. 따라서, 독자들은 본 저서의 뒤에서 설명하고 있는 **피셔** 등의 입장 및 원칙협상전략 부분을 참고하면 이해에 큰 도움이 될 것이다.

다만, 이 표는 협상 전에 준비하는 용도뿐만 아니라 협상을 진행하면서 꾸준히 작성하고 수정하며 재수정을 반복하는 일종의 '협상 작업표'라는 점을 이해할 필요가 있다.

1) 이해관계의 명료화

피셔 등(Fisher et al., 1991)은 대부분의 협상자들이 판에 박은 듯 자신의 입장만을 주장하면서 협상을 진행하기 때문에 어려움을 겪는다고 말한다. 보다 현명한 협상은 자신의 입장이 아니라 최대한 양측의 이해관계를 공정하게 해결해주는 대안을 선택하는 과정이라고 강조한다.

입장을 고수하면 협상자를 그 입장에 가두는 결과를 초래하므로, 자신과 상대방의 이해관계에 초점을 두어 협상을 진행할 것을 추천한다. 이해관계란 협상에서 겉으로 표명된 입장의 이면에 감추어져 있는 인간의 가장 기본적인 욕구라는 것이다. 즉, 안전, 경제적 복지, 소속감, 인정받음 등에 대한 욕구라는 것이다.

따라서, 양측이 모두 만족하는 협상 결과를 원한다면, 자신은 물론 상대방의 이해관계가 무엇인지 사전에 파악하여 이에 대비하는 준비가 필요하다.

2) 대안의 마련

협상의 목적은 양측이 모두 만족할 만한 합의 대안을 도출해내는 의사소통과정이다. 협상이 자신의 이익극대화이지만, 단지 자신만의 이익극대화가 아닌 상호 이익극대화이므로 이를 동시에 만족시킬 대안을 개발하고 제안하며 선택해야 한다. 피셔 등(Fisher et al.,1991)은 창의적이고 합의 가능한 대안을 마련하기 위하여, 먼저 다양한 대안을 개발한 이후에 대안을 선택해야 한다고 주장한다.

아울러 분배의 몫은 확장이 가능하다는 인식과 이해를 바탕으로 성급한 결론을 방지하기 위하여 대안의 폭을 넓히는 노력을 강조하고 있다. 특히 상대방의 문제에 무관심하지 말고 상대방의 문제 해결에 도움이 가능한 대안 개발에도 적극적으로 노력해야 한다는 것이다.

3) 대안 선택의 기준 마련

양측의 창의적인 노력으로 만족할 만한 몇 가지 대안을 개발한 이후에는 그 중에서 양측이 합의 가능한 대안을 선택해야 한다. 이때 대안의 선택 기준을 무엇으로 결정하느냐가 매우 중요하다. 객관적이고 공정한 기준이 필요한데, 대표적인 것으로 시장 가격, 선례, 전문적 기준, 비용 등이 가능하다.

이러한 객관적이고 공정한 기준이 다수 존재하는 경우 어떤 기준을 선택하느냐도 중요한데, 공정한 절차를 위해 상대방과 논의해야 한다. 제비뽑기, 동전 던지기, 제3자 결정, 차례대로 하기, 난수표 활용 등이 예로 제시할 수 있다.

4) 배트나의 검토

협상이 항상 성공적으로 마무리되는 것은 아니므로, 협상자는 성공과 실패의 경우를 상정하여 자신과 상대방의 배트나를 준비해두는 것이 좋다.

배트나(BATNA, Best Alternative To a Negotiated Agreement)는 '협상에서 합의에 이르지 못했을 때 선택할 수 있는 최선의 대안'이라고 할 수 있다(Fisher et al., 1991).

자신의 배트나가 훌륭하다면 협상 결렬도 가능하므로, 협상자는 보다 적극적으로 협상에 임하면서 우월한 위치에서 주도권을 가지고 협상을 진행할 수 있다.

따라서, 협상자는 협상에 임하기 전에 자신과 상대방의 배트나가 무엇인지 분석하고 준비하는 노력을 게을리해서는 안 된다.

5) 제안의 내용 분류

마지막으로 협상 진행 과정에서 어떤 제안을 할 것인지 검토해야 한다. 협상 상황, 협상 목적, 협상 배경, 협상 주제, 협상 자신과 상대방의 협

표 5-1
협상 작업표

<table>
<tr><th colspan="6">이해관계(INTERESTS)</th></tr>
<tr><td colspan="3">〈본인〉
1.
2.
3.</td><td colspan="3">〈상대방〉
1.
2.
3.</td></tr>
<tr><th colspan="6">대안(OPTIONS)</th></tr>
<tr><td colspan="6">1.
2.
3.</td></tr>
<tr><th colspan="6">기준(STANDARDS)</th></tr>
<tr><td colspan="6">1.
2.
3.</td></tr>
<tr><th colspan="6">배트나(BATNA)</th></tr>
<tr><td colspan="3">〈본인〉
1.
2.</td><td colspan="3">〈상대방〉
1.
2.</td></tr>
<tr><th colspan="6">제안(PROPOSALS)</th></tr>
<tr><td colspan="2">〈요구〉</td><td colspan="2">〈내용 만족〉</td><td colspan="2">〈검토〉</td></tr>
</table>

자료: Ury, 1993: 173. 표의 형식을 저자가 약간 수정하였음.

상력, 협상을 에워싸고 있는 수많은 상황 변수들을 고려해야 한다.

이러한 다양한 상황 변수들을 고려하면서 자신의 요구 사항을 제안해야 한다. 어느 수준에서 제안에 대해 만족해야 할지, 어떤 대안을 어느 수준에서 철회해야 할지, 무엇을 계속해서 다시 검토해야 할지 등을 사전에, 그리고 협상을 진행하면서 지속적으로 분석하고 검토해야 한다.

협상조 구성원과 역할 제2절

1. 협상조의 구성

협상은 혼자 진행할 수도 있고 여러 사람이 한 조(팀)를 이루어 진행할 수도 있다. 혼자 협상을 진행하는 경우와 달리 여러 사람이 조(팀)를 이루어 진행하는 협상의 경우는 좀 더 면밀한 준비가 필요하다. 협상을 원만하고 효율적이며 성공적으로 진행하기 위해서는 협상을 함께 진행할 협상조(팀)가 각자의 역할에 걸 맞는 전문가로 구성되어야 한다.

협상조에는 일반적으로 다섯 명이 한 조를 이루어 각 자의 역할을 수행하는 것이 바람직스럽다. 하지만, 다섯 명이 최선이라는 의미는 아니며, 협상에서 대표적으로 다섯 가지 역할이 있기 때문에 다섯 명을 적정 인원으로 제시한 것이다. 협상 지도자, 착한 역할 협상자(선역 협상자), 나쁜 역할 협상자(악역 협상자), 강경 협상자, 그리고 협상 조절자이다(Hindle, 1998: 20-21).

2. 협상 지도자

협상 지도자(leader)란 협상의 주제 · 대상 · 목적 · 전략과 전술, 협상 결과의 결정, 협상구성원들의 역할 부여와 지휘 등을 총괄하는 협상자이다. 협상 과정을 총괄하여 책임을 지는 사람이라고 할 수 있다. 모든 협상팀에는 리더가 필요하다. 리더는 팀에서 최고 연장자가 맡을 필요는 없으며, 가장 전문적인 능력을 가진 사람이 맡을 수도 있다. 동양문화에서는 대부분 팀장을 연장자로 선정하는 경향이 높지만, 사실 팀 제도는 그 분야에서 최고의 전문성으로 최대의 성과를 가져올 수 있는 사람이어야 한다.

협상 지도자의 역할은 다음과 같다.

협상 전반을 지휘하고, 필요한 경우 다른 사람들의 도움을 요청한다. 협상 주제와 관련하여 풍부한 지식과 경험으로 전문적인 문제를 지배한다. 기업의 인수와 합병 문제인가, 새로운 사업 분야(철강, 석유, 화학, IT, 환경, 농수산품 등) 진출과 관련된 문제인가, 정부와 국민과의 갈등 문제인가 등에 따라 협상 지도자는 달라질 수 있다. 팀원들을 조화롭게 조직화한다.

자기 협상조(팀)간에 협상 목적, 협상전략과 전술이 조화롭고 유기적으로 이루어질 때 보다 많은 이익을 얻을 수 있다. 협상이라는 적 앞에서 협상 구성원간 갈등이나 분열이 나타난다면 백전백패는 자명한 일이다.

3. 착한 역할 협상자

착한 역할 협상자(good guy)란 협상 장소에서 상대 협상자들이 선한 사람으로 인식하여 마음을 열거나 방심하여 전열을 흩트리도록 유도해내는 역할을 수행하는 사람이다. 일명 '선역 협상자'라고 할 수 있다.

이 사람은 상대방 팀원들이 동질감을 갖도록 역할을 수행하는 사람이다. 그 결과로 상대방 팀원들은 이 착한 사람만이 그들의 유일한 협상 상대이기를 바랄지도 모른다.

상대방에게 위와 같은 인식을 심어주기 위해서는 다음과 같은 역할을 수행해야 한다. 상대방이 자신을 우호적이고 매우 합리적인 사람으로 인식하도록 상대방에게 동정심을 표시한다. 상대방이 가지고 있는 약점이나 애로 사항, 고충 등을 사전에 또는 협상 과정에서 파악하여 안타까움이나 이해한다는 식의 표현을 하는 것이다.

적절한 시점에서는 자신이 속한 협상팀이 이전에 가진 입장을 철회하려는 시도를 한다. 상황에 따라서는 자신들의 제안 입장을 수정하거나 철회할 수도 있다는 뉴앙스나 분위기를 조성하는 것이다. 이러한 행동과 태도를 통하여 상대방 팀원들을 속여 안도감을 가지게 만들고, 긴장감을 풀도록 한다. 적대감을 풀고 우호적으로 자신들에게 다가올 수 있도록 편안한 분위기를 조성하는 것이다. 협상에서 긴장을 풀면 상황을 긍정적으로 인식하여 양보를 할 가능성이 높아진다.

4. 나쁜 역할 협상자

나쁜 역할 협상자(bad guy)란 상대 협상자들을 비난하거나 비판하여 분위기를 어느 정도 험악하게 조성하며, 상대방의 약점을 노출시키거나 양보를 강요하는 역할을 수행하는 협상자로 '악역 협상자'라고 할 수 있다. 이는 착한 역할 협상자와 정반대의 경우로, 상대방에서는 이 사람만 없다면 협상이 보다 쉽게 합의에 도달할 수 있을 것이라는 믿음을 갖게 하는 역할을 수행한다. 이러한 기능을 수행하기 위한 역할은 다음과 같다.

먼저 필요한 경우에는 협상을 더 이상 진행하지 않겠다는 분위기를 조성한다. 상대방이 양보를 하지 않거나 과도한 요구를 하거나 협상이 지지부진한 경우 더 이상 협상을 하지 말자고 지도자에게 말하면서 협상 진행에 대하여 제동을 건다.

둘째로 협상을 진행하다가 상대방측이 자신들의 입장이나 요구사항을 강하게 밀어붙이고자 하는 경우, 비우호적인 행동과 태도로 상대방의 관점이나 논쟁을 반박하고 흩트리며 저지한다.

세 번째로 협상이 결렬되거나 원만하게 타결되지 않을 경우 그 책임은 모두 상대방측에 있으며, 자신들은 다른 대안이 있음을 강조하여 겁을 준다. 또한 상대방측이 가지고 있을 약점이 무엇인지 관찰하면서 취약점을 파악하고 노출시키기 위하여 유도질문 등을 시도한다.

5. 강경파 협상자

강경파 협상자(hard liner)란 협상 장소에서 자신들의 협상 최저선을 고수하거나 유지하도록 유도하면서 협상이 자신들에게 유리하게 진행되도록 노력하는 협상자이다. 따라서, 이 팀원은 모든 사안에 대해서 양보를 거부하고 자신들의 강경한 입장을 유지하도록 한다. 상대방측이 수용하기 곤란하거나 판단이 어렵고 복잡한 것을 제시하며, 종종 자신의 팀원들로 하여금 좀 더 많은 것을 얻어내야 한다고 말하면서 협상 타결을 지연시키도록 분위기를 조성한다.

이러한 기능을 수행하기 위하여 다음과 같은 역할이 가능하다. 자신의 협상 팀이 쉽게 양보하지 못하도록 시간벌기 전술을 사용하여 협상 진행을 지연시킨다. 협상이 어느 정도 진행되면서 타결 가능성이 나타나면 자신의 팀원들이 만들었을지 모르는 양보를 했던 연성 입장을 철회하자고 요구한다.

아울러 협상의 진행 과정을 관찰하고 기록하며, 발코니로 나가 협상전략을 논의할 때 활용하도록 한다. 협상을 진행하면서 상대방의 전술에 휘말려 협상팀이 협상의 주제나 목표 등에 방향 감각을 상실할 수도 있으므로, 항상 자신의 협상팀이 협상 목표에 초점을 유지하도록 관찰하고 지도자나 팀원들에게 이를 주지시킨다.

6. 협상 조절자

협상 조절자(sweeper)란 협상을 진행하면서 자신들이나 상대 협상자들이 협상 주제를 벗어나거나 협상 내용이나 절차 등에 모순이 나타나면 이를 지적하거나 수정하여 협상이 본래의 주제로 진행하도록 조절하고 이끌어가는 협상자이다. 이 사람은 제시된 여러 가지 관점들을 모으고 정리하여 하나의 적절한 사례로 내놓는다.

이러한 기능을 수행하기 위하여, 교착상태에 빠진 협상을 벗어나기 위해 적절한 협상 전술이나 방안들을 제시하는 능력을 가져야 한다. 협상을 지속적으로 관찰하고 메모하면서 협상의 논의 주제와 내용이 본래 의도한 협상 중심에서 너무 멀리 벗어나지 않도록 지적하고 협상 주제에 집중하도록 요구한다. 그리고, 상대방측의 논리나 주장에서 어떤 논리적 모순이나 비현실적인 내용이 포함되어 있는지를 지적하고 이를 수정하도록 한다.

이상을 표로 정리하면 〈표 5-2〉와 같다.

표 5-2 협상조 구성원과 역할

협상 구성원	주요 기능	역 할
협상 지도자 (Leader)	모든 협상 팀에는 리더가 필요하다. 리더는 팀에서 최고 연장자가 맡을 필요는 없으며, 가장 전문적인 능력을 가진 사람이 맡을 수도 있다.	• 협상을 지휘하고, 필요한 경우 다른 사람들을 요청한다. • 전문적인 문제를 지배한다. 예로 기업주식을 공개매입하기 위한 자금이 충분한 경우 이를 결정한다. • 팀원들을 조화롭게 조직화한다.
착한 역할 협상자 (Good Guy) **〈선역 협상자〉**	이 사람은 상대방 팀원들 대부분이 동질감을 갖는다. 상대방 팀원들은 이 착한 사람만이 그들의 유일한 적이었기를 바랄지도 모른다.	• 상대방측의 관점을 이해하며, 동정심을 표시한다. • 자신이 속한 팀이 이전에 가진 입장을 철회하려는 시도를 한다. • 상대방 팀원들을 속여 안도감을 가지게 만들고, 긴장감을 풀도록 한다.

협상 구성원	주요 기능	역 할
나쁜 역할 협상자 (Bad Guy) 〈악역 협상자〉	이는 착한 사람과 정반대의 경우로, 상대방측으로 하여금 이 사람이 없다면 보다 쉽게 합의에 도달할 수 있다고 믿게 하는 역할을 수행한다.	• 필요한 경우에는 협상이 더 이상 진행되지 않도록 제동을 건다. • 상대방측이 밀어붙이고자 하는 관점이나 논쟁을 저지한다. • 상대방측에 겁을 주며, 그들이 취약점을 노출하게끔 시도한다.
강경파 (Hard Liner)	이 팀원은 모든 사안에 대해서 강경한 입장을 견지한다. 이 사람은 상대방측에 복잡한 것을 제시하며, 종종 팀원들로 하여금 지연시키도록 한다.	• 시간벌기 전술을 사용하여 협상 진행을 지연시킨다. • 자신의 팀원들이 만들었을지 모르는 연성제안을 철회하도록 한다. • 협상의 진행 과정을 관찰하고 기록한다. • 자신의 협상팀이 협상 목표에 초점을 유지하도록 한다.
협상 조절자 (Sweeper)	이 사람은 제시된 여러 가지 관점들을 모으고 정리하여 하나의 적절한 사례로 내놓는다.	• 교착상태에 빠진 협상을 벗어나기 위한 전술이나 방안들을 제시한다. • 협상의 논의가 중심 이슈에서 너무 멀리 벗어나지 않도록 제지한다. • 상대방측의 주장에서 어떤 모순이 있는지를 지적해낸다.

자료: Hindle, 1998: 20-21.

7. 협상자의 배치

협상 장소에서는 일반적으로 협상 지도자가 중앙에 앉고, 그 오른쪽에는 착한 역할 협상자, 왼쪽에는 강경파 협상자, 그리고 그 다음으로 나쁜 역할 협상자와 협상 조절자가 자리를 차지한다. 상대방 측도 이러한 좌석 배치가 이루어질 것이다. 이를 그림으로 나타내면 〈그림 5-1〉과 같다.

그림 5-1
협상자의 배치

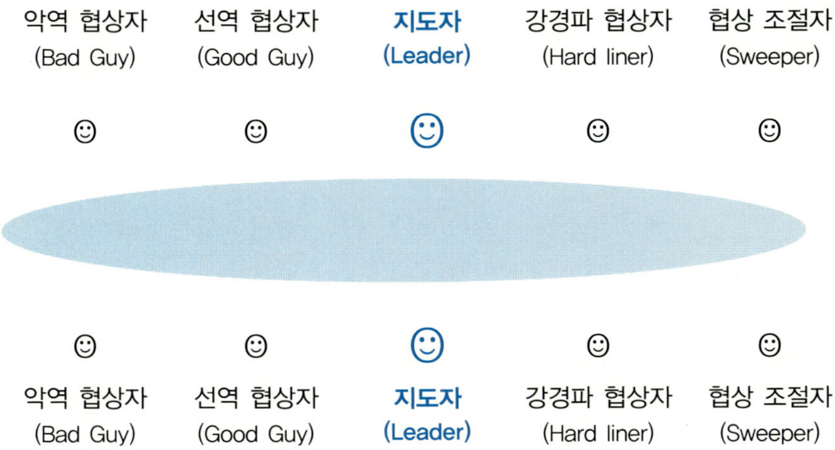

자료: Hindle, 1998: 28.

협상 팁 5

한비자의 충고

"지혜는 눈과 같아서 백 걸음 앞에 있는 것도 볼 수 있으나, 정작 자신의 눈썹은 볼 수가 없다."

중국 춘추 전국시대, 월나라에 서시라는 매우 아름다운 여자가 살고 있었다. 그녀의 아름다움은 가히 경국지색이라 목소리, 웃는 모습, 행동, 걸음걸가 모두 사람들을 사로잡을 만큼 아름다웠다.

서시가 사는 마을에 동시라는 아주 못 생긴 여자가 함께 살고 있었는데, 목소리는 깨진 항아리 소리 같고, 행동과 걸음걸이는 볼썽사나웠다. 하지만, 그녀도 역시 미인이라는 소리를 듣고 싶었다. 아무리 예쁘다고 생각하는 옷을 입고 이런 저런 머리모양을 해도 예쁘다는 사람이 없어 속이 상했다.

그런데 서시는 본디 가슴앓이를 앓고 있는데, 어느 날 가슴이 너무 아파 손을 가슴에 대고 눈을 찌푸리며 걸어 다녔다. 하도 미인이라 그 모습이 오히려 그녀를 연약한 여인으로 더욱 돋보이게 만들어 사람들은 더욱 아름답다고 바라보았다.

추녀인 동시는 이러한 모습에 사람들이 좋아한다고 생각하여 자신도 가슴에 손을 얹고 얼굴을 잔뜩 찌푸린 채 동네 이곳 저곳을 자랑스레 돌아다녔다. 추녀가 그런 모습을 하니 더욱 못생겨 보이자 동네사람들은 그녀를 피하고 사립문을 걸어 닫아버렸다.

동네사람들은 서시를 흉내내고 돌아다니는 동시를 미친 전염병 환자 취급하여 점점 멀리하여 버렸다.

☞ 한비자는 남을 모방할 것이 아니라 바로 자신의 부족함을 알고 스스로 구하려는 노력이 있어야 한다는 것을 강조한 것이다.

제 Ⅲ 편

협상전략과 전술

제6장 협상전략과 전술의 이해

제7장 입장협상과 이익기반 협상전략

얼굴이 잘 생긴 것은 몸이 건강한 것만 못하고,
몸이 건강한 것은 마음이 바른 것만 못하다.
김구, 대한민국 독립 운동가

함부로 행동하지 말고, 혼란스럽게 말하지 말며, 아무렇게나 생각하지 마라.
아우렐리우스, Marcus Aurelius Antoninus

제6장 협상전략과 전술의 이해

제1절 왈튼과 맥커시 협상 유형
제2절 카츠와 코한의 협상전술
제3절 레위키의 협상전략
제4절 백종섭의 종합 분류

제1절 왈튼과 맥커시 협상 유형

협상의 전략에 대하여 **왈튼과 맥커시**(Walton & Mckersie,1993:4-6)는 협상에 임하는 당사자들의 행동 유형을 4가지로 구분하여 설명하였는데, 분배적 협상(distributive bargaining), 통합적 협상(integrative bargaining), 태도 형성(attitudinal structuring), 조직 내 협상(intraorganizational bargaining)이다. 여기에서는 이를 간략하게 설명하고자 한다.[1)]

1. 분배적 협상

분배적 협상(distributive bargaining)의 주요 기능은 순전히 이해관계의 갈등을 해소하는 것이다. 이러한 협상은 협상 양측이 갈등이 발생할 때 어느 한쪽의 일방적인 목적을 얻기 위한 다양한 활동 수단들의 복잡한 시스템과 관련된다. 이 유형은 많은 사람들에게 친숙한 활동 유형이며, 사실상 '협상(교섭, bargaining)'이라는 단어에 충실하다.

일반적인 사회생활에서의 협상에는 경제력, 권력, 명예 등 한정된 자원을 분배하는 가치 갈등과 관련되며, 게임 이론가들이 말하는 '고정 합 게임(fixed-sum games)'—한 쪽의 이득은 다른 쪽의 손실을 가져오는 게임—과 연관된다. 협상 양측은 협상 목적(objectives)으로서 협상 주제(issues)를 한정하는데 관심을 두며, 협상 주제는 양측이 갈등이라고 여기

1) 이하에서는 Walton & Mckersie(1993)가 제시한 협상의 4가지 행동 유형을 간략하게 소개하므로 자세한 내용은 관련 저서를 참조하기 바란다.

는 대상의 공통된 관심 영역에 한정한다.

2. 통합적 협상

통합적 협상(integrative bargaining)의 주요 기능은 협상조 양측의 공통적이거나 상호보완적인 이해관계를 발견하고, 상호 대립되는 문제를 해소하는 것이다. 이 유형은 협상 목적이 협상 당사자들간의 근본적인 갈등이 아니므로 어느 정도 통합적이다. 협상 목적은 공통된 관심 영역인 문제(problem)이며, 통합적 협상의 본질은 협상 양측에 이익을 주는 문제 해결이다.

통합적 협상은 최소한 한 쪽이 이득을 얻는 경우 다른 한쪽에 동일한 정도의 손실을 가져오지는 않는다. 이 협상 유형은 게임 이론가들이 말하는 '변성 합 게임(varying-sum game)'—협상 양측은 배분된 가치를 증가시킬 수 있는 게임—과 밀접하게 연관된다.

3. 태도 형성

태도 형성(attitudinal structuring)의 주요 기능은 양측 협상 참여자들의 태도에 영향력을 미치고, 양측을 대표하는 협상조의 기본적인 결속(유대)에 영향을 주는 것이다. 태도 형성은 협상 양측 사이에 바람직한 관계 유형을 얻어내기 위한 다양한 활동 수단을 의미한다.

앞에서 설명한 분배적 협상과 통합적 협상은 결합 의사결정 과정이지만, 여기의 태도 형성은 사람들간의 태도와 관계를 변화시키기 위한 사회 감정적 과정이다. 협상 양측간의 관계는 다양한 태도가 있을 수 있는데, 우애적이거나 적대적 태도, 신뢰, 존경심, 경쟁과 협동을 추구하는 동기부여 등이 대표적이다. 협상자들은 태도 변화를 통하여 협상에서 유리한 상황을 만들어 낼 수 있다.

4. 조직 내 협상

조직 내 협상(intraorganizational bargaining)의 주요 기능은 협상조 양측의 조직 내부에서 합의를 이루어내는 것이다. 앞의 세 가지 유형은 협상 양측간의 화해 과정과 밀접하게 관련이 있지만, 조직 내 협상은 협상 양측의 내부에 존재하는 다양한 목표, 선호도, 우선순위 등에 대하여 일치된 의견을 만들에 내는 것이다.

예로 노동조합의 경우 상급 단체 노조와 지역 노조, 회사 내 지회나 분회의 협상 목적이나 목표는 서로 다를 수 있으므로 이에 대한 합의를 도출하는 것이 성공적인 협상을 위해서는 매우 중요하다.

제2절 카츠와 코한의 협상전술

협상에서 전략과 전술을 엄격하게 구분하기는 쉽지 않지만, 일반적으로 전략(strategy)은 전술(tactics)보다 좀 더 포괄적이고 거시적인 방법으로 목표를 달성하기 위한 수단이라면, 전술은 전략을 달성하기 위한 보다 구체적이고 미시적인 방법이라고 할 수 있다.

하지만, 여러 연구자들은 이를 엄격하게 구분하기보다는 혼용하여 사용하고 있으므로, 너무 지나치게 그 상위 또는 하위 개념으로 구분하지 말고, 모두 협상 목표를 달성하기 위한 여러 가지 방법으로 이해하면 될 것이다.

다만, 카츠와 코한(Katz & Kochan, 2000: 178)은 전술(tactics)이라는 용

어를 사용하여 분배적 협상전술과 통합적 협상전술의 차이를 비교하여 설명하고 있다.

1. 분배적 협상전술

분배적 협상(distributive bargaining)은 무엇보다도 일방의 이익은 상대방의 손해를 가져오는 문제에 관심을 갖는다. 다수의 쟁점에 대하여 처음부터 자신의 요구내용을 과장되어 주장한다. 협상에서 중요한 정보를 숨기면서 자신에게 유리한 정보를 중심으로 선택적으로 활용한다.

협상 과정에서 의사소통은 통제되며, 한 명의 대변인에 의해 공개되고 전달된다. 분배적 협상전술은 자신만의 협상 목표와 이해관계에 초점을 두는 강성 교섭을 추구하기 때문에 인간관계는 신뢰 관계가 낮으며 단기적인 인간관계로 다룬다.

2. 통합적 협상전술

효율적인 통합적 협상(integrative bargaining)은 먼저 문제를 확인하고 정보를 교환하고 공유하면서 다양한 목소리로 문제 해결에 관심을 가지는 전술이다. 협상의 주제는 구체적인 관심 사항에 집중하며, 자신의 최종적인 입장을 주장하기보다는 합의에 도달하려는 목적에 초점을 둔다. 협상에 중요한 정보는 상대방과 함께 개방적으로 공유하며, 수정과 보완이 가능한 자료(data)로 취급한다.

의사소통 과정은 공개되며 협상에 참여한 사람들의 발언이 허용된다. 문제해결 중심적이고 상호 공통 목표에 집중하는 협상 자세이기 때문에 인간관계는 높은 신뢰 관계를 형성하고 장기적인 관계를 선호한다.

표 6-1
분배적 협상과 통합적 협상 전술

구 분	분배적 전술	통합적 전술
쟁 점	• 다수의 쟁점	• 구체적인 관심사항
입 장	• 처음부터 요구를 과장 언급	• 최종 입장은 없고 목적에 초점
정보의 이용	• 정보는 힘, 정보를 숨기고 선택적으로 활용	• 정보를 개방적으로 공유하고 데이터로 취급
의사소통 절차	• 통제 • 한명의 대변인 • 사적 간부회의 활용	• 공개 • 복수의 발언권 허용 • 분과위원회 활용
인간관계	• 강성 교섭 • 자신만의 목표와 이해관계에 초점 • 단기적 관계 • 낮은 신뢰	• 문제 해결 • 상호 공통 목표에 관심 • 장기적 관계 • 높은 신뢰

출처: Katz & Kochan,2000 :178.

제3절 레위키의 협상전략

1. 분배적 협상

레위키 등(Lewicki et al., 2011)은 협상을 분배적 협상(distributive negotiation)과 통합적 협상(integrative negotiation)으로 구분하고 있다. 분배적 협상은 투쟁적 협상, 경쟁적 협상이라고도 말한다. 이는 협상 형태가 승-패 게임(win-lose game, zero-sum game)으로 나타나며, 협상의 이익은 고정된 크기의 몫을 어떻게 서로 나누는 문제로 이해한다(fixed pizza-cutting). 따라서, 자기만의 이익을 극대화하기 위하여 자기 입장만 강조하고 이를 관철시키려고 한다.

정보에 대한 인식에서 정보란 협상에서 상대보다 우위를 차지할 수 있는 매우 유용한 전략적 수단으로 본다. 그 결과 자신의 정보 노출은 최소화하는 것으로 상대방에게 제공되는 정보를 적절하게 통제한다. 즉, 자신에게 이익이 되는 정보만 상대방이 접할 수 있도록 정보제공 과정을 통제한다는 것이다. 대신 자신에게 필요한 상대방의 정보는 최대한 수집하려고 협상력을 집중한다. 경우에 따라서는 비도덕적인 방법 — 도청 등 — 도 가능하다는 인식을 가지고 있다.

분배적 협상에서 사용하는 전략은 자신들이 얻을 수 있는 몫을 극대화하기 위하여 비도덕적이거나 기만적인 술수도 사용한다. 예로 거짓말, 허위정보 제공, 협박, 위협, 의도적 지연 등을 협상전술로 사용한다. 이러한 협상은 1회성 거래에서 얻을 수 있는 자신의 가치를 극대화하고 싶을 때, 협상 상대방과의 관계가 중요하지 않을 때, '자기가치 요구(claiming-value)' 협상 상황에 직면할 때 매우 유용한 전략이기도 하다(Lewicki et al., 2011: 28).

2. 통합적 협상

통합적 협상(integrative negotiation)은 호혜적 협상, 결합적 협상이라고도 말한다. 이는 협상 형태가 승-승 게임(win-win game, plus-sum game, positive-sum game)으로 나타나며, 협상의 이익은 협상자간에 협조하면 몫을 키울 수 있다는 인식으로 공통의 이익을 증대하기 위해 노력한다(larger pizza-cooking). 따라서, 자신과 상대방의 이익을 극대화하는 입장에서 공통의 이익, 결합 이익(joint value)을 극대화하려는 협상을 구사한다. 그 결과 '공통가치 창출(creating-value)' 협상이 가능해진다.

정보에 대한 인식에서 정보란 협상에서 유용한 만큼 서로 교환하여 양측의 이익을 극대화하는 수단으로 이해한다. 그 결과 자신의 정보를 적절한 수준에서 제공하면서 상대방에게도 비례 정도의 정보 공개를 요구한다. 이러한 정보를 통하여 상호간에 이익을 창출할 수 있는 기회로 삼는다.

통합적 협상에서 사용하는 전략은 서로간의 이익을 극대화하기 위하여 도덕적이며 합리적이고 상호 협력적인 전략과 전술을 사용한다.

레위키 등(Lewicki et al., 2011: 66-67)은 성공적인 통합적 협상을 위해서는 네 단계가 매우 중요하다고 강조한다. ① 문제를 확인하고 정의 내리기, ② 표면적인 요구(needs)와 가져 올 이해관계(interests) 및 문제 이해하기, ③ 문제를 해결할 대안을 창안하기, ④ 대안을 평가하고 최적 대안을 선정하기가 필요하다고 설명한다.

아울러 '자기가치 요구(claiming-value)'와 '공통가치 창출(creating-value)'의 차이를 파레토 최적 그림으로 제시하면서 '공통가치 창출'의 중요성을 강조하고 있다. Y축은 구매자의 가치 증대 축이고, X축은 판매자의 가치를 증대시키는 축이다. 이러한 협상 상황에서 반원 안에서는 두 사람의 가치를 극대화 할 수 없으므로 판매자와 구매자가 각자의 가치를 증대시키는 방법은 가치가 없는 원점에서 점점 멀리 반원 방향으로 나아가는 방법이다.

분배적 협상을 선호하는 '자기가치 요구' 협상자는 각자 자신의 이익을 극대화하는 방향, Y측 또는 X축으로 나아가려고 할 것이다. 결국 하나의 방향은 다른 상대방의 가치를 감소시킬 때만 가능하다. 결국 경쟁적, 투쟁적 협상 상황이 발생하여 상대방의 몫을 감소시켜야 나의 몫을 증대시킬 수 있는 것이다.

그러나, 통합적 협상전략을 사용하는 경우, 판매자와 구매자가 동시에 가치를 증대시키기 위해 협상하는 상황이므로, X축도 아니고 Y축도 아닌

그림 6-1
자기가치 요구와 공통가치 창출의 파레토 최적

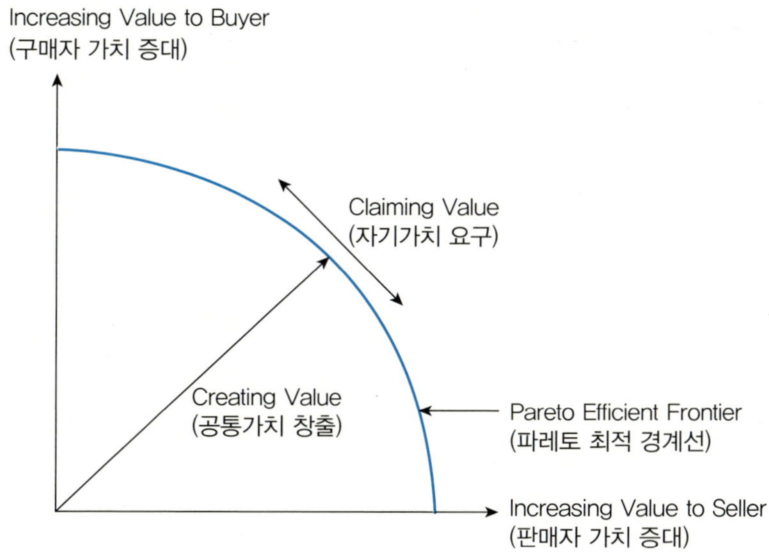

자료: Lewicki et al., 2011: 66.

원점에서 가장 멀리 나아가 꼭지점에 도달하는 것이다. 물론 꼭지점에서 하나의 직선과 만나는 점이다. 직선의 기울기는 협상자간의 협상력에 따라 어느 일방에 더 이익이 커지는 방향으로 나타날 것이다. 하지만, 협상자는 자신의 협상력 범위내 이익이기 때문에 만족해야 한다.

지금까지 설명한 레위키 등의 분배적 협상과 통합적 협상의 내용을 비교하여 표로 제시하면 다음과 같다. 보다 자세한 내용은 원 저서를 참조하기 바란다.

표 6-2
레위키의 분배적 협상과 통합적 협상

구 분	분배적 협상	통합적 협상
협상 상황	• win-lose game • zero-sum game	• win-win game • positive-sum game
협상 목적	• 자기 이익 극대화	• 상호 이익 극대화
가치 인식	• 자기가치 요구 (claiming-value)	• 공통가치 창출 (creating-value)
논의 대상	• 양측의 강점/약점	• 양측의 필요/관심
이익 배분	• 고정 피자 나누기 (fixed pizza-cutting) • 정해진 협상이익 분배	• 피자 크게 만들기 (larger pizza-cooking) • 협조하여 협상이익 증대
정보 관리	• 정보 통제/교환 최소화	• 정보 공개/교환
협상전략	• 비도덕적 · 기만적 술책	• 도덕적 · 협조적 전략

자료: Lewicki et al., 2011: 27-88. 주요 내용을 중심으로 저자가 정리하였음.

제4절 백종섭의 종합 분류

1. 분류 기준

지금까지 몇 몇 학자들에 의해 제시된 협상전략의 유형 분류는 대동소이하고 그 사용하는 용어의 차이에 불과하다고 볼 수 있다. 아울러 외국문헌을 우리말로 번역하면서 그 원래 용어가 주는 진정한 의미, 뉘앙스를 완벽하게 전달하는 우리 말 단어로 번역한다는 것은 불가능한 일이라고 할 것이다. 따라서, 역자마다 약간씩 다르게 번역할 수밖에 없는 한계를 지닌다.

여기에서는 저자도 역시 선행 연구 자료를 재정리하여 보다 그 의미가 좋다고 생각하는 단어를 사용할 것이다. 다른 연구자가 판단하기에는 역시 불만족스러울지 모르겠지만 어쩔 수 없는 현실이다.

협상의 유형을 크게 분류하기 위한 협상자들간의 인간관계, 협상을 이해하고 인식하는 차이는 두 가지라고 할 수 있다. 분류기준은 협상 상대방을 어떻게 인식하는가? 협상목표가 무엇인가?로 구분할 수 있다. 이에 따라 상대방을 적대적 인간관계로 인식하면서 자신의 이익만을 극대화하려는 전략과 상대방을 협조적 인간관계로 인식하면서 공통이익을 극대화하려는 전략으로 분류할 수 있다.

대표적인 개념으로 전자는 적대적(antagonistical, adversarial, competitive) 협상전략, 후자는 호혜적(mutual, reciprocal) 협상전략이라고 칭할 것이다.

2. 적대적 협상과 호혜적 협상의 특징

한 유형인 적대적 협상(antagonistical, adversarial, competitive) 은 인간관계나 협상에 대한 인식은 적대적, 투쟁적, 갈등적, 경쟁적, 대립적, 폐쇄적인 것으로 파악한다. 협상의 목적은 자신만의 이익을 극대화하는 것으로 자기 중심적이며 자신의 입장만을 반복하여 강조하는 경성입장 협상이다.

사고방식과 게임 형태는 양자택일로 승패 게임(win-lose game)을 선호한다. 협상의 가치에 대하여 '한정된 몫(fixed-sum)'에 대하여 '자기가치 요구(claiming-value)'에 몰두한다. 이를 달성하기 위하여 정보를 통제하여 정보교환을 최소화하며, 상황에 따라서는 기만적 술책도 불사하는 포커학파에 해당한다.

이러한 협상은 상호간에 불신을 토대로 하기 때문에 협상 결과는 상호 불신과 보복 가능성으로 이어진다. 대표적인 학자는 마키아벨리라고 할 수 있다.

다른 하나 유형은 호혜적 협상(mutual, reciprocal)으로 인간관계나 협상에 대한 인식은 우호적, 호혜적, 협력적, 결합적, 융합적, 통합적, 동반자적, 개방적인 것으로 파악한다.[2] 협상의 목적은 상호간에 만족할 수 있는 공통의 이익을 극대화하는 것으로 상호이익 중심적, 이해관계 중심적, 문제해결 중심적, 이익기반 중심적 이라고 할 수 있다.[3]

사고방식과 게임 형태는 유연성을 기본으로 승승 게임(win-win game)을 선호한다. 협상의 가치에 대하여 '증대가 가능한 몫(varying-sum)'에 대하여 '공통가치 창출(creating-value)'에 몰두한다. 이를 달성하기 위하여 정보를 교류하여 공유하며, 항상 도덕적이고 협력적이어야 하는 이상주의학파에 해당한다.

이러한 협상은 상호간에 신뢰와 믿음을 토대로 하기 때문에 협상 결과는 상호 신뢰와 협조성으로 이어진다. 대표적인 학자는 다이아몬드, 유리, 피셔 등이다.

---

2) '통합적, 융합적, 결합적'이라는 용어는 'integrative'를 번역한 것으로, 'integrative bargaining'은 협상자 양측이 서로 적절하게 협력하고 양보하며, 서로 만족할 만한 결론을 이끌어내는 협상을 의미하기 때문에 '호혜적 협상'으로 이해하는 것이 가장 적합하다고 판단하였다.

3) 저자는 그동안 많이 사용하고 있는 '분배적(distributive)' 개념을 사용하지 않았다. 그 이유는 '분배적'이라는 개념이 우리말에서는 '각자의 몫을 고르게 나누는' 뜻으로 좋은 의미를 담고 있어 '적대적, 경쟁적, 대립적'인 개념과 잘 어울리지 않기 때문이다. 저자의 대학 수강생들도 이 개념을 수용함에 어려움을 겪고 있었다. '원칙(principled)'이라는 용어도 약간 의미가 명확하게 전달되지 않아 사용하지 않았다. 원래는 '원리 원칙'이 더 정확하지만 조금은 동의어 반복적이라서 사용하지 않았다. 다만, 기존 협상학 독자들을 위해 표에서는 포함시켰다.

표 6-3
적대적 협상과 호혜적 협상

구 분	적대적 협상	호혜적 협상
유사 개념	투쟁적, 갈등적, 경쟁적, 대립적, 분배적, 입장 중심, 폐쇄적 협상	우호적, 협력적, 결합적, 융합적, 통합적, 동반자적, 문제해결 중심, 이해관계 중심, 이익 기반, 원칙적, 개방적 협상
협상 목표	자신만의 이익 극대화	상호 공통이익 극대화
인간 관계	적대적, 경쟁적 인간관계	우호적, 협력적 인간관계
사고 방식	흑백 논리, 이분법, 양자택일	다양성, 가능성, 유연성
게임 형태	승패 게임 (win-lose game) (zero-sum game) 고정 합 게임 (fixed-sum game)	승승 게임 (win-win game) (positive-sum game) (plus-sum game) 변성 합 게임 (varying-sum game)
제안 내용	입장(position)	이해관계(interest)
가치 인식	자기가치 요구 (claiming-value)	공통가치 창출 (creating-value)
협상 이익 배분	고정 피자 나누기 (fixed pizza-cutting) 정해진 협상 이익 분배	피자 키우기 (larger pizza-cooking) 협조하여 협상 이익 증대
정보 관리	정보 통제/교환 최소화	정보 공개/교환
전략	비도덕적, 기만적 술책	도덕적, 협력적 전략
도덕성	포커학파(Poker School)	이상주의 학파(Idealist School)
신뢰관계	불신	신뢰/믿음
협상 결과	상호 불신, 보복성	상호 신뢰, 협조성
대표적 학자	마키아벨리(Machiavelli)	유리(Ury), 피셔(Fisher), 다이아몬드(Diamond)

자료: 선행 연구를 바탕으로 저자가 종합하여 새롭게 분류하고 작성함.

협상 팁 6-1

선배와 후배 관계

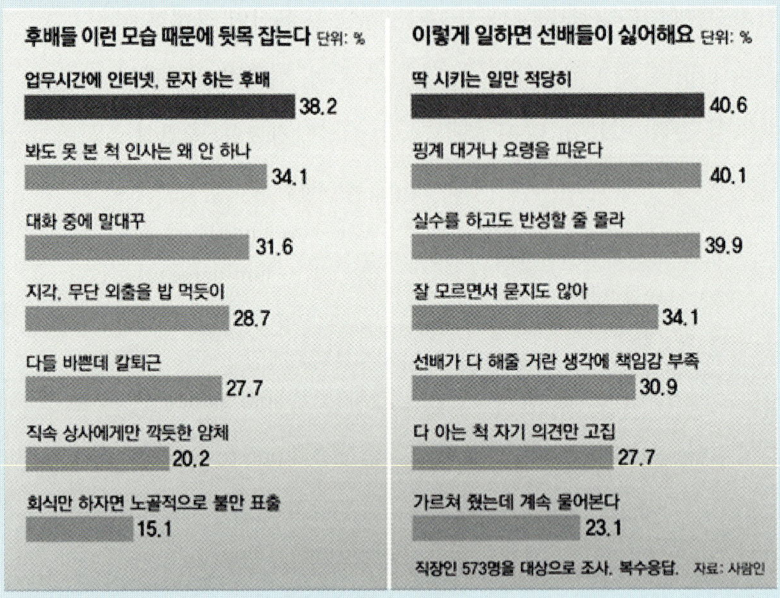

자료: 취업포털 '사람인'(www.saramin.co.kr)

☞ 직장에서 상사와 부하가 공존, 승-승 게임 방법은 무엇일까?

협상 팁 6-2

고대 중국 초나라 회왕과 흥정가 장의

고대 중국 초나라에 회왕이라는 왕이 나라를 통치하고 있었고, 나라에는 수많은 논객과 설객(말로 사람들을 설득하는 사람, 저자 역)들이 흥정술로 세상을 돌아다녔다. 그 중에 흥정술에 일가견이 있는 장의라는 젊은 설객이 살고 있었다.

장의는 가정이 궁핍해지자 돈을 벌 궁리를 하였다. 그는 회왕이 두 명의 미녀(남후, 정수)를 총애한다는 사실을 알고, 꾀를 서서 왕을 알현하는 기회를 만들었다.

"폐하께서는 저를 등용하실 생각이 없으신 것 같으니, 이제 진나라로 여행을 가볼까 합니다."
"좋을 대로 하여라."
"가는 김에 진나라에 폐하께서 필요하신 물건이 있으시면 구해오도록 하겠습니다."
"우리나라에는 금은보화가 가득하니 필요한 것은 없으니 신경 쓰지 마라."
"네."
"혹시 여자도 필요 없으십니까?"
"무슨 뜻인고?"
"진나라 여성들은 너무 아름다워 하늘에서 내려 온 선녀 같다고 하옵니다."
"음, 우리나라에는 그런 미인과 인연이 없는데, 꼭 한번 내 곁에 두고 싶구나."

회왕은 곧 장의에게 자금을 듬뿍 주면서 선녀 같은 미인을 데려오라고 신신당부하였다. 이러한 소문을 듣게 된 왕의 총애를 받는 남후와 정수는 자신들보다 더 아름다운 미녀를 데려 올까 어찌할 바를 몰랐다. 곧 장의에게 사자를 보내 진나라 여행 경비로 쓰라고 금은보화를 듬뿍 선물하였다.

며칠 뒤 장의는 다시 회왕에게 찾아가 이별을 고하면서 이별잔을 받고 싶다고 하였다. 회왕은 흔쾌히 허락하고 이별주를 건네며 담소를 나누었다.
잠시 후, 장의가 말했다.

"폐하, 두 사람만 있으니, 허전하옵니다. 마음에 드시는 분을 청하셔도 괜찮겠습니까?"
"그것도 좋은 생각이구나."

그래서 절세 미인 남후와 정수가 합석을 하게 되었고, 술을 따르게 되었다. 그러자 장의는 일순간 크게 놀라며 어찌할 바를 몰라 했다.

" 폐하 정말 죄송하옵나이다."
"무슨 말인고?"
"저는 여러 나라를 돌아다녔으나, 여기 두 분 만큼 아름다운 여인을 본 적이 없사옵니다. 그런 사실도 모르고 진나라에서 미인을 데려오겠다고 하였으니 죽을 죄를 지었나이다."
"허허, 좋다 좋아. 신경쓰지 말거라."
"폐하."
"사실 나도 천하에 이처럼 아름다운 미인을 본 적이 없다고 생각해왔느니라."

이렇게 장의는 술도 얻어 먹고 돈도 버는 천하에 설객으로 이름을 날렸다. 자신은 물론 왕도 만족시키고 두 미인도 만족시키는 전술을 구사한 것이다.

☞ 장의는 흥정과 설객(오늘날로 말하면 협상가라고 할 수 있다)이 가져야 할 특징을 아주 잘 알고 있는 것이다.
상대방의 약점을 잘 파악할 것(왕의 약점과 여자의 약점),
순차적으로 제안할 것,
충분한 정보를 수집할 것(진나라의 정보, 왕의 취미 정보 등)
이해당사자 모두를 만족시키는 전술을 개발한다는 것.

자료: 전국책(戰國策)

최고의 전술은 백전백승이 아니라 싸우지 않고 이기는 것이다.
순자

성공이 행복의 열쇠가 아니라, 행복이 성공의 열쇠이다.
지금 당신이 하는 일을 사랑한다면 성공할 것이다.
슈바이처, Albert Schweitzer

제7장
입장협상과 이익기반 협상전략

제1절 입장협상전략

1. 입장협상의 개념

협상과 관련하여 피셔 등(Fisher et al.,1991:4)은 대부분의 협상자들이 판에 박은 듯 입장(position, 立場)을 근거로 거래한다고 비판한다. 이에 반하여 현명한 협상을 다음과 같이 정의하고 있다.

"현명한 합의(agreement)란 가능한 한 양측의 합법적인 이해관계(interests)를 최대한 충족시켜 주며, 상충되는 이해관계를 공정하게 해결해주고, 오랫동안 지속되며, 공동체의 이해관계도 고려하는 것이다."

입장을 근거로 거래하면, 자신을 그 입장 안에 가두어 버리기 쉬워, 현명하고 효율적이며 우호적인 합의에 이르기가 어렵다고 비판한다. 입장협상의 예를 몇 가지 가정해보자.

〈S대학교 5월 첫 주 목요일 오후 2시 M강의실〉

- 수강생들 : 교수님 오늘 휴강해요!
- P교수 : 안돼요. 강의해야 해.
- 수강생들 : 교수님, 오늘만 휴강해주세요. 네?
- P교수 : 안돼요. 오늘은 예정된 시간대로 강의를 해야 해.

……

……

나머지 대화는 독자 여러분들이 상상해보라.

학생들과 교수간의 대화(협상, 거래)에서 각 각의 입장은 무엇인가?

수강생들 입장 : 휴강

교수님의 입장 : 강의

서로 간에 휴강과 강의라는 입장만 계속하여 반복할 때, 한쪽이 일방적으로 양보하지 않으면 협상은 성공하지 못한다. 이러한 사례는 얼마든지 있으므로 독자들은 찾아보기 바란다. 아울러 어떻게 하면 수강생과 교수가 모두 만족할만한 협상 대안이 있는지 생각해보기 바란다.[1)]

2. 입장협상의 유형

피셔 등이 비판하는 입장 협상에는 크게 두 가지가 있다. 연성(soft, 軟性)협상과 경성(hard, 硬性)협상이다. 전자는 협상 전 또는 협상 이후의 인간관계를 중시하는 전략이요, 후자는 협상으로 나타날 결과를 중시하는 전략이라고 평가할 수도 있다. 이를 표로 제시하면 다음과 같다.

독자들이라면, 어떤 입장을 선택하겠는가? 당연히 경성입장을 선택한다고 말할 가능성이 매우 높다. 하지만, 협상에서는 상황에 따라 의도적이든 의도적이지 아니하든 상대적으로 연성입장을 취하는 경우도 있다. 물론 경성입장을 취하면 협상에서 승리하여 더 많은 이익을 가져갈 가능성은 연성입장보다 훨씬 높다. 하지만 문제는 상대방도 경성입장을 취하는 경우는 다르다.

---

1) 학생과 교수의 입장이 아닌, 실제의 이해관계를 파악해야 한다. 이해관계 설명부분을 참조하기 바란다.

표 7-1 입장협상의 유형

입장협상(Positional Bargaining)	
연성(Soft, 軟性)협상 인간관계 중시 전략*	경성(Hard, 硬性)협상 협상성과 중시 전략*
• 당사자들은 친구이다 • 목적은 합의를 이루는 것이다 • 관계를 돈독히 하기 위해 양보한다 • 사람과 협상이슈에 모두 유순하다 • 상대를 믿는다 • 자신의 입장을 쉽게 바꾼다 • 먼저 제안을 한다 • 최대양보선을 공개한다 • 합의를 위해 일방적인 손해도 받아들인다 • 상대방이 받아들일 대안만을 찾는다 • 합의를 주장한다 • 의지의 대결을 피한다 • 압력에 굴복한다	• 당사자들은 적이다 • 목적은 승자가 되는 것이다 • 관계를 조건으로 양보를 요구한다 • 사람과 협상이슈에 모두 엄격하다 • 상대방을 불신한다 • 자신의 입장을 고수한다 • 위협을 가한다 • 자신의 최대양보선을 현혹시킨다 • 합의대가로 자신만의 이익을 요구한다 • 자신이 받아들일 대안만을 찾는다 • 자신의 입장만 고수한다 • 의지의 대결에서 이기려고 한다 • 압력을 사용한다

자료: Fisher et al., 1991: 9.

* 인간관계 중시 전략과 협상성과 중시 전략 개념은 저자가 추가하였음.

상대방도 자신처럼 경성입장을 취하는 경우, 양측은 경성 대 경성으로 강하게 충돌하여 협상은 더 이상 이루어지지 못하고 자신의 입장만을 앵무새처럼 반복 주장하여 협상은 제자리에서 맴돌다가 파국으로 치달릴 것이다.

우리는 자신의 입장만을 녹음기처럼 반복적으로 주장하며 협상을 지루하게 이끌어가는 수많은 협상 사례를 볼 수 있다. 예로 민간 기업이나 공기업에서 사용자(경영자)와 노동조합간 협상에서 자신의 입장만을 반복하다가 협상의 본래 목적은 사라지고 자존심 싸움으로 변질된다.

그 결과 노동조합은 파업을 선택하고, 이에 맞서 사용자는 직장폐쇄를 선택하여 양측 모두 패배자로 전락하는 것이다. 상처만 남긴 패배일 뿐이다. 그렇다면, 해결책은 무엇인가? 다름 아닌 다음에서 설명하는 원칙협상 전략을 선택하는 것이다.

원칙협상 전략 제2절

1. 원칙협상의 개념

앞에서 제시한 연성입장과 경성입장 전략은 대부분 바람직스럽지 못한 협상전략이다. 피셔 등은 그 대안으로 '하버드 협상 프로젝트'로 새로운 협상전략을 개발하였다. 즉, '원칙협상(principled negotiation) 또는 이익기반 협상(negotiation on the merits)' 이다. 원칙협상은 상호작용을 통하여 자신과 상대방이 동시에 만족하는 대안을 찾아내는 과정이다.

2. 원칙협상의 기본 요소

이 협상 방법은 크게 네 가지 기본 요소로 사람(people), 이해관계(interests), 대안(options), 기준(criteria)이며, 그 내용은 다음과 같다.

원칙협상 (이익기반 협상) 기본 구성 요소
1. 사람(people) : 문제와 사람을 분리시켜라. 2. 이해관계(interests) : 입장이 아닌, 이해관계에 초점을 맞추어라. 3. 대안(options) : 무엇을 할 것인지 결정하기 전에 다양한 가능성을 창조해내라. 4. 기준(criteria) : 객관적인 기준에 근거하여 결과를 주장하라.

출처: Fisher et al., 1991: 10-11.

1) 사 람

원칙협상의 가장 중요한 요소는 사람이다.

협상자들도 사람이며, 감정의 동물이므로 협상에서 협상 주제와 사람들을 혼동하여 행동하는 경우가 많다. 가령, 협상 상대방이 절친한 사이라든지, 예전에 신세를 진 사람이라든지, 동창이나 고향 사람이라든지, 아주 나쁜 관계를 맺은 사람이라든지 얼마든지 가능하다. 이럴 경우 일부 사람들은 감정에 휘둘리어 이성적으로 협상에 임하기가 쉽지 않다.

이럴 경우라고 하더라도 훌륭한 협상가는 사적인 감정에 휘둘리지 말고 냉정하고 차분하게 이성적으로 협상 주제에 전념하여 협상에 임해야 한다.

2) 이해관계

협상의 성패를 좌우하는 요소로 이해관계를 확인하는 것이 매우 중요하다. 가장 이해하기 어려운 것이 여기의 이해관계이다. 보통 협상자들은 입장을 근거로 협상하기 때문에 이해관계는 일반적으로 협상 상황에서 겉으로 드러나지 않는다. 경우에 따라서는 양자가 명확하게 구분되는 것은 아니지만, 몇 가지 예로 입장과 이해관계를 구분해보자.

입 장	이해관계
1. 휴강 : 강의 2. 돈 빌리기 : 빌려 주지 않기 3. 임금 인상 : 임금 동결 4. 기타	1. 꽃 놀이 : 진도와 강의 평가 2. 자녀 병원비 : 여윳돈 부족 3. 물가 인상 : 영업 이익 감소 4. 기타

여기에서 입장이란 겉으로 말하는 자신의 주장이나 제안 내용이라면, 이해관계는 그러한 주장이나 제안을 하는 보다 본질적인 내용, 속 마음,

진짜 이유와 근거, 요구와 욕망, 관심, 두려움 등이라고 할 수 있다.

유리(Ury, 1993)는 입장이란 협상시 양측이 내세우는 유형적이며 물질적인 것이고, 이해관계란 협상자가 입장을 가지게 되는 무형적이고 심리적인 동기라고 구분하여 설명한다.

성공적인 협상을 위해서는 무엇보다도 겉으로 표명된 입장 뒤에 숨어있는 가장 기본적인 이해관계를 찾아내는 것이며, 결국 인간의 기본적인 욕구인 것이다. 즉, 안전(security), 경제적 복지(economic well-being), 소속감(a sense of belonging), 인정(recognition), 자신 삶의 관리(control over one`s life) 등이며, 이를 잘 파악하고 관리하는 경우 협상은 보다 쉽게 합의에 도달할 수 있다(Fisher et al., 1991: 48-49).

원만하고 효율적으로 협상을 성공시키려면 자신의 입장을 말한 후에 점진적으로 자신의 이해관계를 보다 명확하게 제시하는 것이 바람직스럽다.

3) 대 안

협상 목적은 협상 양측이 모두 만족할 만한 갈등의 해결방안을 모색하는 것이다.

원칙협상은 협상의 목적이 자신만의 이익을 극대화하는 대안을 찾는 것이 아니라, 상호작용을 통하여 협상 상대방과 동시에 만족할 만한 대안을 찾아내는 과정이다. 따라서, 협상자는 항상 풍부한 대안을 모색하는 긍정적이고 적극적인 자세가 중요하다.

피셔 등(1991)은 창의적인 대안을 개발하는 데 장애 요인으로 네 가지를 지적하고 있다. 성급한 판단, 단지 한 가지 대안만을 찾으려는 태도, 분배할 몫의 크기는 일정하다는 생각, 상대방 문제에 대한 무관심이다. 아울러 이러한 장애를 극복하여 창의적이고 합의 가능한 대안을 마련하는 자세를 다음과 같이 제시하고 있다(Fisher et al.,1991:66-68).

첫째, 대안 개발과 대안 결정을 분리하라.

성급한 판단을 방지하기 위하여 대안을 개발하는 것과 대안을 결정하는 것은 다르므로 이를 분리하여 행동하라는 것이다. 먼저 다양한 대안을 만들어낸 후에 적합한 대안을 선택하는 것은 그 다음에 하라고 주문한다. 다양한 대안을 창안해내는 방법으로 브레인스토밍을 제시하고 있다. 브레인스토밍에 대한 내용은 수많은 도서 등에서 잘 설명하고 있으므로 참조하기 바란다.

둘째, 다양한 대안을 찾아라.

단지 한 가지 대안만을 찾으려는 태도, 즉 성급한 결론을 방지하기 위하여 다양한 대안을 찾으라고 주문한다. 즉, 대안의 폭을 넓히라는 것이다. 다양한 대안을 발굴하기 위해서는 네 가지 사고 유형을 이해하면서 이러한 단계를 활용하라고 제안한다.

제1단계: 무엇이 문제인지 확인
구체적이고 현실적인 특별한 문제에 관한 사고 단계
제2단계: 문제의 원인을 분석하는 것
현존하는 문제 상황을 진단하고 상태별로 분류하여 원인을 분석하는 서술적 사고 단계
제3단계: 어떻게 해결할까를 모색
문제 상황을 극복할 가능한 전략, 처방, 해결책이 무엇인지 생각하는 사고 단계
제4단계: 해결방안 결정
문제를 해결하기 위한 구체적이고 실행 가능한 대안을 이끌어내는 사고 단계

훌륭한 협상가로 거듭나기 위해서 이러한 과정을 따른다면 성급한 결론으로 협상을 망치는 잘못을 범하지는 않을 것이다.

셋째, 공동의 이해관계를 확인하라.

분배할 몫의 크기는 일정하다거나, 파이의 크기는 정해져 있다는 제로섬 게임, 승패 게임이라는 생각을 방지하기 위하여 공동의 이해관계를 확인하도록 노력하라고 제안한다. 공동의 이해관계에 대하여 세 가지 핵심사항을 기억할 필요가 있다(Fisher et al., 1991: 72-73).

① 공동의 이해관계는 모든 협상에 잠재되어 있다는 것이다. 따라서 협상자는 상호 이익을 위한 기회가 있는지, 협상이 결렬될 때 손해는 무엇인지, 서로 존중할 원칙이 있는지 스스로 질문해본다.

② 공동의 이해관계는 횡재가 아닌 기회라는 것이다. 공동의 이해관계를 확인하고 이를 협상에서 공동의 목표로 명백하게 공식화하는 것이 필요하다.

③ 협상을 진행하면서 협상 양측에 공동의 이해관계가 있다는 점을 강조하면 협상분위기가 보다 더 우호적으로 변할 수 있다.

대안은 협상 양측에 이해관계, 스스로 옳다고 생각하는 믿음, 현재나 미래의 시간에 대한 가치 평가, 어떤 상황에 대한 예측, 위험에 대한 기피 정도 등에 차이가 존재한다는 것을 이해하면, 차이로 인한 협상 결렬이 아니라 차이점을 일부 인정하고 양보하면 바로 합의점을 찾는 데 더 유용한 것이다.

넷째, 상대방을 배려하라.

상대방의 문제에 대한 무관심, 즉 상대방의 문제는 상대방이 알아서 할 일이라고 무시하는 자세를 버려야 한다. 협상을 성공적으로 도출하기 위해서는 상대방이 가능한 한 적은 고민으로 대안을 선택할 수 있도록 도움을 주어야 한다. 상대방이 일정한 대안을 선택하는 경우 상대방측 내에서 어떤 결과가 발생할지 상대방 입장에서 생각해보아야 한다. 그리고, 상대방이 쉽게 받아들일 수 있도록 공정하다, 적법하다, 명예롭다, 선례가 있다 등을 제시한다면 좋은 결과를 가져올 수 있다.

4) 기 준

서로가 만족할 만한 대안을 발굴하면 여러 가지 대안 중에서 양측이 합의할 만한 대안을 선택하는 기준이 필요하다. 자신의 의지대로, 자신만의 근거와 기준으로 결정하는 것은 나쁜 협상 결과를 가져오므로 양측의 의지가 아닌 객관적인 근거로 대안 선택을 제안하고 협상해야 한다(Fisher et al., 1991: 81-92).

첫째, 객관적이고 공정한 기준이 필요하다.

객관적인 기준은 협상자 어느 한 쪽의 의지와는 관계없는 정당성이 있고 실용적이어야 한다. 객관적인 기준의 예는 다음과 같다.

객관적인 기준의 예	
시장가격	법적 가격
선례	도덕적 기준
과학적 판단	동등한 대우
전문적 기준	전통적 기준
효율성	상호이익
비용	자연적인 경계(산, 하천, 도로 등)

자료: Fisher et al., 1991: 85.

둘째, 공정한 절차가 필요하다.

아무리 공정하고 객관적인 기준을 찾아내더라도 절차가 공정하지 않으면 협상은 결렬될 가능성이 높다. 공정한 절차의 예는 여러 가지가 있다.

① 케익을 자르고 고르는 절차이다.

한 명은 케익을 먼저 자르고 다른 한 명이 먼저 자른 케익 조각을 선택하는 절차는 서로 공정하게 선택의 기회가 주어졌기 때문에 결과에 승복하게 된다.

② 차례대로 하기 절차이다.

선택의 내용이 서로 다른 가치를 지니고 여러 사람이 선택에 경쟁이 있는 경우, 먼저 일정한 순서에 따라 차례대로 고르게 한 후에 서로 바꿀 수 있도록 하는 절차이다. 또는 먼저 가상적으로 차례대로 선택해 본 결과를 평가한 후 실제로 공정한 절차를 결정할 수도 있다. 상속재산 고르기, 음료수나 과일 고르기 등이 사례로 가능하다.

③ 제3자에게 결정하도록 하기이다.

갈등을 가지고 있는 문제의 전문가에게 충고나 자문을 구하거나 직접 절차를 결정하도록 요구하는 방법이다. 일종의 조정자나 중재자를 활용하는 방법으로 노사 분쟁시 자주 사용하는 대표적인 방법의 하나이다.

④ 제비뽑기와 동전 던지기 등이다.

모두 운수에 맡기는 방식이지만, 사전에 양측의 합의하에 진행한다면 매우 효과적인 절차이기도 하다. 축구경기에서 심판은 어느 팀이 어느 골대를 선택할지, 누가 먼저 공격할지를 결정하는 경우 동전의 앞면과 뒷면을 지정한 후 동전을 던져 결정하는 것을 목격할 수 있다. 골프장에서 누가 제일 먼저 티업할지도 제비뽑기로 결정하는 사례이다. 다만, 이 절차는 그 선택 결과가 자신들의 이익에 크게 영향을 받지 않는 경우에 적합하다.

셋째, 객관적인 기준과 절차를 결정하기 위하여 상대방과 논의한다.

상대방과 논의하기 위하여 세 가지를 기억할 필요가 있다.

① 갈등을 해결해야 할 문제를 확인하였다면, 이제 객관적 기준을 함께 찾아보자고 제안한다. 어떤 객관적 기준이 적합한지, 기준의 논리는 무엇인지 등을 함께 논의해야 한다.

② 어떤 기준이 가장 적합하고 어떻게 적용할 것이지 결정하는 경우 논리적으로 설득하고 원칙에 승복해야 한다. 객관적인 기준은 사전에 준비하는 것이 가장 현명한 협상 자세이다. 하나의 정당한 기준이 있다고 다른 기준을 무조건 배제하지 말고 함께 논의해야 한다. 양측이 각 각 주장하는 두 개의 기준이 공정하고 타당하지만 다른 결과를 가져오는 경우 두 기준을 절충하는 방법도 유용하다.

③ 상대방의 압력에 굴복하지 말고, 원칙에 승복하라는 것이다. 상대방이 뇌물, 협박, 교묘하게 신뢰에 호소, 약점 이용 등을 사용하면, 상대방에게 압력의 이유를 질문하면서 자신은 객관적인 기준에 따를 것임을 분명하고 단호하게 말해야 한다. 상대방이 더 이상 합의에 도달하지 않으려는 경우, 협상을 결렬시키는 경우와 상대방의 요구대로 협상을 진행하는 경우의 비용과 이익을 비교하여 결정할 필요가 있다.

이상 설명한 네 가지 원칙을 표로 제시하면 다음과 같다.

표 7-2 원칙협상의 기본 요소와 내용

대원칙(principled)	
⊙ 협상자들은 문제해결자들이다 ⊙ 협상 목적은 효율적이고 우호적으로 결과를 얻는 것이다	
기본 4요소	주요 내용
사람 (people)	⊙ 문제로부터 사람을 분리시켜라 • 사람에게는 부드럽게, 문제에는 엄격하라 • 신뢰와 관계없이 협상을 진행하라

이해관계 (interests)	⊙ 입장이 아니라, 이해관계에 초점을 맞추어라 • 이해관계를 탐색하라 • 가능한 한 최대양보선을 가지지 마라
대안 (options)	⊙ 상호 이익이 되는 대안을 개발하라 • 선택이 가능한 다양한 대안을 개발하라 • 결정은 천천히 하라
기준 (criteria)	⊙ 객관적인 기준을 사용하도록 주장하라 • 객관적인 기준에 근거한 결과에 도달하려고 노력하라 • 마음을 열고 이성적으로 행동하라 • 압력이 아닌 원칙에 양보하라

자료: Fisher et al., 1991: 10-13. 내용을 저자가 약간 수정하였음.

FMCS의 이익기반 협상전략 제3절

1. 이익기반 협상의 철학적 배경

이익에 기반한 협상(IBB: Interest-Based Bargaining)의 철학적 배경에 대하여 미국의 연방조정알선청(FMCS)[2)]은 다음과 같이 설명하고 있다 (Bohlander & Naber, 1999: 43).

즉, 문제 해결 과정은 상호관계를 개선시키는 협상 과정에서 효과적인 해결책을 찾아낸다는 원칙에 의해 도출된다는 것이다. 이익기반 협상은

2) FMCS=Federal Mediation and Conciliation Service(미국 연방조정알선청)

표 7-3
적대적 대
이익기반 협상전략

적대적 협상전략 (Adversarial Bargaining)	이익기반 협상전략 (Interest-Based Bargaining)
• 상대방의 입장을 불신하고, 개개인을 공격한다. • 입장을 나타내고 방어하며, 이를 지지하는 자료들을 제공한다. • 미리 결정된 협상 입장을 계속해서 주장한다. • 자신의 최대이익을 위한 결과를 얻기 위해 협상한다. • 자신이 원하는 해결을 얻기 위해 지연, 압력, 힘을 사용한다.	• 상호 문제와 관심을 이야기한다. 이때 개인적인 문제나 과거 갈등이 아닌 구체적인 이슈에 초점을 둔다. • 관계된 모든 사람의 이해관계를 탐색한다. 이때 상호 이슈를 분명하게 정의한다. • 현재 가능성 또는 미래의 기회를 위해 마음을 연다. • 자신의 이해관계 뿐만 아니라 다른 사람의 이해관계도 만족시킨다. • 관계된 모든 사람의 이해관계를 만족시키는 방향으로 협상한다. • 공동으로 개발한 기준에서 수용가능한 해결 방안을 정의한다. • 해결 방안에 도달하기 위하여 합의 의사결정 방법을 사용한다.

자료: Bohlander & Naber, 1999: 44.

문제 해결을 위한 기술을 함께 이용한다는 조건으로 비적대적인 협상을 진행하는 철학에 기반하고 있다. 이익기반 협상전술의 초점은 상호이익을 위한 공식적인 대안과 해결 방안을 찾는다는 의도로 상호간의 협상이익을 발견하는 것이다. 이러한 협상은 신뢰, 이해 및 상호 존중에 기반하여 미래를 위한 상호관계를 구축하는 데 일차적인 목적을 가지고 있다.

2. 이익기반 협상의 과정

이익기반 협상의 과정은 크게 4단계로 설명할 수 있다(Bohlander &

Naber, 1999: 43-47).

제1단계는 먼저 이익기반 협상의 구성 요소와 그 과정에 대한 교육을 실시한다. 이어서 협상과 관련한 구성 요소로부터 정보를 탐색한다. 정보를 탐색하는 과정에서 협상 이슈와 이해관계의 목록을 작성하고, 협상 관심 주제와 대상을 기록한다. 협상 당사자들은 협상을 이끌어가기 위한 협상 원칙에 대하여 동의를 필요로 한다.

제2단계는 협상 양측은 협상의 관심 주제와 대상을 공유하고, 본격적인 협상을 진행하기 이전에 적절한 장소에서 협상에 관한 이슈를 논의하고 재정의한다. 이러한 과정을 거치면서 상호 적절하다고 판단되면 협상 이슈들을 결합하여 정리한다.

제3단계는 본격적인 협상을 진행하기 위하여 하나의 협상 이슈를 선정한다. 협상을 진행하면서 협상 이슈 이면에 내포된 모든 이해관계에 대하여 허심탄회하고 활발하게 논의한다. 논의를 지속하면서 협상 당사자들은 서로를 만족시킬 다양한 대안을 탐색하고 도출해낸다. 협상 대안을 도출하면 이를 평가할 수 있는 합리적인 기준을 마련하여야 한다.

이어서 협상 과정에서 마련한 대안들을 기준에 따라 평가를 실시한다. 서로 합의할 수 있는 대안이 마련될 때까지 계속하여 대안을 개발하고 기준에 따라 평가하면서 협상 내용을 기록으로 정리해나간다.

마지막 제4단계에서는 그동안 협상 과정에서 합의된 협상 과정과 결과에 대하여 공동 협상문을 준비한다. 이러한 협상 결과물은 다양한 내용을 포함하고 있으므로 개념이나 의미 등에 대한 인식과 이해의 공유를 위하여 마지막까지 광범위하게 의사소통을 지속한다.

표 7-4 이익기반 협상 과정

협상 과정	주요 내용
제1단계: 협상 준비	• 이익기반 협상의 구성 요소와 그 과정에 대한 교육 • 구성 요소로부터 정보 탐색 • 협상 이슈와 이해관계의 목록 작성 • 협상 관심 주제와 대상의 기록 • 협상을 이끌어가기 위한 협상 원칙에 대한 동의
제2단계: 협상 개시	• 협상 관심 주제와 대상의 공유 • 적절한 장소에서 이슈를 논의하고 재정의 • 적절한 경우 이슈들의 결합
제3단계: 이익기반 협상 진행	• 하나의 이슈를 선정 • 그 이슈 이면에 내포된 모든 이해관계에 대한 논의 • 다양한 대안의 탐색과 도출 • 기준의 정립 • 기준에 대비하여 각 대안을 평가 • 대안을 개발하고 이를 기록하면서 정리
제4단계: 협상 결과 의사소통	• 협상 과정과 결과에 대한 공동 협상문 준비 • 결과물의 구성 요소에 대한 광범위한 의사소통

자료: Bohlander & Naber, 1999: 45.

3. 이익기반 협상의 기술

보랜더와 네이버는 이익기반 협상의 기술(techniques)을 크게 네 가지로 설명하고 있다. 브레인스토밍, 합의 의사결정, 적극적 경청, 과정 점검, 기록 및 매트릭스 작성이 그것이다. 이러한 전술은 사전에 대책을 강구하는 협상을 추진하는 데 도움을 준다. 성공적입 협상을 위해서는 협상가는 이러한 기술을 습득하고 실천하는 것이 바람직하다(Bohlander & Naber, 1999: 47).

표 7-5 이익기반 협상의 기술

브레인스토밍 (자유분방 회의) (Brainstorming)	브레인스토밍은 창조적이고 혁신적인 아이디어를 개발하는 데 사용된다. 모든 구성원들은 비판을 받지 않고 한사람씩 차례대로 발언하면서 기록하게 된다. 이것은 의견 차이를 표면화시키고, 친숙하지 않은 아이디어의 풀을 확장시키며, 상승작용을 붇 돋우고, 평가를 위축시키기 위해 신선한 아이디어를 허용한다. 미연방조정알선청에서 실시하는 브레인스토밍은 논리적인 생각을 뛰어넘으며, 전통 · 선례 · 시간 · 자원제약을 초월한다.
합의 의사결정 (Consensus Decision-Making)	합의 의사결정은 모든 협상가들이 어느 정도 의사결정을 지지함으로써 충분히 수용 가능한 해법을 발견하는 것을 포함한다. 이것은 만장일치나 다수결 투표를 요구하지는 않는다. 오히려 이 기술은 모든 사람들이 생각과 아이디어를 교환하는 과정에 참여하도록 권장한다. 기본원리, 표준의 공식화, 해법의 동의, 공동성명서 개발에 사용할 수 있다.
적극적 경청 (Active Listening)	적극적 경청은 발언자의 감정과 보디랭귀지를 포함하여 언어를 이해하고 효과적으로 듣기 위한 능력이다. 획득한 정보를 확대하거나 명료화하기 위하여 의문점을 질문하는 데 도움을 준다. 특히 이 기술은 주제를 선정할 때, 이해관계를 논의할 때, 표준을 규정할 때 유용하다.
과정 점검 (Process Checking)	과정 점검은 이익기반 협상과 협상자간의 상호작용에 매우 중요한 기술이다. 이 기술은 협상 구성원들에게 생각의 공유, 협상에 대한 관찰할 기회를 제공한다. 무엇보다도 협상과정에서 상습적으로 나타나는 부정적 행동을 방지하는 효과가 있다. 협상자가 기본원칙을 위반할 때, 이익기반 협상과정을 벗어날 때 이를 확인하는데 유용하다.
기록 (Recording)	이 기술은 발언으로 나타난 아이디어를 모든 사람들이 볼 수 있도록 기록하는 것이다. 기본원칙을 확보하고, 대안 · 표준 · 해법 · 주제와 이해관계들을 제안하는데 이용될 수 있다. 기록은 아이디어들을 공유하기 위하여 사용하는 언어, 의미, 발언 등을 보호한다.
매트릭스 작성 (Matrix Building)	매트릭스 작성은 표준에 대응하는 다양한 대안들을 평가하는데 도움을 준다. 매트릭스는 가로축에는 표준을, 세로축에는 대안을 배열한다. 협상가들은 대안을 검토하면서 표준에 만족할 만한 대안인지를 '예', '아니오'로 구별하여 배열한다.

자료: Bohlander & Naber, 1999: 48.

협상 팁 7-1

협상가와 Gladiator

2006년 한국과 미국이 FTA를 체결하기 위하여 한국의 김현종 통상교섭본부장과 미국의 카란 바티아 무역대표부 부대표를 단장으로 한 치열한 협상전을 벌이던 시절, 우리나라 수석대표인 김종훈과 미국 수석대표인 웬디 커틀러가 나눈 일화 중에 검투사라는 말이 유행했다고 언론들은 보도하였다.

즉, 커틀러가 '피를 말리는 통상 협상에 대하여 친구들이 전생에 무슨 일을 했기에 그러느냐'고 말한다고 하자, 김종훈은 다음과 같이 말했다고 한다.

"정답을 가르쳐줄까. 우리는 전생에 글레디에이터(gladiator, 검투사)였다."

☞ 협상가는 글레디에이터라고 할 수 있는가?
☞ 만약, 협상가가 글레디에이터라면 어떤 협상이 진행될 것이라고 보는가?
☞ 반대로 글래디에이터가 아니라면 어떤 유형의 협상가라고 볼 것인가?
☞ 두 입장의 차이, 협상을 이해하는 관점, 적절한 협상 상황, 협상전략의 선택은 무엇인가?
☞ 두 사람의 협상 태도와 협상전략을 조사하여 보고서를 만들어 보시오.

협상 팁 7-2

협상가의 자질

(단위: %)

협상 행동 (negotiating behavior)	능숙한 협상가 (skilled negotiators)	평범한 협상가 (average negotiators)
자기 자랑, 불공정한 언급/시간	2.3	10.8
대안 언급/이슈	5.1	2.6
상대방 비난	1.9	6.3
정보 공유	12.1	7.8
장기적 관점에 대한 언급	8.5	4.0
상호 공통이익 언급	38.0	11.0

자료: Diamond, 2012: 68.

☞ 능숙한 협상가의 자질은 무엇인가?

☞ 능숙한 협상가와 평범한 협상가의 가장 큰 차이점은 무엇인가?

☞ 능숙한 협상가가 되기 위해서는 무엇이 필요한가?

역경을 이겨내 본 적이 없는 사람은 자신의 강점을 알지 못한다.

존슨, Ben Jonson

어리석은 사람은 지금이 얼마나 중요한지 모른 채, 내일만 기다린다.

저자 운봉

제8장 인간관계와 협상전략

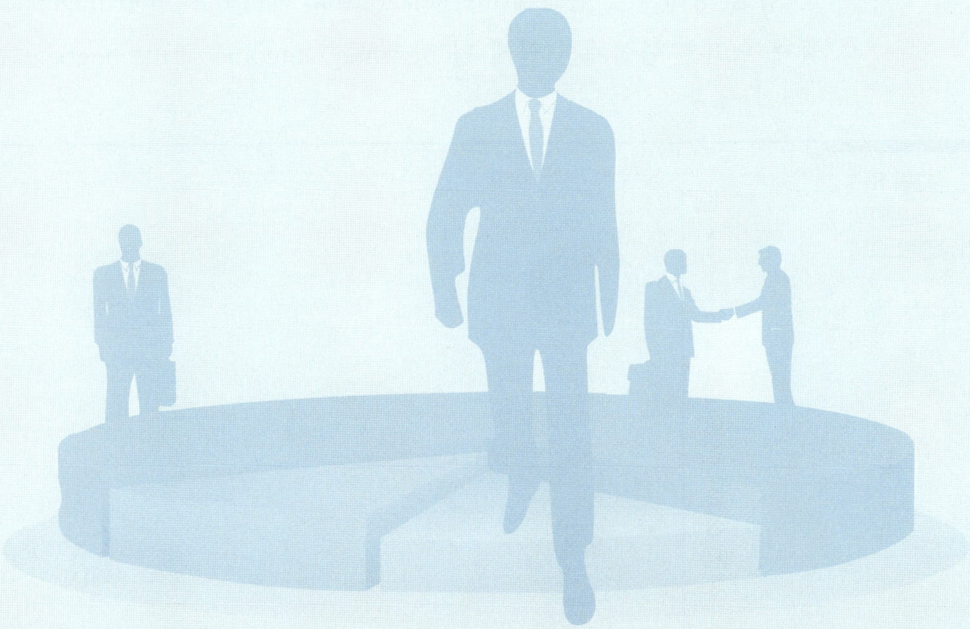

제1절 레위키의 인간관계와 협상성과 모델

제2절 라힘의 갈등관리 유형

제3절 갈등관리와 협상전략의 조화

제 1 절 레위키의 인간관계와 협상성과 모델

협상은 사람과 사람간의 상호작용을 통해 서로 이익을 획득하는 과정이다. 이때 상호작용은 그 상황이 어떠하느냐에 따라 다양하게 나타날 수 있다. 이에 대하여 레위키 등(1996)은 사람들이 협상을 진행할 때 여러 가지 상황에 따라 다른 협상전략을 사용하는 것에 기초하여 5개의 기본적인 전략을 제시하였다.

협상전략은 크게 두 가지 요인에 의해 5가지로 구분되는데, 첫째 요인은 협상 상대와 인간관계(the Relationship with the other negotiator)이며, 둘째 요인은 협상에서 얻게 될 성과(the Outcome of the negotiation itself)

그림 8-1
레위키의 협상전략 모델

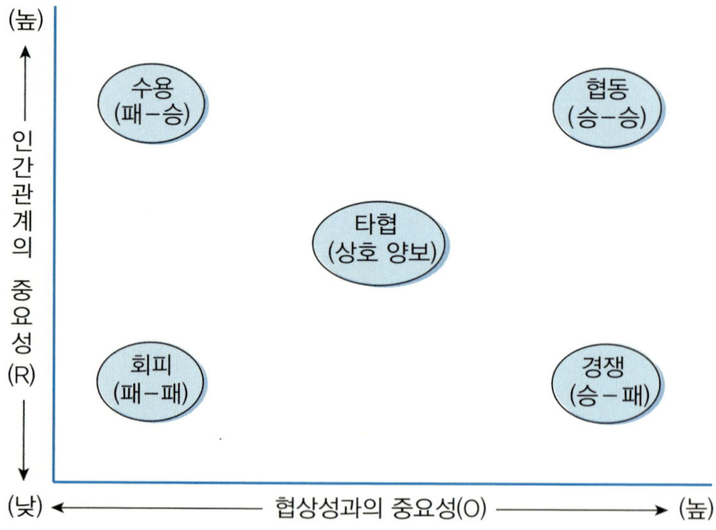

자료: Lewicki et al., 1996: 16.

이다. 이 두 가지 요인인 인간관계(R)와 협상성과(O)를 배열하면 5가지 협상전략이 도출되게 된다. 다섯 가지 전략은 회피(Avoiding) 전략, 수용(Accommodating) 전략, 경쟁(Competitive) 전략, 협동(Collaborative) 전략, 타협(Compromising) 전략이다(Lewicki et al., 1996).

1. 회피 전략

회피 전략은 협상 상대방과의 인간관계도 별로 중요하지 않고, 협상성과도 별로 중요하지 않는 경우에 사용할 수 있는 전략이다. 따라서 인간관계와 협상 성과 모두 달성하지 못한 패-패(lose-lose) 상황이 발생하는 것이다.

이러한 전략은 금전적으로나 심리적으로 협상 비용이 너무 크기 때문에 협상에 매력을 느끼지 않을 때, 자신의 협상전략이 미흡하거나 협상 준비가 충분하지 않을 때, 상대방과 인간관계 형성을 원하지 않을 때 적합한 방법이다. 하지만, 당신이 협상을 회피하는 경우 상대방과의 인간관계는 손상을 받을 수 있다는 점을 명심하여야 한다.

회피 전략은 일종의 무관심 상황(indifferent situation)으로 현재의 협상 주제나 내용에 별로 관심이 없을 수도 있으며, 설사 협상이 진행된다고 하더라도 그 결과가 별로 크지 않아 협상에 관심이 없는 경우이다(Lewicki et al., 1996: 17-18).

예로 터미널 근처의 비싼 대형 음식점에 혼자 들어가서 저렴한 음식을 주문하는 경우 식당 주인이 시큰둥하게 접대하는 상황이라고 할 수 있다. 명품 가게에 허름한 손님이 방문하는 경우 주인은 별로 반색하지 않는다. 많은 경우 이러한 차림의 방문객은 물건을 구입하는 것보다는 눈으로 쇼핑만 하는 경우가 대부분이라는 것을 알고 있다. 손님 또한 물건을 구입하기 보다는 그저 시간을 소비하거나 한번 쯤 눈요기나 하자는 심정으로 별 관심 없이 건성 건성 돌아다니기 때문이다. 양측 모두 단골로도 거래 성과에도 별 관심이 없어 거래라는 협상을 회피하고 싶은 심정인 것이다.

2. 수용 전략

수용 전략은 협상 상대와의 인간관계는 상당히 중요한 반면, 협상으로부터 얻어 낼 성과는 별로 크지 않거나 중요하지 않다고 생각하는 경우이다. 협상자는 단기적으로 현재의 큰 협상 결과보다는 장래를 위하여 우호적이고 협조적인 인간관계를 구축하여 중기적이고 장기적인 관점에서 보다 나은 협상 결과를 획득하려는 경우에도 발생한다. 그 결과 상대방의 승리와 자신의 패배인 결과(lose to win)가 나타난다(Lewicki et al., 1996: 18-19).

상점을 새로 개점한 주인은 방문하는 손님마다 모두 단골로 만들고 싶어 손해를 보면서도 푸짐하게 대접하거나 선물(경품)을 제공하는 경우라고 할 수 있다. 단골 거래처를 확보하기 위하여 원가 이하로 팔거나 추가 서비스를 제공하는 상황도 이에 해당된다. 장기적으로 우호적인 인간관계를 형성하고 싶은 경우 식사를 대접하거나 선문을 제공하거나 상대방이 요구하는 조건을 상당 부분 수용하는 상황이다.

3. 경쟁 전략

경쟁 전략은 협상 상대방과의 인간관계보다는 당장 협상 성과를 중시하는 경우 사용할 수 있다. 일종의 거래적 상황(transactional situation, pizza-cutting)으로 지금 현재의 협상으로부터 얻을 것으로 기대되는 성과는 큰 반면, 협상 상대와의 인간관계는 별로 중요하지 않다고 판단되는 것이다.

경쟁 전략은 장기적 입장에서 상대방과의 인간관계를 고려하지 않고 단기적으로 협상을 통한 자신의 최대 이익을 획득하는 데 주요 목적을 둔다. 이 경우 상대방의 패배를 바탕으로 나의 승리(win to lose)를 추구하는 전략을 사용하게 된다(Lewicki et al., 1996: 19-21).

예로 고속버스 터미널이나 기차역의 서비스 업체(음식점, 숙박업소 등)처럼 단골을 확보할 필요가 없는 일회성 거래로 나타나는 대부분의 상황에서 유용할 수 있다.

4. 협동 전략

협동 전략은 협상 상대와의 인간관계 형성도 매우 중요하고 협상 결과에서 얻게 될 성과에도 큰 관심을 가지는 경우이다. 협상 상대방과 함께 협력하여 우호적인 인간관계를 형성하면서 큰 협상 결과를 얻고자 하는 것이다. 단기적인 인간관계와 성과뿐만 아니라 장기적인 관점에서 인간관계와 성과를 동시에 고려하는 전략이다. 따라서, 인간관계도 좋고 협상 성과도 높은 협동 전략은 두 가지 모두 얻게 되는 승-승(win-win, pizza-cooking) 전략인 것이다.

어느 정도 단골관계가 형성되면 방문할 때마다 추가적인 서비스를 제공하여 계속 거래관계가 형성되어 손님 좋고 주인 좋고, 누이 좋고 매부 좋은 상황을 가져올 수 있는 협상전략이라고 할 수 있다.

5. 타협 전략

타협 전략은 협상 상대와의 인간관계도 어느 정도 중요하며, 협상 결과에서 얻게 될 성과도 어느 정도 큰 경우이다. 이러한 상황은 중간 정도의 수준으로 인간관계를 형성하면서 적절한 정도의 협상 성과를 얻고자 할 때 유용한 전략이다.

이 전략은 가장 빈번하게 발생할 수 있는 것으로 생각되며, 서로 양보하고 타협하는 전략으로 협상을 통하여 상대방도 무엇인가를 획득하고 나도 무엇을 얻는 상호 승리도 가능하다. 다만, 협상가는 처음부터 이 전략을 사용하지는 않으며, 차선의 전략으로 이용하게 된다. 타협 전략은 협력 전략이 불가능하다고 생각되는 경우, 시간적인 여유가 없을 경우, 협상 양측이 비슷한 정도의 어떤 것을 얻게 될 때 사용된다(Lewicki et al., 1996: 24-25).

너무 소원하지도 그렇다고 너무 친밀하지도 않는 단골 손님과 상점 주인관계의 경우, 손님이 가끔씩 방문하면서 지속적인 단골 관계와 거래 관계를 유지하면서 적절한 혜택이나 서비스를 받는 경우라고 할 수 있다.

제2절 라힘의 갈등관리 유형

1. 유형 분류 기준

이미 제2장에서 설명한 바와 같이, 라힘(Rahim, 1985)은 갈등관리 유형을 분류하기 위한 기준으로 "자신에 대한 관심(concern for self)"과 "상대방에 대한 관심(concern for other)"의 정도로 매트릭스를 구성하여 다섯 가지 유형을 제시하였다.

갈등관리의 다섯 가지 유형은 협동형(collaborating), 수용형(accomodating),

그림 8-2
라힘의 갈등관리 유형

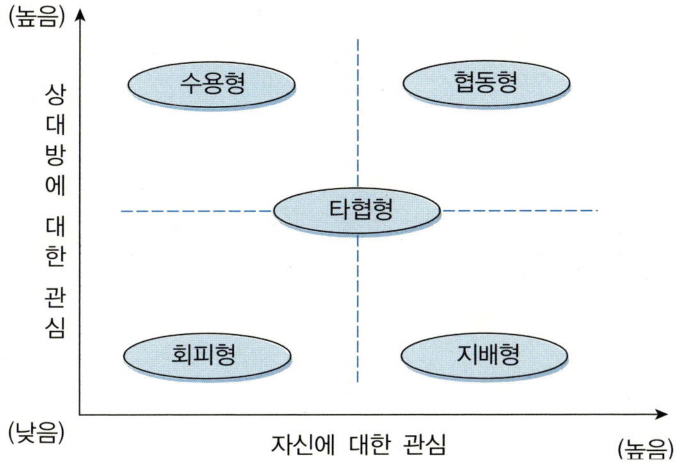

자료: Rahim(1985: 84).

지배형(forcing), 회피형(avoiding) 그리고 타협형(compromising)으로 나누어진다. 중복되지만 설명과 이해의 편리를 위하여 다시 한번 그림으로 제시하고자 한다.

2. 각 유형별 특징

라힘의 다섯 가지 갈등관리 유형의 특징은 이미 제2장에서 상세하게 설명하였기 때문에 여기에서는 이를 간략하게 요약하여 설명하고자 한다.

지배형(강압형)
• 공식적인 권위를 사용하여 복종을 유도 • 받아들이기 어려운 해결방안으로 사용가능 • 신속하게 해결하는 장점 • 승패(勝敗)게임(win-lose game) • 공개적이고 참여적인 분위기에는 부적합

회피형
- 문제가 사소하거나 피하는 것이 이익이 될 때 적합 - 중요한 문제를 회피할 가능성 - 패패(敗敗)게임(lose-lose game) 가능성

수용형(배려형)
- 자신의 관심(이해, 이익)을 양보하거나 포기 - 배려해주는 대가를 얻을 수 있을 때 적합 - 협동을 가능케 함 - 패승(敗勝)게임(lose-win game) 가능성 - 중요한 문제를 소홀하게 취급할 가능성이 높음

협동형
- 자신과 상대방의 관심과 이해를 정확히 파악하려고 함 - 문제의 취지가 불분명하거나 복잡할 때 적절함 - 총체적으로 문제를 접근하므로 장기적인 안목에서 효과가 발생함 - 승승(勝勝)게임(win-win game) - 상반된 가치관 때문에 발생하는 갈등관리에는 부적합

타협형(협상형)
- 상호간의 공통된 이해관계를 서로 주고받는 형식임 - 상호 양보, 제3자 개입, 협상, 표결방식 - 민주적인 방식에 해당 - 승승(勝勝)게임(win-win game) - 문제해결의 창조적인 방안 도출에는 장애

갈등관리와 협상전략의 조화 제3절

1. 라힘과 레위키의 만남

이상 설명한 레위키(Lewicki)의 협상전략 모델과 라힘(Rahim)의 갈등관리 유형을 결합하여 배치하면 5가지 협상전략과 5가지 갈등관리 전략이 도출된다.

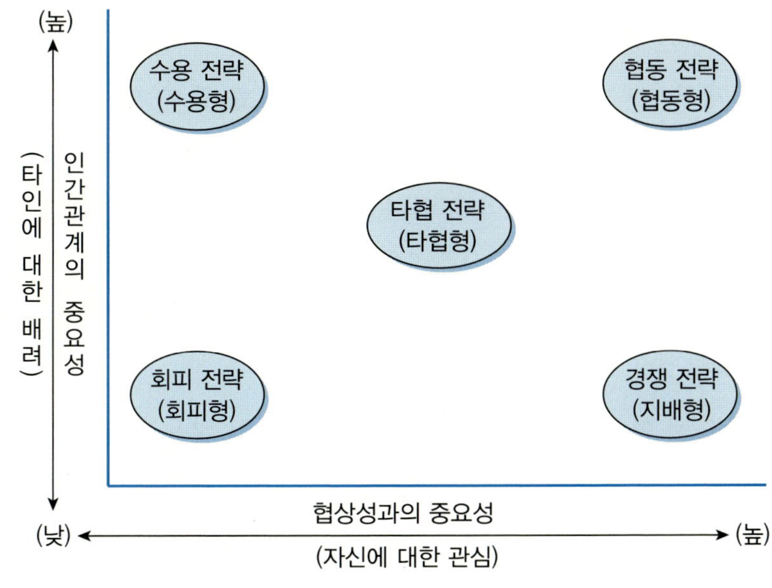

그림 8-3
협상전략과 갈등관리 전략의 조화

2. 회피 전략(회피형)

협상전략으로서의 회피 전략은 갈등관리 전략의 회피형과 유사하다. 협상에서 인간관계의 중요성을 낮게 평가하고, 갈등관리에서 상대방에 대한 배려가 부족한 상황이다. 아울러 협상 성과에도 별 관심이 없고 자신의 이익에 대한 관심도 낮은 상태이다.

이러한 상황은 모두에 대한 무관심한 상황에 적합한 전략이라고 할 수 있다. 이 전략은 자칫 서로 손해만 보는 패-패 게임(lose-lose game)으로 나타날 수 있으므로 신중하게 분석하여 결정할 필요가 있다. 이러한 전략은 협상을 포기하거나 기피하거나 중단하는 등 세 가지 전략이 가능하다(안세영, 2010: 102-103).

첫째, 임시적인 회피 전략이다. 협상이나 갈등관리를 진행하는 경우 불리하거나 별로 실제 이익이 없다고 판단하는 경우에는 이런 저런 구실과 핑계를 제시하면서 협상을 회피하는 전략이라고 할 수 있다.

둘째, 명시적으로 협상과 갈등관리를 거부하는 전략으로 더 이상 협상을 진행하는 것이 아무런 의미가 없다고 판단하는 경우 과감하게 협상을 공개적으로 거부하는 것이다. 상대방이 경성입장을 고수하여 전혀 양보할 준비가 되어 있지 않거나 협상 상황이 변화하여 더 이상 협상을 진행할 필요성이 없어진 경우에도 가능하다.

마지막으로 협상을 철수하는 전략이다. 예기치 않은 상황이 발생하거나 새로운 협상 상황이 발생하거나 더 이상 협상을 계속하는 것이 무의미한 경우 협상을 철수하는 전략을 사용할 수 있는데, 경우에 따라서는 일종의 압박 전술로 사용할 수도 있으므로, 상대방이 이 전술을 사용하는 경우 그 진위를 파악할 필요가 있다.

3. 수용 전략(수용형)

협상전략으로 수용 전략은 협상 상대방과의 인간관계를 매우 중시한 반면, 협상 성과는 소홀히 하는 상황이다. 갈등관리에서는 자신의 이익에 대한 관심보다는 타인에 대한 배려가 높은 경우를 말한다. 협상 조건이나 상대방이 요구하는 사항이 지금 현 상황에서는 다소 불리하더라도 장기적이거나 인간관계를 해치고 싶지 않은 경우 상대방의 요구를 수용하여 협상을 진행하는 전략이다.

이 전략은 일종의 패-승 게임(lose-win game)으로 많은 경우 단기적인 목적보다 장기적인 관점에서 협상 상황을 관리하거나 일종의 '교환 게임(이번에 우리가 양보하고 다음에는 상대방이 양보)'이 가능한 상황에서 사용하기 쉽다.

4. 경쟁 전략(지배형)

경쟁 전략은 거래적 상황에서 사용하기 쉬운 지배형 갈등관리 전략이다. 협상에서 가능한 한 자신의 이익을 최대한 획득하려는 목적을 가질 때 사용하기 때문에 승-패 게임(win-lise game)이라고 할 수 있다. 이 협상전략은 피셔의 강성입장 전략, 레위키의 투쟁적 협상전략에 해당한다고 볼 수 있다.

이 전략에서는 상대방에 대한 협박, 위협, 허세 부림, 가짜 정보 흘리기 등 비윤리적인 협상 태도를 보이는 것을 주저하지 않는다. 자신의 정보를 최대한 숨기며 상대방의 정보는 가능한 한 많이 확보하려고 노력한다. 이 전략은 시간과 비용이 많이 소비되고 미숙한 초보 협상자가 선택하기 쉬우며, 자칫 양측 모두 이 전략을 사용하여 파국으로 갈 가능성이 많다.

5. 협동 전략(협동형)

협동 전략은 협상에서 상대방과의 인간관계뿐만 아니라 협상 성과도 매우 중요시하는 경우에 사용하는 전략이다. 이른바 승-승 게임(win-win game)으로 협상자간에 신뢰를 바탕으로 상호간에 정보를 적절하게 공개하면서 공동의 목표를 달성할 수 있는 대안을 모색하는 전략이라고 할 수 있다. 갈등관리에서도 자신의 이익과 타인의 이익을 동시에 존중하고 배려하는 전략이다.

6. 타협 전략(타협형)

타협 전략은 협상전략의 하나로 사용되는데, 승-승 게임(win-win game)으로 현실적으로 가장 많이 선택할 수 있는 전략이다. 협상 상대방과의 인간관계 뿐만 아니라 협상 성과에도 적절하게 중시하는 상황이다. 결국 갈등관리에서도 자신과 상대방의 이익을 적절하게 고려하고 배려하는 전략이다.

현실적으로 상대방을 지배하거나 상대방에게 양보만 하거나 협상을 회피하는 등 상황 발생은 자주 발생할 수 있는 것은 아니다. 서로 적절하게 양보하고 양보를 요구하면서 중간 점 근방에서 절충하여 타협을 이끌어내는 전략이 많다고 할 것이다. 이러한 전략은 서로 공평하다는 느낌을 가지게 되고, 상대방이나 본인 협상조(팀)에게 설득이 쉽고, 다른 전략보다 신속하게 타결을 볼 가능성이 높다고 할 수 있다(안세영, 2010: 103).

협상 팁 8

한중FTA '실질적 타결': 13억 시장 무역 빗장 풀렸다

한 · 중 자유무역협정(FTA) 협상이 실질적으로 타결됐다. 지난 2012년 5월 첫 협상을 시작한지 30개월만이다. 이로써 13억 인구의 내수시장이자 세계 제2위 경제대국의 무역 빗장이 풀렸다.

정부는 "10일 중국 베이징에서 개최된 한 · 중 정상회담에서 박근혜 대통령과 시진핑 국가주석 등 양국 정상이 한 · 중 FTA 협상의 실질적 타결을 공식 선언했다"고 밝혔다.

이에 앞서 한 · 중 양국은 4~9일 개최된 한 · 중 FTA 제14차 공식협상(수석대표: 윤상직 산업통상자원부 장관, 가오후청 상무부장)을 통해 상품 및 서비스 시장 개방과 품목별 원산지기준(PSR) 등 모든 핵심쟁점에 대한 최종 합의를 도출했다.

이어 10일 개최된 한 · 중 정상회담에서 양국 정상은 한 · 중 FTA 협상의 실질적 타결을 공식 선언하고 기술적인 사안을 연내 마무리할 것을 양국 협상단에게 지시했고 양국 통상장관은 이러한 내용을 담은 '한 · 중 FTA 합의의사록'에 서명했다.

이로써 2005년 민간 공동연구를 기점으로 본격적인 논의가 시작된 한 · 중 FTA는 2012년 5월 첫 번째 협상을 개시한 이후 30개월만에 협상 실질 타결이라는 결실에 도달하게 됐다.

한 · 중 FTA 협정문은 상품관련, 서비스 · 투자, 규범 · 협력 등 총 22개 챕터로 구성돼 명실공히 무역 관련 제반 분야를 총망라한 포괄적인 FTA로 평가된다.

상품의 경우 양국은 품목수 기준 90% 이상을 개방하기로 합의했는데 중국은 품목수 91%, 수입액 85%(1371억 달러)를, 한국은 품목수 92%, 수입액 91%(736억 달러)를 각각 20년내에 관세철폐하기로 했다.

반면 즉시 관세철폐의 경우 수입액 기준으로 중국은 44%, 한국은 52%로 한국이 다소 컸다.

자동차는 양국 모두 양허제외됐으며 LCD(액정표시장치)의 경우 10년 철폐로 합의됐다.

농수산물 자유화율은 품목수 기준 70%, 수입액 기준 40%로 FTA 역대 최저수준으로 합의됐다.

특히 쌀은 한 · 중 FTA에서 완전 제외하기로 합의됐다. 또 고추와 마늘 · 양파 등 국내 주요 양념채소류와 쇠고기 · 돼지고기 · 사과 · 배 등 총 610여개 품목이 양허제외됐다.

우리 주재원의 중국 최초 체류기간 2년 부여대상(기존 1년)을 확대하기로 합의됐으며 양국 공동제작 영화 및 방송 프로그램에 국내산에 준하는 혜택을 부여하기로 했다.

또 서비스 분야의 경우, FTA 발효후 2년내 상호 개방하지 않기로 합의한 분야를 제외하고 모두 자유화하는 방식인 '네거티브 방식'의 후속 자유화협상을 개시하기로 했다. 중국의 우리 기업에 대한 차별법집행 방지도 합의됐다.

정부는 향후 세부 기술적 사안에 대한 협의와 협정문 전반에 대한 법률검토 작업을 마무리 한 후, 올해 말까지 가서명 등 관련 절차를 완료할 예정이다. 또한 가서명 이후 한 · 중 FTA 협정문 영문본을 공개할 예정이다.

한 · 중 FTA의 발효를 위해서는 협정문 가서명 이후 영문본의 한글본 번역작업을 거쳐 정식 서명 및 국회 비준동의절차 등이 끝나야 한다.

또한 통상절차법에 따라 영향평가를 실시해 한 · 중 FTA가 국내 경제 및 관련 산업에 미치는 영향 등을 분석하고, 필요시 산업계와의 의견수렴 등을 거쳐 산업 경쟁력 제고 등 관련 대책 수립여부를 신중히 검토해 나갈 예정이다.

문의: 산업통상자원부 동아시아FTA추진기획단 02-734-1864

자료: 정책브리핑, 2014-11-10; www.fta.go.kr/2015-02-01.

낙관주의는 성공으로 인도하는 믿음이다.
희망과 자신감이 없으면 아무것도 이룰 수 없다.
켈러, Helen Adams Keller

포기는 우리의 가장 큰 약점이다.
성공에 이르는 가장 확실한 방법은 한번 더 해보는 것이다.
에디슨, Thomas Alva Edison

제9장 협상과 게임이론

제1절 게임이론의 이해

1. 게임이론의 개요

게임이론은 합리적으로 행동하는 경쟁자 간의 경쟁 상태를 모형화시키는 수리적 접근방법이다. 즉, 전략적인 게임에 참가하는 두 명 이상의 합리적 행위자를 설정하고, 이 행위자들이 선택해야 하는 가장 적절한 최적의 전략을 찾아내는 이론이다(심준섭 외, 2010: 55-56). 여기에서 합리적 선택을 하는 게임 참가자는 가장 적은 비용으로 가장 많은 이익을 가져오는 전략이나 대안을 선택하는 것이다.

게임을 구성하는 기본 요소는 크게 3가지로 이루어진다. 게임에 참가하는 합리적 행위자(경쟁자, player, actor, gamer), 게임 참가자가 구사하는 전략(strategy), 행위자들이 선택한 전략의 결과로 발생하는 행위자의 몫(이익, 성과. 효용, payoff, utility)이 그것이다. 게임이론에서는 합리적 경쟁자들이 더 이상 다른 대안을 선택할 수 없는 상태를 균형상태(equilibrium)라고 한다.

게임에 참가하는 모든 경쟁자들은 상대방이 선택할 수 있는 전략과 그 결과로 나타나는 이익을 사전에 알고 있다는 가정하에 진행된다. 따라서, 각 경쟁자들은 상대방이 어떠한 전략을 선택하더라도 자신의 이익을 극대화시킬 수 있는 전략을 선택하는 것이다.

게임은 경쟁자의 수에 따라 단독 게임, 2인 게임, 다수 게임으로 구분되는데, 대표적인 것은 2인 게임으로 한쪽의 이익은 다른 경쟁자의 손해를 가져오는 경쟁 상황이다. 대표적인 2인 게임은 바둑, 장기, 2인 농구경기, 2인끼리의 가위 바 위보 등 이라고 할 수 있다.

2. 게임의 종류

게임의 종류는 다양하지만, 대표적인 게임 유형은 죄수 게임, 겁쟁이 게임(치킨 게임), 교착 게임이다(심준섭 외, 57-70). 죄수 게임에서는 참가자는 자신이 배신하고 상대방이 협력하는 상황을 가장 선호하며, 두 번째로는 서로 협력하는 상황, 세 번째는 서로 배신하는 상황, 마지막으로는 자신이 협력하고 상대방이 배신하여 바보처럼 당하는 상황을 가장 기피한다.

겁쟁이 게임은 죄수 게임과 동일하게 참가자는 자신이 배신하고 상대방이 협력하는 상황을 가장 선호하며, 서로 협력하는 상황을 선택한다. 하지만, 죄수 게임과 달리 자신이 손해를 보면서 망신을 당하고 상대방은 이익을 얻는 상황을 선호하기 때문에 서로 손해 보면서 파국을 맞이하는 것을 가장 기피한다.

교착 게임은 죄수 게임처럼 자신이 배신하여 이익을 얻는 상황을 제일 선호하지만, 서로 배신하는 상황을 통하여 더 큰 이익을 얻기 때문에 서로 협력하는 상황보다 더 선호하는 점이 특징이다. 이하에서는 죄수 게임과 겁쟁이 게임의 내용을 설명한다.

게임의 종류 제2절

1. 죄수 게임

죄수 게임은 일반적으로 '죄수의 딜레마 게임(함정)(Prinsoner`s Dilemma game)'으로 불린다. 죄수 게임은 2인 게임의 대표적인 유형으로 두 사람의 경쟁자들은 자신들에게 보다 큰 이익을 줄 수 있는 대안을 선택하지 못하고, 오히려 더 작은 이익을 가져오는 전략을 선택하는 모순을 설명하는 게임이론이다.

죄수 게임의 상황은 다음과 같다.

공범으로 추정되는 두 사람(갑, 을)이 체포되어 경찰서 수용소에 분리되어 수용되었다. 두 사람간에는 상호 신뢰하지 않으며, 오로지 자신의 이익만을 위하여 행동한다고 가정한다. 아울러 두 사람은 모두 상대방이 선택하려는 전략의 내용을 알고 있으며, 자신이 선택하는 전략에 따라 어떠한 결과가 나타나는지를 잘 알고 있다. 두 공범자는 자백하거나 침묵하는 두 가지 전략 중에 하나를 선택할 수 있다. 두 사람은 분리되어 수용되므로 서로 의사소통을 할 수 없다.

이제 형사는 두 공범자에게 다음과 같이 제안한다.

즉, 어느 한쪽이 자백하고 상대방이 침묵하면 자백한 자는 석방한다. 침묵한 자는 10년 징역을 살게 된다. 둘 다 자백하면 모두 5년형을 살게 되며, 둘 다 침묵하면 모두 1년형을 살게 된다는 제안이다.

여기에서 고백하는 전략은 자신의 이익을 위한 배신이라고 말하며, 침묵하는 전략은 협력이라고 부른다. 두 공범자는 어떤 전략을 선택할 것인가?

〈표 9-1〉을 이해하는 방법은 다음과 같다.

먼저 공범자(행위자, 게임자) '갑'을 중심으로 설명한다.

메트릭스(네 개의 칸)의 각 수치는 다음과 같다. 괄호속의 앞 숫자는 갑의 이익(손해)이고, 뒤의 숫자는 을의 이익(손해)을 말한다.

A의 경우 괄호속의 앞에 있는 '석방'은 '갑'이 '자백'하는 경우의 '이익'이다. 반면, 뒤에 있는 '10년'은 '을'이 '침묵'하는 전략을 선택하는 경우 '이익(엄밀하게 손해)'이다. 이때 '갑'입장에서는 '최선'의 전략을 선택한 경우이다.

구 분	을(乙) 선택 전략 (공범자)		
		자백(배신)	침묵(협력)
갑(甲) 선택 전략 (독자 여러분)	자백 (배신)	D (5년, 5년) 〈차악〉	A (석방, 10년) 〈최선〉
	침묵 (협력)	C (10년, 석방) 〈최악〉	B (1년, 1년) 〈차선〉

표 9-1
죄수의 딜레마 게임

* 최선, 차선, 최악, 차악은 '갑' 입장에서 바라본 상황이며, 저자가 추가한 것임.

B의 경우에는 '갑'이 침묵하고, '을'도 침묵하여 두 사람은 모두 1년씩의 감옥 생활을 하는 전략이다. 갑은 물론 을에게도 최선은 아니지만, 선택할 만한 '차선'의 전략이다.

C의 경우, '갑'은 '침묵'하여 '10년' 동안 감옥 생활을, '을'은 '자백'하여 '석방'되는 경우로 '갑' 입장에서는 '최악'의 전략을 선택하는 경우이다.

마지막으로 D의 경우, '갑'은 '자백'을 하고, '을'도 '자백'하는 전략을 선택하는 것으로, 두 사람 모두 최악은 아니지만, '차악'의 전략을 선택하는 경우이다.

이러한 전략 선택과 그 결과를 두 공범자는 모두 알고 있는 상황에서, '갑'이 '침묵'을 선택하는 경우를 가정해보자. 갑이 침묵하면, 을은 자백 또는 침묵 전략 중에 하나를 누구의 구속을 받지 않고 자유롭게 선택할 수 있다. '을' 입장에서는 자백하면 '석방'이고, 침묵하면 '1년' 감옥 생활이므로 '을' 입장에서는 '석방'이 '1년' 감옥 생활보다 더 이익이다. 따라서 '을'은 '자백'을 하고 석방되는 전략을 선택할 것이다. '갑'은 을이 이러한 전략을 선택하는 것을 잘 알고 있으므로 자신만 침묵하여 10년 감옥 생활을 하고 싶지 않을 것이다.

그리하여 '갑'은 '자백'을 선택하는 경우를 상상해본다. 이 경우 '을'은 침묵=10년, 자백=5년이므로 을이 자백할 것을 알기 때문에, 갑 자신도 침묵할 때 '10년'보다는 자백을 하여 '5년'의 감옥 생활을 선택하게 된다. 자백하여 5년의 이익이 생기는 것이다. 따라서, 침묵을 하지 않고 자백을 하여 5년의 이익을 가져오는 전략을 선택한다. 이상은 을에게도 마찬가지이다.

결국, 두 공범자는 다 함께 '침묵'하여 각 각 '1년'의 감옥 생활을 할 수 있음에도 불구하고, 각자의 이익 극대화만을 생각하기 때문에 '자백'을 하여 각 각 '5년'의 감옥생활을 하게 된다. 이른바 '차선'을 선택할 수 있음에도 불구하고 전략을 잘못 선택하여 '차악'의 전략을 선택하는 모순을 가져오는 '죄수의 딜레마 게임'이 발생하는 것이다.

딜레마가 발생하는 이유는 다음과 같기 때문이다.

즉, 한 공범자(게임 참가자)에게는 다른 공범자(경쟁 참가자)가 침묵해준다는 보장이 없기 때문이다. 즉, 상호간에 신뢰가 없는 것이다. 그 결과, 각 공범자들은 자신의 이익만을 극대화시키기 위해 자신이 선택한 합리적 선택 전략인 '자백'을 선택하여 서로 '침묵'하는 전략보다 더 적은 이익을 얻는 결과로 나타난다.

이러한 딜레마 게임은 '만인의 만인에 대한 투쟁 상태'인 자연 상태, 적대국가간의 군비 경쟁이 또 다른 상황이다(심준섭 외, 61-64). 자연 상태에서는 누구도 믿을 수 없는 죽음의 공포가 있기 때문에 서로 무기를 경쟁적으로 소지하게 된다. 적대 국가간에는 서로를 불신하여 더 강력하고 더 많은 무기를 갖게 되는 안보 딜레마가 발생하게 되는 것이다. 결국 개인이나 국가나 모두 치열한 경쟁을 하기 때문에 파국으로 치닫게 되는 것이다.[1)]

이러한 딜레마(함정) 현상은 '사회적 함정, 사회적 불합리성'이라고 할 수 있다. 우리 사회에서 발생하는 사회적 함정의 예를 들어 보자. 차량 짝홀수제 실시의 위반 차량, 고속도로 갓길 운행, 한줄 서기 운동, 유원지에

1) 2014년을 전후하여 한반도 주변 국가들, 중국, 일본, 미국, 북한, 한국에서 군비 확장 경쟁이 가속화되고 있는 상황은 매우 우려되는 죄수의 딜레마 현상으로 나타날 수도 있다.

서 쓰레기 되가져가기 운동, Y자 도로에서 두 차선의 차량 진입 등은 서로 신뢰가 약하기 때문에 서로 위반하고 불편해지면서 서로 비난한다. 이른바 사회적 함정에 같이 빠지는 것이다.

사회적 함정을 벗어나기 위해서는 두 가지 방법이 있다. 하나는 서로를 신뢰하는 것, 두 번째는 참가자간에 의사소통(정보 교류)이 원활하게 이루어져 서로를 배신하는 일이 없다는 확신(신뢰)을 가지는 것이다. 신뢰와 의사소통(정보 교류)이 이루어지면 죄수의 딜레마(함정)에 빠질 가능성은 그만큼 낮아지는 것이다.

2. 겁쟁이 게임

겁쟁이 게임은 일명 '치킨 게임(Chicken game)'이라고도 부른다. 여기에서 치킨은 닭을 의미하며, 영어로 대결을 회피하거나 겁쟁이를 지칭하는 'chicken'에서 비롯된다(심준섭 외, 67-70).[2]

치킨 게임은 두 명의 게임 참가자(경쟁자)가 서로 경쟁을 하는 경우 한 경쟁자가 겁쟁이가 되어 경쟁을 회피하고 상대방에게 항복하는 상황을 설명하는데 적합한 게임이론이다.

게임 상황은 다음과 같다. 두 명의 경쟁자가 선택할 수 있는 전략은 대결(배신)과 항복(협력) 뿐이다. 두 경쟁자 중 한 경쟁자(갑)가 죽음을 각오하면서 물러서지 않고 끝까지 대결(배신)을 하는 경우, 다른 한 경쟁자(을)는 상대방(갑)의 이러한 일전 불사의 투지에 굴복하여 최후의 결전을 포기하고 승부를 회피하여 항복(협력)하는 경우이다. 결국 '갑'은 승리(대결, 배신)하는 사람이 되고, '을'은 비겁한 겁쟁이(항복, 협력)가 되는 것이다.

---

2) 일반적으로 생각이 모자라거나 상황을 잘 파악하지 못하여 실수를 하거나 좀 부족한 듯 하거나 겁이 많은 사람을 비아냥할 때 '닭대가리'라고 놀리는 경우가 많다.

표 9-2 겁쟁이 게임

구 분		을(乙) 선택 전략 (경쟁자)	
갑(甲) 선택 전략 (독자 여러분)		대결(배신)	항복(협력)
	대결 (배신)	D (0, 0) 〈최악〉	A (10, 1) 〈최선〉
	항복 (협력)	C (1, 10) 〈차악〉	B (3, 3) 〈차선〉

* 최선, 차선, 최악, 차악은 '갑' 입장에서 바라본 상황이며, 저자가 추가한 것임.

이상의 상황을 〈표 9-2〉로 설명해보자.

이 상황은 경쟁 상대방이 항복(협력)을 하지 않고 대결(배신)을 한다는 경우에 다른 상대방이 취할 수 있는 전략인 것이다. 즉, 상대방이 대결을 하면, 같이 대결을 하여 서로 파국을 맞이하는 것보다는 대결을 회피하거나 타협을 모색하는 것이 당사자에게 더 유리한 경우를 설명할 수 있는 게임이론이다. 치킨게임에서는 (행위자1 = 배신, 행위자2 = 협력), (행위자1 = 협력, 행위자2 = 배신) 두 가지 균형전략 밖에 없다.

두 사람 중에 한 명이 겁쟁이가 되어야 상호 이익이 되는 상황에 적합하다. 협상론에 적용하는 경우 한 협상조(팀)가 강성 입장을 고집하는 경우, 다른 협상조(팀)도 똑같이 강성 입장을 취하여 대결을 하고 파국을 맞이하는 것보다는 어느 한 협상조가 대결을 피하여 굴복하거나 타협책을 제시하여 해결을 모색하는 경우라고 할 수 있다.

이러한 상황의 예로 영화에서 볼 수 있는 장면으로 젊은 세대에서 마주보고 달리는 오토바이 또는 자가용 폭주족을 상상해보면 가능하다. 어리석은 젊은이들은 죽음을 불사하는 배짱으로 서로 마주보고 달리기 경주를 하는 경우 두 사람 배짱 때문에 모두 죽고 만다. 얼마나 어처구니없는 만용이요 어리석은 짓인가.

이 경우 어느 한 사람이 죽음보다는 차라리 핸들을 꺾어 충돌을 피하여 목숨을 유지하는 전략을 선택하는 상황이다. 결국 핸들을 꺾은 참가자는 동료로부터 겁쟁이라는 비웃음을 듣게 된다. 차라리 겁쟁이라고 불리는 것이 죽음보다 훨씬 낫지 않은가.

국제적인 치킨 게임으로 '쿠바 미사일 위기'를 들 수 있다.

이 영화의 주제는 소련이 미국의 코앞에 있는 쿠바에 비밀리에 설치한 소련제 핵미사일을 두고, 소련의 서기장 후르시초프와 미국의 대통령 케네디간 벌어진 '13일 동안'의 협상 게임이다.[3)]

처음에는 후르시초프와 케네디간에 속임수 전략을 사용하다가 점 점 경성입장으로 치닫는다. 부분적으로는 연성입장을 보이기도 하지만, 케네디의 겉으로는 경성입장을, 이면에는 타협전략을 제시하여 소련의 후르시초프가 쿠바의 핵미사일을 철수하는 전략(항복, 겁쟁이)을 선택하도록 한다. 이때 참모들이 미국의 승리를 외치자, 케네디 대통령은 미국만의 승리가 아니라 소련의 승리이기도 하다고 말한다. 이른바 '승-승 게임'임을 알고 있는 것이다.

이 게임에서 승리한 케네디는 대통령 재선에 승리한다. 하지만, 케네디 대통령은 암살을 당하는 불운을 맞이한다. 역사의 아이러니이다.

---

3) 이 영화는 'The 13days'로 DVD 등으로 구입할 수 있으므로, 협상론 및 미국의 백악관 통치 리더십에 흥미가 있는 모든 독자들의 시청을 적극 권한다.

협상 팁 9

Tit-For-Tat 게임

Tit-For-Tat게임은 미국의 액셀로드(Axelrod) 교수가 제안한 것으로 '죄수의 딜레마 게임(PD 게임)'에서 상대방의 협력을 이끌어내기 위한 방편으로 고안된 것이다.

우선 무한히 반복되는 두 사람 사이의 PD게임을 생각한다. 게임을 시작하기 전에 A와 B 두 사람이 서로 협력을 약속했다고 가정하자.

제1회에는 두 사람 모두 약속을 지켜 협력을 할 수도 있고, 그렇지 않을 수도 있다. 가령 제1회에 A는 약속을 지키고 , B는 약속을 어겼다고 하자. 그러면 제1회에 있어서 B는 이익을 보고 A는 손해를 보게 된다.

그러면 제2회에서는 어떤 일이 발생할까?

이러한 경우 A가 제2회 이후의 자신의 행동을 바로 앞 게임에서 B가 행동한 대로 따라 하기로 결정했다고 하자.

따라서 A는 제2회에는 제1회에서 B가 한 것처럼 약속을 지키지 않았다. 그러면 B의 입장에서는 제1회에서는 약간의 이익을 보았을지 모르지만 그 이후부터는 결코 이익을 볼 수 없게 된다.

왜 그런가?

둘 다 약속을 지키지 않을 경우, 두 사람 모두 '게임 몫(payoffs)'이 감소하기 때문이다. 약속을 지키지 않은 쪽은 장기적으로는 결코 이익을 볼 수 없으므로 처음부터 약속을 지키는 것이 서로 유리한 것이다.

자료: 김기홍, 2003: 104.

Tit-For-Tat은 '맞받아 쏘아주기', '이에는 이 눈에는 눈'처럼 상대방이 사용하는 전략을 그대로 사용하여 대응하는 전략이다(저자 역).

상대방을 비평하기 전에 자신의 잘못을 먼저 인정하라.
카네기, Dale Breckenridge Carnegie

어떤 것을 추진할 용기가 있다면 우리는 모든 꿈을 실현할 수 있다.
디즈니, Walt Disney

제10장 바림직한 협상원칙

제1절 레위키의 협상원칙

제2절 말로트라의 협상원칙

제1절 레위키의 협상원칙

1. 협상원칙의 중요성

협상은 다양한 환경과 상황에서 발생하는 당사자간의 지속적인 정보 교환과 의사소통 과정이다. 당사자들은 협상을 어떻게 이해하고 바라보느냐에 따라 다양한 행동과 모습이 나타나기 마련이다. 협상을 이기는 게임으로만 바라보아 강압적이고 권위적이며 협박하는 사람도 있고, 협상을 양보로 인식하여 유연하고 부드럽게 대하면서 조금은 손해를 보아도 좋다는 식으로 협상에 임하는 사람도 있다.

모두가 나름대로 협상에서의 행동원칙을 가지고 협상에 임하여 소기의 목적을 달성하려고 노력하는 데는 같다고 볼 수 있다. 하지만, 협상의 개념과 속성을 당사자 모두 만족할 만한 결과를 가져오는 것으로 이해하는 사람은 생각보다 흔하지는 않다.

본 저서에서는 지금까지 협상의 개념과 속성, 다양한 전략과 원칙 들을 설명하였다. 협상은 매우 복잡한 과학과 예술의 조합으로 이루어져 있기 때문에 단순하게 설명하고 학습하여 실행할 수 있는 기술은 아니다. 훌륭한 협상가가 되기 위해서는 협상에 대한 다양한 내용들을 끊임없이 학습하고 경험하면서 실천해보고 반성하는 되풀이 과정이 필요하다. 하지만, 독자들은 한 두 가지만이라도 학습하여 일상생활에서 간단하게 적용해봄으로써 나름대로 멋진 결과를 가져올 수도 있으므로 너무 걱정할 필요는 없다.

여기에서는 레위키 등(Lewicki et al., 2010: 443-452)이 협상에서 가장

바람직하다고 주장하는 10가지 협상 행동원칙을 설명하여 독자들의 협상 능력 향상에 도움을 주고자 한다. 역시 원 저자들의 내용을 재정리하면서 저자의 설명을 추가하는 형식으로 이루어져 있으므로, 보다 자세한 내용을 원하는 독자들은 해당 저서를 참고하기 바란다.

2. 10가지 협상 행동원칙

1) 제1원칙

제1 행동원칙: 준비된 협상가가 되어라.

협상은 단순히 즐기는 게임이 아니라 상호간에 정보를 교환하면서 자신의 이익을 극대화하려는 상호작용과 의사소통 과정이다. 성공적으로 자기 이익을 극대화하기 위해서는 협상을 시작하기 전에 철저한 준비가 필요하다.

여기에서 협상 전 준비란 협상의 배경과 목적, 협상의 주제, 협상의 상대방, 협상의 주변 상황, 협상의 시간적 여유, 협상의 다양한 전략, 협상에 관련된 여러 가지 정보 수집, 협상에서 난관에 봉착하는 경우 대응전략, 협상이 성공적으로 마무리되는 경우 이를 실천하기 위한 방안 등을 준비하는 것이다.

하지만, 이렇게 광범위한 준비는 많은 비용과 시간이 소요되므로 단순하게 말하면 협상의 목적과 이익을 보다 명료하게 설정하는 것이다. 아울러 상대방의 목적과 요구 사항이 무엇인지 잘 파악하는 것도 매우 중요한 사전 준비에 해당한다. 이때 비로소 적절하게 대응하는 전략 탐색이 가능해지기 때문이다.

아울러 넓은 관점에서 협상가 자신의 장점과 단점을 스스로 점검하면서 협상의 목적과 주제에 연관되는 전체적인 흐름과 배경, 맥락을 조망해 보아야 한다.

2) 제2원칙

제2 행동원칙: 협상의 근본적인 구조를 진단하라.

협상의 구조는 협상의 목적이나 주제, 상황 또는 상대방이 누구냐에 따라 다양하게 설계할 수 있다. 여기에서 협상 구조란 협상을 어떻게 설계하여 접근하느냐의 문제이다. 가장 대표적인 협상 구조는 이미 앞에서 설명한 적대적(분배적) 협상구조와 호혜적(통합적) 협상 구조라고 할 수 있다. 아울러 유능한 협상가는 이 두 가지를 주제나 상황에 따라 적절하게 혼합하여 사용할 수도 있다.

궁극적으로 협상에 임할 때 어떤 협상 구조를 상정하느냐에 따라 협상의 전략과 전술이 선택되기 때문에 사전에 협상 구조를 어느 정도 진단하고 설정할 필요가 있다. 하지만, 협상 구조란 협상이 진행되는 내내 고정적인 것은 아니며, 협상 과정에서 얼마든지 변할 수 있는 가변적인 구조인 것이다.

그리고, 유능한 협상가는 협상 과정에서 상황 등을 주시하면서 얼마든지 협상 구조 변화에 따른 적절한 협상전략과 전술을 능수 능란하게 구사할 줄 알아야 한다. 이미 앞에서 갈등관리 5가지 유형에 따라 5가지 협상전략을 설명하였듯이, 제반 협상 과정을 예의 주시하면서 수용전략, 회피전략, 경쟁전략, 타협전략 또는 협동전략을 언제 사용할지 준비해야 한다. 이 모든 것은 결국 협상 구조를 잘 파악하고 설정하는 것에서부터 시작된다.

3) 제3원칙

제3 행동원칙: BATNA를 확인하고 이를 개선시키려고 노력하라.

협상에서 보다 나은 이익을 얻어내기 위해서는 본인의 BATNA를 확인하고 이를 개선시키기 위해 노력해야 한다. 여기서 BATNA란 앞에서 설명하였듯이 협상이 성공하지 못할 때 자신이 선택할 수 있는 최선의 대안을 말한다.

다시 말하면 합의를 이끌어내기 위한 최적의 대안이라고도 말할 수 있다. 협상가가 BATNA를 가지고 있다면 그만큼 협상력은 커지면서 합의를 이끌어내는데 큰 도움이 되기 때문이다. 만약 당신이 우수한 BATNA를 가지고 있다면, 상대방에게 다음과 같이 말할 수 있다.

"당신이 나의 제안에 합의하지 않는다면 나는 이런 BATNA를 가지고 있소. 그러니 합의를 하든지 말든지 당신이 결정하시오."

훌륭한 협상가는 자신의 BATNA 뿐만 아니라 상대방의 BATNA에도 관심을 가져야 한다. 나보다 상대방의 BATNA가 더 우수하다면 나는 협상에서 승리하기가 쉽지 않으며, 상대방의 제안에 합의해주거나 협상을 결렬시킬 수밖에 없는 상황에 직면하게 된다. 따라서, 나의 BATNA를 개선해나가면서 상대방의 BATNA도 예의 주시하여야 한다.

훌륭한 협상가는 다음과 같이 행동할 줄 알아야 한다(Lewicki et al., 2010: 445-446).

첫째, 상대방의 BATNA를 예의 주시하면서 자신의 BATNA가 더 우수하도록 개선해 나가라.

둘째, 자신의 BATNA가 어떤 이익을 줄 수 있는지 상대방에게 상기시켜라.

셋째, 은근하게 적절한 방법(자신 BATNA의 강점을 언급 또는 상대방 BATNA의 약점을 지적)으로 자신의 BATNA가 더 우수하다는 것을 상기시켜라.

4) 제4원칙

제4 행동원칙: 기꺼이 협상장을 떠날 생각도 하라.

협상은 혼자 하는 것이 아니라 상대방이 있고 협상 내용과 결과에 대한 만족도는 상대적이기 때문에 항상 성공적으로 이루어질 수는 없다. 협상이 성공적으로 합의에 도달한다면 더할 나위 없이 좋겠지만, 수많은 협상들이 여러 가지 이유로 지체되거나 합의에 이르지 못하고 결렬되는 경우가 허다하다.

훌륭한 협상가는 이럴 경우를 대비하여 사전에 준비가 필요하다고 앞에서 설명하였으며, 언제쯤 협상장을 떠날지 신중하게 분석하고 결정해야 한다.

다만, 협상장을 떠나는 것이 현재는 물론 미래에도 바람직스러운지는 보다 신중하게 판단해야 할 것이며, 동료와 함께 협상을 진행하는 경우 항상 동료들과 함께 상황과 정보를 공유하면서 결정하는 것이 좋다.

5) 제5원칙

제5 행동원칙: 모순적인 협상 상황에 능숙하게 대처하라.

협상을 진행하다 보면 서로 모순되거나 일치되기 어려운 상황이 자주 발생하기 쉽다. 이 경우 훌륭한 협상가는 상반되고 모순적인 이 상황을 인식하고 이해하면서 적절하게 대응하는 능력을 보유하고 있다. 레위키 등이 설명하고 있는 대표적인 다섯 가지 모순 상황과 대처 방안은 다음과 같다(Lewicki et al, 2010: 446-448).

첫째, 가치 요구와 가치 창조

협상에는 항상 가치와 관련되는 상황이 발생한다. 즉, 협상자 중 누가 무엇을 얼마만큼 얻느냐를 결정하는 '자기가치 요구(claiming value, 자기 몫

요구)'와 협상을 통하여 함께 가치를 확대시키는 '공통가치 창조(creating value)'간의 갈등 상황이다. 분배적 협상 구조에서는 자기가치 요구라는 전략과 전술을 사용하고, 호혜적 협상 구조에서는 공통가치 창조라는 전략과 전술을 사용한다.

일반적으로 협상의 초기 단계에서는 호혜적으로 가치를 확대 · 창조하면서 어느 단계에서는 가치를 주장하는 상황으로 넘어가게 된다. 즉, 상호 가치를 확대하고 창조하다가 어느 단계에서는 창조된 가치를 공정하게 배분하는 가치 주장으로 넘어가게 된다.

유능한 협상가는 적절한 시점에서 '공통가치 창조' 단계를 '자기가치 요구' 단계로 연착륙하도록 관리하기 위해 상황을 언급하고 주도해 나간다(Lewicki et al., 2010: 447).

둘째, 원칙 준수와 유연한 원칙

협상을 진행하면서 상황에 따라 협상원칙을 그대로 고수해야 하는지 상황 변화에 따라 유연하게 대처해야 하는지 모순에 직면하게 된다. 유능한 협상가는 자신뿐만 아니라 상대방에게도 협상원칙을 고수하거나 유연한 협상원칙을 요구할 수 있어야 한다.

아울러 어떤 것을 고수하고 어떤 것을 유연하게 해야 할지, 무엇을 타협하고 타협하지 말아야 할지를 면밀하게 협상 상황을 분석하고 대처해야 한다.

셋째, 전략 고수와 전략 수정

협상을 진행하는 과정에서 새로운 상황 발생, 새로운 추가 정보 입수 등이 발생할 수 있다. 이때 협상가는 협상 전에 준비했던 전략을 그대로 고수해야 할지 아니면 새로운 상황과 정보에 따라 기존의 전략을 수정해야 할지 고민하게 된다.

유능한 협상가는 항상 이러한 상황 발생이 가능하다는 점을 인식하면서 새로운 변화에 효율적으로 대처하는 방법과 전략을 고려하고 준비해야 한다.

넷째, 정보 봉쇄와 정보 개방

협상을 진행하면서 협상가는 어느 정도 수준까지 자신의 정보를 상대방에게 공개해야 할지 고민에 빠지게 된다. 협상과 관련된 자신의 정보를 지나치게 감추는 것도 지나치게 공개하는 것도 모두 바람직하지 않다. 상대방에 대한 정보가 지나치게 많아도 최선의 협상보다는 오히려 차선의 협상을 가져온다고 한다.

유능한 협상가는 협상이란 일순간이 아니라 상당 기간 지속되는 과정으로 이해하기 때문에 적절한 정보 공개 수준을 알고 있다. 자신의 정보 공개 수준이 어느 정도일 때 상대방에게 신뢰를 주고 편안하게 느끼게 하는지를 잘 간파한다. 꾸준한 학습과 경험이야말로 유능한 협상가로 가는 지름길이다.

다섯째, 불신과 신뢰

협상을 할 때 협상가는 상대방에게 얼마만큼 자신을 믿도록 해야 하는지 딜레마에 직면할 수 있다. 신뢰는 자신이 얼마만큼 솔직하게 말하느냐의 문제와 직결된다. 지나치게 솔직하면 상대방에게 역이용당할 수 있고, 지나치게 솔직하지 못하면 상대방과 합의를 이끌어내기가 불가능하다.

협상이란 시시각각 변해가는 생명체이므로, 유능한 협상가는 이런 상황을 예의주시하면서 어느 시점에서 어느 정도 솔직해지면서 신뢰를 주고 신뢰를 얻어야 하는지를 잘 인식하고 있다.

6) 제6원칙

제6 행동원칙: 무형의 형향 요인들에 주목하라.

여기에서 무형의 영향 요인들이란 협상에서 실제로 나타나지는 않지만 협상에 영향을 미치는 요인들을 말한다. 이기고 싶은 심정, 손해를 회피하려는 심정, 상대방에 대한 거부감, 상대방에게 강하게 보이고 싶은 심리, 상대방에 대한 두려움이나 열등감, 공명정대한 것, 질투심이나 우월감 등이다.

이러한 겉으로 드러나지 않는 요인들은 협상에 상당한 영향을 미치므로 유능한 협상가는 이를 이해하고 발견하는데 노력해야 한다. 레위키 등은 상대방으로부터 영향을 미치는 무형적인 요인을 발견하는 두 가지 방법을 제시하고 있다(Lewicki et al., 2010: 449-450).

하나는 상대방에게 질문을 하는 방법이다. 왜 어떤 상황에 집착하는지, 상대방이 기피하거나 두려워하거나 걱정하는 것이 무엇인지 정중하고 조심스럽게 비공식적인 방법으로 질문하여 상대방의 제반 상황 분위기를 간파하는 것이다.

다른 하나는 협상 장소에 제3자를 동석시키는 방법이다. 제3자로 하여금 상대방을 보다 객관적으로 관찰하면서 목소리, 여러 가지 제스처, 표정 등을 파악하여 협상 상황을 이해하고 전략을 수립하는데 활용하는 것이다.

7) 제7원칙

제7 행동원칙: 적극적으로 연합 전략을 활용하라.

협상의 주제나 상황에 따라 다른 집단과 연합하여 협상을 진행할 수 있다. 레위키 등(Lewicki et al,, 2010: 450-451)은 연합의 잠재력과 그 형태를 잘 이해하고 있어야 한다고 주장하면서 세 가지 연합 형태를 설명하고 있다. 자신과 반대하는 사람과의 연합, 자신을 지지하는 사람과의 연합, 자신을 지지하는지 또는 반대하는지 불분명한 사람과의 연합이다.

브랙큰(Bracken, 2006)은 연합을 구성하는 수준과 방법에 대하여 여섯 가지를 고려할 필요가 있다고 주장한다.

첫째, 공통 목적을 확인하라.

둘째, 연합할 때 당신이 얼마만큼의 영향력을 가질 수 있는지 결정하라.

셋째, 연합에서 당신 또는 다른 사람 중 누가 주도적으로 이끌어 나갈 것인가?

넷째, 연합내 참여자들이 이탈하고 있는지 확인하라.

다섯째, 정보의 소통과 통제를 어떻게 할 것인가?

여섯째, 연합은 쉽게 깨질 수 있는 불완전한 설계임을 인식하라.

유능한 협상가는 연합의 영향력과 강점을 바탕으로 협상 이익을 증대시키기 위하여 연합을 적극 활용한다. 형성된 연합 파트너와는 정보를 공유하고 원만한 의사소통을 통해 연합 영향력을 극대화하도록 노력해야 한다.

만약 연합이 어려운 경우 최대한 상대방이 연합하지 못하도록 방해하는 전술을 사용해야 하며, 연합한 상대방에게는 의견 불일치를 조장하는 등 '분리 전략'을 구사할 필요가 있다.

아울러 연합 형성으로 협상에서 합의가 이루어지면 협상 후의 실행 관리에 유념해야 협상의 마무리가 성공적으로 이루어질 것이다. 합의 사항을 충실하게 실행시켜야 연합 효과가 극대화되는 것이므로 연합 못지않게 연합 이후의 실행 관리에 주의해야 한다.

8) 제8원칙

제8 행동원칙: 당신의 명성을 잘 유지 · 관리하고 즐겨라.

명성이란 생각보다 빠르게 전파되지만 달걀처럼 쉽게 깨질 수 있는 속성을 가지고 있다고 말한다. 따라서 자신의 명성을 잘 유지하고 관리하는 것이 유능한 협상가의 능력이라고 설명하고 있다(Lewicki et al., 2010:

450-451).

훌륭한 협상가는 일관되고 공정하게 행동함으로써 자신의 명성을 형성하고 강화시켜 나간다. 상대방이 자신을 합리적이고 공정한 협상가라고 인식하면 협상은 보다 합리적이고 공명정대하게 이루어질 가능성이 높다.

하지만, 당신이 까다롭고 정정 당당하지 못하다는 이미지로 상대방에게 인식된다면, 협상은 지저분한 술수들이 난무하고 정보 공유는 어려울 것이다. 당연히 협상은 난관에 봉착하면서지지 부진하여 협상의 원만한 합의가 이루어지기는 어려울 것이다.

따라서, 유능한 협상가는 자신의 이미지, 명성이 어떤 모습으로 상대방에게 인식되는지 유념해야 하며, 어렵사리 얻은 좋은 명성이 계란처럼 어느 순간 깨져 물거품처럼 사리지지 않도록 잘 유지하고 관리하여 협상에서 자신의 명성을 십분 활용하는 능력을 가져야 한다.

9) 제9원칙

제9 행동원칙: 합리성과 공정함은 상대적임을 명심하라.

사람마다 성장 과정과 배경이 다르기 때문에 가치관과 문화가 다르다. 따라서, 어떤 상황이 발생하였을 때, 사람들이 판단하는 합리성과 공정성은 주관적이며 이기적일 가능성이 높다. 협상 과정에서 무엇이 옳고 그른지, 무엇이 공정하고 불공정한지 절대적인 판단 기준은 쉽지 않다는 말이다.

유능한 협상가는 협상 전에 이러한 상황에 대한 인식, 준비 및 주도적인 관리가 필요하다고 말한다. 아주 분명한 원칙을 바탕으로 상대방의 공정함에 대한 인식을 확인하며, 공정하게 결과물을 제안한 다른 사례를 벤치마킹할 수도 있다. 마지막으로 상대방이 제시한 공정한 기준에 자신의 공정함을 추가하거나 적용하여 합의를 유도해낼 수 있어야 한다(Lewicki et al., 2010: 451-452).

10) 제10원칙

제10 행동원칙: 경험을 통해 끊임없이 배워라.

유능한 협상가는 태어나는 것이 아니라 만들어지는 것이다. 아무리 유능하다고 평가 받는 협상가라도 끊임없이 학습하고 경험해야 한다. 아무리 많은 협상이라도 동일한 협상은 하나도 없다는 점을 이해할 필요가 있다.

유능한 협상가가 되기 위해서는 중요한 협상 이후에는, 마치 고수 바둑 기사가 기전 후에 복기를 하면서 점검하듯이, 협상 과정을 점검해야 한다.

레위키 등은 협상 복기 방법으로 '무엇을', '왜'라는 형식으로 진행되어야 한다고 말한다. '협상 후에 무엇이 발생하였지?', '왜 그런 일이 발생하였지?', '이번 협상으로 나는 무엇을 배웠지?'등이 주요 핵심이라는 것이다. 유능한 협상가로 거듭나기 위해서 다음과 같은 세 단계 과정을 추천하고 있다(Lewicki et al., 2010: 451-452).

> 제1단계: 협상이 끝난 후에 협상 과정에 대한 개인적인 반성과 숙고를 계획하라.
> 제2단계: 정기적으로 트레이너나 코치로부터 '전문 교육'을 받아라.
> 제3단계: 강점과 약점에 대한 개인적인 수첩을 작성하고, 약점을 보완할 계획을 세워 발전시켜라.

말로트라의 협상원칙 제2절

1. 말로트라 협상원칙의 의미

여기에서 소개하는 내용은 말로트라와 베이저만(Malhotra and Bazerman, 2007)의 논문에서 핵심적인 맥락을 중심으로 발췌하여 설명하고 있다. 하지만, 각 원칙의 제목 이외 대부분의 설명 내용은 원 저서의 사례 등과 다르게 저자가 설명하고 있으므로, 보다 자세한 원 저서의 내용은 관련 자료를 참조하기 바란다.

협상에서 당신은 상당한 양보를 하고 최선을 다하였음에도 불구하고 상대방이 합의를 하지 않는 경우 협상은 난관에 봉착하게 되고, 도대체 어떻게 해야 할지 난감한 경우가 많다. 이 경우 상황에 따라 다양한 전략을 구사하는 협상전문가가 필요하겠지만, 우선 아래와 같은 몇 가지 원칙을 적용해 보는 것도 매우 유용할 것이다.

2. 말로트라의 5대 협상원칙

1) 협상원칙 1

협상원칙 1: 상대방이 원하는 것을 단순히 말하지 말고, 진짜로 원하는 것을 찾아내라.

이 원칙은 앞에서도 자주 설명하고 강조한 내용과 유사하다고 본다. 즉, 상대방의 입장만 바라보며 대화를 나눌 것이 아니라, 상대방 입장의 이면에 숨겨져 있는 진짜 입장인 이해관계를 파악해야 한다는 것이다. 상대방이 협상내용에 동의하지 않는 실제적인 이유가 분명히 있기 때문에 이것이 무엇인지를 밝혀야 한다.

상대방의 예산, 인력, 조직적 저항, 주변 관계 당사자의 반대, 체면, 위신, 자존심, 시간, 기간 등 당신이 예상하지 않은 아주 엉뚱하고 단순한 이유 때문에 반대할 수도 있다는 사실을 명심해야 한다.

이를 확인하는 방법은 무엇보다도 상대방에게 그 이유를 직접 질문하는 것이다. "왜"라는 단 한마디 질문으로도 충분한 결과를 얻을 수 있다. "왜 이런 제안의 협상 내용에 동의하지 않는 이유가 무엇이죠?"라는 질문이다.

마치 범죄 현장을 샅샅이 조사하는 형사처럼 치밀하게 협상 상황을 분석하고 해석해야 한다.

2) 협상원칙 2

협상원칙 2: 상대방의 고충을 이해하면서, 이를 완화시키는 방법을 찾아내라.

협상에서 상대방의 고충(애로점, 압박)은 다양한 방법과 형태로 나타나기 쉽다. 여기에서 고충이란 협상을 원만하게 진행하는 데 장애가 되는 요소들이며, 일종의 애로 사항, 어려움, 압박이라고 할 수 있다. 협상에서 나타날 수 있는 외부적인 고충은 법률가의 조언, 양보를 금지하는 조직의 규칙과 문화, 상대방이 규정한 규칙, 시간상의 압박 등 다양할 수 있다.

많은 협상가들은 상대방의 이런 고충을 무시하거나 가볍게 취급하거나 협상 자체를 중단하여 협상의 가치를 훼손하기 쉽다.

하지만, 훌륭한 협상가는 상대방의 고충을 중요하게 생각하고 오히려 이를 찾아내려고 노력한다. 상대방의 고충이 자신의 문제인 것처럼 여기면서 이를 해결하려고 노력한다. 이를 위한 방법으로 자신의 문제인 양 진지하게 상대방과 이야기를 나누면서 하나씩 의문점을 질문하고 해소해나가는 것이다.

3) 협상원칙 3

협상원칙 3: 상대방의 요구는 당신이 이익을 얻을 기회로 활용하라.

협상 도중 또는 마무리될 즈음 상대방이 무리한 요구를 제안하는 경우가 종종 발생한다. 일종의 끼워넣기 전략일 수도 있다. 이때 당신은 상대방의 추가 요구를 거부하거나 일정 부분만 받아주거나 전부 받아주는 방법이 있다. 상대방이 무리한 요구를 하는 경우 당신은 거부감을 느끼며 방어적인 태도를 보일 가능성이 높다.

하지만, 훌륭한 협상가는 상대방의 제안을 좀 더 면밀하게 분석하면서 문제의 본질에 접근하려고 노력한다. 즉, '상대방의 무리한 요구를 어떤 방식으로 피할 수 있을까?', '상대방의 요구를 수용하면서 나도 이익을 얻는 방법은 무엇일까?' 등을 생각하면서 상대방의 제안을 당신도 이익을 얻을 수 있는 기회로 분석하는 노력이 필요하다.

예로 상대방이 '계약 기간을 넘기면 위약금을 달라'고 요구하는 경우, '그렇다면 계약 기간 이내에 완공하면 보상금을 달라'고 제안하는 방식이다. 서로 이기는 협상전략인 것이다.

4) 협상원칙 4

협상원칙 4: 협상 상대방과 공유할 수 있는 점을 발견하려고 노력하라.

협상에서 상대방과 당신이 경쟁하는 주제가 나타나는 경우, 대부분은 서로 합의할 수 없고 승자와 패자 게임으로 결론날 것으로 생각한다. 사실 일부 협상 주제들은 양측이 모두 만족하거나 서로 약간씩 양보하여 해결할 수 없는 경우도 있다.

하지만, 협상 주제를 면밀하게 검토하고 또 검토해 보면, 양측에게 조금씩 이익이 될 수 있는 공통점이 있을 가능성이 매우 높다. 서로 동일한 물건을 원하는 경우, 한쪽은 그 물건의 어떤 특정 기능이나 부분을 원하고, 다른 상대방은 동일한 물건의 다른 기능이나 부분을 원하는 경우이다. 이때는 분리가 가능한 경우 협상 물건을 적절하게 기능별로 분리하거나 내용을 나누어 해결할 수도 있다.

예로 귤을 원하는 경우 약재나 재료로 사용하기 위하여 껍질을 필요로 하는 사람과 먹기 위하여 귤의 내용물이 필요한 사람간에 경쟁하는 경우 귤을 껍질과 내용물을 분리함으로써 모두 만족할 수 있다. 계란도 흰자위와 노른자위를 분리하여 원하는 경우, 한정된 친목회 사무실 공간을 오전과 오후 또는 격일 등으로 나누어 사용하는 경우, 장난감 두 개를 서로 하루씩 돌려가며 사용하는 경우, 이번에 양보하고 다음에 양보 받는 경우 등 면밀하게 찾아보면 서로 승리할 가능성이 많다는 것을 알게 될 것이다.

5) 협상원칙 5

협상원칙 5: 거래가 불가능할 것 같아도 정보 수집 등 분석을 계속하라.

상대방과 오랜 시간 동안 협상을 진행하였으나, 성공적으로 합의를 이루지 못하는 경우도 있다. 이 경우에 더 이상 협상을 진행할 수 없다고 포기하지 마라. 합의를 하지 못한 것은 당신이나 상대방이 협상을 제대로 하지 못했기 때문이라고 보아야 한다.

협상은 일회성보다는 중복성, 계속성을 가지는 경우가 많다. 이번에 결렬되어도 다음에 또 다시 협상을 진행할 가능성이 높으므로 그동안 상대방과 지신의 전략과 관련 정보를 수집하고 분석하는 치밀함이 있어야 한다.

협상은 정보 싸움이므로 더 많은, 더 유용한 가치가 있는 정보를 얻어내기 위하여 많은 투자를 해야 한다. 훌륭한 협상가는 표면적인 정보에 만족하지 않고 문제의 본질에 집중하여 중요한 정보를 발견해내는 사람이다.

3. 상대방의 협상 핵심 내용 파악하기

우리가 상대방과 협상을 할 때는 자신의 협상 핵심 내용은 물론 상대방의 협상의 핵심 내용이 무엇인지 명확하게 파악해야 한다. 협상도 일종의 전쟁이요 게임으로 본다면, 협상가들은 당연히 승리하기를 바란다. 손자 병법에도 '나 자신을 알고 상대방을 알면 백전 백승한다'고 하지 않았던가. 그만큼 양측의 협상 주제, 협상의 목적, 협상의 전략과 전술, 가장 중요한 협상 주제, 양보가 가능한 협상 주제, 자산과 상대방의 협상 대안의 내용과 존재 여부, 협상과 관련한 이해당사자들 등을 앞에서 설명한 협상 목록에 기록하거나 협상 중에도 메모하는 습관을 길러야 한다.

특히, 협상 과정은 긴장의 연속이므로 항상 상대방의 협상 관련 사항을 모두 파악할 수는 없을 지도 모른다. 하지만, 몇 가지 매우 중요하고 핵심적인 것을 놓친다면 협상에서 성공하기란 쉽지 않을 것이다. 전체는 아니더라도 최소한 한두 가지라도 핵심 내용을 파악하는데 집중해야 한다.

이와 관련하여 말로트라(Malhotra & Bazerman, 2007: 442)는 상대방의 협상 핵심 내용을 파악하는 네 가지 방법을 제시하고 있다.

첫째, 상대방이 계속하여 응답하는 주제가 무엇인지 예의 주시하라.
둘째, 상대방이 긴장하거나 감정적으로 반응하거나 스트레스를 받는 주제가 무엇인지 살펴보아라.
셋째, 상대방이 어떤 주제의 대화에 경청하여 반응하고 참여하는지 관찰하라.
넷째, 당신이 양보하거나 절충안을 제시할 때 가장 강하게 저항하는 주제가 무엇인지 살펴보아라.

협상 팁 10

고려 서희 장군과 거란 소손녕 장군의 협상

[거란의 소손녕 장군]

"80만의 군사가 도착하였다. 만일 강변까지 나와서 항복하지 않으면 섬멸할 것이니, 고려의 군신들은 우리 군영 앞에 와서 항복하라."

(중략)

"고려(高麗)의 나라는 옛 신라(新羅)의 땅에서 일어났고, 고구려(高句麗)의 옛 땅은 우리나라 거란 소속인데 당신들이 침식하였다. 또 우리나라와 접하고 있으면서도 바다 건너 송(宋)나라를 섬기는 까닭에 이번 정벌을 하게 된 것이다……. "

[고려의 서희 장군]

"그렇지 않다. 우리나라가 바로 고구려(高句麗)의 후계자이다. 그러므로 나라 이름을 고려(高麗)라 하고 평양을 국도로 정하였다. 그리고 경계를 가지고 말한다면 귀국의 동경이 우리 국토 안에 들어와야 한다. 당신이 어떻게 우리가 침범했다는 말을 할 수 있는가? 또 압록강 안팎도 우리 땅인데, 지금 여진이 그 중간을 점하고 있으며, 그들은 완악하고 간사스러워 육로로 가는 것이 바다를 건너는 것보다 왕래하기 더 곤란하다. 그러니 국교가 통하지 못하는 것은 여진 탓이다. 만일 여진을 몰아내고 우리의 옛 땅을 돌려주어 거기에 성과 보루를 쌓고 길을 통하게 한다면, 어찌 국교를 맺지 않겠는가? 장군이 만약 나의 의견을 귀국의 임금에게 전달한다면 어찌 받아들이지 않겠는가?……"

자료: 김기홍, 2006.

☞ 소손녕의 협상 조건은 무엇인가?

☞ 서희의 대응 협상 조건은 무엇인가?

용기있는 사람은 두려움을 느끼지 않는 사람이 아니라,
두려움을 정복하는 사람이다.
만델라, Nelson Rolihlahla Mandela

용기와 인내는 마법 같은 부적으로, 그 앞에서 고난과 역경은 흔적 없이 사라진다.
애덤스, John Quincy Adams

제11장
다이아몬드의 협상전략과 모델

제1절 다이아몬드 협상전략: 12전략
제2절 다이아몬드 협상 모델: 20단계

제1절 다이아몬드 협상전략: 12전략

협상 강의로 유명한 다이아몬드(Diamond, 2012: 6-9)는 그동안 수많은 협상 관련 저서들이 가지고 있는 한계점을 지적하면서, 자신의 저서(「Getting More」, 2012)는 독자들이 즉시 활용이 가능한 협상전략과 협상 모델 및 협상 도구를 제시하고 있음을 강조한다.

다이아몬드는 협상이란 인간의 마음에서 상호작용하는 것으로 보고 있다. 특히 그는 기존의 협상에 대한 개념 정의와 약간 다른 입장을 취하고 있는데, 협상(negotiation), 설득(persuasion), 의사소통(communication), 판매(selling)는 모두 동일한 과정이고, 목표를 가지고 시작하며, 사람에 초점을 두고, 상황과 관련된다는 점에서 다르지 않다고 본다.

이러한 관점에서 그는 협상이란 '당신이 실제로 행동할 필요가 있는 것을 조직화하는데 도움을 주고, 그 과정으로 인도하는 보다 우수한 길을 제공하는 방법'이라고 주장한다 (2012: 3, 12-13).[1)]

협상에 대한 이러한 입장을 바탕으로 다이아몬드(2012:6-9)는 협상자가 보다 더 많은 것을 얻기 위해 사용할 수 있는 12가지 전략을 제시하고 있다. 이하에서는 그의 저서에서 주요 핵심 내용을 중심으로 설명하고자 한다.

1) 다이아몬드의 협상에 관한 관점이나 전략의 일부가 기존의 여러 저서나 전문가들이 주장하거나 강조하는 것과 약간의 차이가 있다. 특히, 그는 도덕적 측면에서 이상주의적 입장을 취하여 협상에서 절대로 거짓말을 하지 말라고 강조한다.

1. 제1전략: 목표에 집중하기

협상에서 목표(goals)란 '협상자가 협상 전에 가지지 못했으나 협상을 통해 얻고자 하는 것'이다. 협상자는 바로 목표를 위해 협상을 진행해야 함에도 불구하고, 많은 사람들이 부차적인 것들에 신경 쓰느라 목표 달성에 방해되는 행동을 한다. 인간관계에 빠져들거나 엉뚱한 사람을 공격한다. 협상에서는 인간관계, 이해관계, 상호 승리, 효과적이라고 생각하는 협상 도구만을 추구해서는 안 된다. 분명한 것은 당신이 협상에서 하는 모든 행동은 오로지 당신의 협상 목표에 근접하도록 도와주는 것이어야 한다.

2. 제2전략: 상대방의 모든 것에 집중하기

협상에서 상대방을 설득하기 위해서는 그들의 머리속에 있는 그림들을 알아야 한다. 그들의 인식, 감성, 필요는 물론 어떤 식으로 약속을 하는지, 어떤 부분에서 신뢰할만한지 알아야 한다. 그들이 존경하는 그리고 도움을 받을 수 있는 제3자가 누구인지 확인해야 한다. 그들은 어떻게 인간관계를 형성하는지도 중요하다.

협상에서 당신은 적어도 중요한 사람이라고 생각해야 한다. 협상은 역지사지라는 관점에서 당신이 상대방의 입장에서 생각해보고 상대방도 당신의 입장에서 생각해보도록 시도해야 한다.

협상에서 힘이나 권력적 수단을 사용하면 인간관계를 망치고 복수심을 유발시킨다. 궁극적으로 매우 효과적이며 설득력이 있는 방법은 사람들로 하여금 무엇인가를 원하도록 하는 것이다.

3. 제3전략: 감정적 지불하기

세상은 비이성적이다. 종종 개인에게 중요한 협상일수록 협상자는 비이성적이기 쉽다. 사람들이 비이성적일 때 그는 감정적인 상태가 되어 상대방의 말을 귀담아 들으려 하지 않아 그를 설득할 수 없게 된다. '상호 승리(승-승)'같은 합리적이고 이성적인 말도 아무런 소용이 없게 된다.

상대방이 비이성적이고 감정적 상태에 빠질 경우 당신은 필요하다면 사과를 하거나, 상대방에게 가치를 부여해주거나, 상대방이 분명하게 얻을 수 있다고 생각하는 무엇을 제공함으로써 상대방의 감정에 이입되어 상대방의 감정적 영혼에 다가갈 필요가 있다. 이른바 '감정적 지불(emotional payment)'을 하는 것이다.

4. 제4전략: 협상 상황의 차이 인식하기

협상에서는 하나의 전략이나 전술이 모든 상황에 꼭 맞는 이른바 만능적인 것은 없다. 같은 사람이 같은 내용으로 협상을 하더라도 협상 날짜가 다르면 상황도 달라진다. 당신은 협상을 진행할 때마다 협상 상황을 새롭게 분석해야 한다.

협상에서 보다 나은 결과를 원하는 당신이라면, 평균적인 것, 어떤 경향이나 추세, 통계적인 자료들, 과거의 문제들과 같은 정보와 자료는 별로 중요하지 않다. '어떤 사람이나 어떤 나라와 협상하는 방법' 같은 포괄적인 협상 규칙은 단순하게 말하면 틀린 것이며, 수많은 사람들과 상황은 서로 다르기 때문에 당신의 사고를 경직되게 할 뿐이다.

당신은 상대방이 생각하고 느끼는 것을 배워야 그를 더 쉽게 설득할 수 있는 것이다.

5. 제5전략: 점진적으로 접근하기

사람들은 종종 한꺼번에 너무 많은 것을 요구하는 바람에 협상에서 실패한다. 많은 것을 요구하는 큰 보폭은 사람들을 겁먹게 만들며, 협상이 위험한 것처럼 보여지게 만든다.

임금 인상을 요구하거나 타협을 할 때는 그 보폭을 작게 해야 한다. 한 번에 한 걸음씩 내딛어 사람들이 자신들의 친숙한 상태에서 당신의 목표인 친숙하지 않은 상태로 다가 오도록 유도해야 한다.

협상의 매 단계마다 당신의 보폭을 점검하고 확인해야 한다. 상대방이 당신에 대한 신뢰가 부족하다면 더욱 보폭을 줄여야 하며, 당사자간에 차이가 클수록 서로 천천히 천천히 다가가서 점차적으로 그 간격을 좁혀나가야 한다.

6. 제6전략: 서로 가치가 다른 대상 교환하기

모든 사람들은 동일한 어떤 것에 대하여 서로 다른 가치를 부여한다. 협상에서 서로 다른 가치를 부여하는 것을 찾아내어 당신은 중요하지 않으나 상대방이 중요하게 가치를 부여하는 것을, 상대방도 마찬가지로 그 반대의 경우의 것을 서로 교환하면 된다.

이러한 전략은 '이해관계(interests)'나 '필요(needs)'의 범위를 넘어서는 것으로 협상의 몫을 키우고 보다 많은 기회를 창출해 낼 수 있도록 하며, 직장이든 가정이든 어디에서나 모두 유용하다.

7. 제7전략: 상대방의 규범과 원칙 파악하기

상대방의 일관된 방침(policies)과 예외 사항, 선례, 과거 발언, 의사결정 방식 등을 파악하면 보다 쉽게 더 많은 것을 얻을 수 있다. 상대방이 그들의 일관된 방침이나 원칙을 일탈하면 그 점을 지적하는 것이다. 호텔의 최종 퇴실 시간, 정직하지 못한 손님에게 적용하는 방침, 우수한 단골 고객에게 제공하는 원칙 등을 파악하면 매우 유용하게 활용할 수 있다. 이 전략은 까다로운 협상자를 상대할 때 특히 효과적이다.

8. 제8전략: 절대 거짓말을 하지 않기

다이아몬드가 주장하는 이 전략은 그동안의 다른 전통적인 전략과 가장 커다란 차이가 나는 점이다. 다른 사람을 속이지 말아야 하며, 거짓말은 장기적으로는 상대방이 알게 되어 대가를 치르게 된다. 당신이 더 강해 보이려하거나 더 다정하게 굴거나 또는 부족한 것처럼 시도하면 안 된다. 사람들은 야바위꾼을 알아내기 마련이다.

있는 그대로의 자신이야말로 당신의 신용이요 그 신용이 당신의 가장 큰 자산이다. 기분이 나쁘면 나쁜 대로, 너무 공격적이면 공격적인 대로 말하면 되는 것이다.

그렇다고 해서 당신이 어수룩한 사람이 되거나 처음부터 모든 것을 들어내 놓으라는 의미는 아니다. 요점은 처음부터 끝까지 정직하고 진실한 태도로 협상에 임하라는 것이다.[2)]

2) 이 부분에서 특히 다이아몬드가 이상주의 협상학파임을 알 수 있다.

9. 제9전략: 의사소통과 발언에 만전 기하기

대부분의 실패한 협상은 부실한 의사소통에 기인한다. 협상을 끝낼 작정이 아니라면, 서로 정한 휴식 시간이 될 때까지 함부로 협상 자리를 뜨지 마라. 의사소통이 없으면 정보 교류도 없다. 상대방을 위협하거나 비난하면 상대방도 동일한 방법으로 당신에게 앙갚음을 하게 마련이다. 상대방의 가치를 인정해주는 것이 더 많은 것을 얻도록 해준다.

유능한 협상가는 현재의 심정이나 상황을 있는 그대로 솔직하게 표현한다. 즉, "오늘은 일이 잘 풀리지 않는 것 같습니다."라고 말이다.

현재의 상황을 몇 마디로 정확히 말하여 당신이 상대방에게 원하는 것을 알려주는 것이 필요하다.

10. 제10전략: 진짜 문제점을 찾아내 기회로 만들기

협상할 때 근원적이고 진짜 문제점이 무엇인지 찾아내어 명확히 하는 사람은 의외로 드물다. 당신이 목표에 접근하는 것을 방해하는 것이 무엇인지 알아내야 한다.

진짜 문제점을 알아내기 위해서는 상대방이 왜 그렇게 행동하는지 명확하게 찾아내야 한다. 처음에는 그 이유가 명확하지 않겠지만, 그것을 찾아낼 때까지 밝혀내야 한다. 이때 중요한 것은 서로 입장을 바꾸어 생각하는 역지사지의 심정으로 상대방의 입장에서 생각해보아야 한다. 협상의 장애가 되는 문제점은 단지 분석의 시작이며 협상의 기회가 될 수 있다.

11. 제11전략: 상호간의 차이를 기꺼이 받아들이기

대부분의 사람들은 서로간의 차이(differences)는 나쁘고, 위험하며, 성가시고 불편한 것으로 생각한다. 하지만, 서로 간에 다르다는 것은 실제로 보다 유익하고 창조적이어서 분명히 좋은 것이다. 차이점은 보다 많은 인식, 아이디어, 대안을 제공하여 더 나은 협상 결과를 가져오게 한다.

차이점에 대한 질문을 함으로써 더 많은 신뢰와 동의를 가져올 수 있다. 위대한 협상가는 서로간의 차이점을 사랑한다는 점이다.

12. 제12전략: 협상 목록을 만들어 실행하기

협상이란 지금까지 설명한 모든 전략들을 하나의 목록(list)으로 만드는 일 부터 시작된다. 이 목록에는 협상전략, 협상 도구(tools) 및 협상 모델을 모두 포함한다. 이 목록은 매 끼니때마다 재료를 찾는 냉장고와 같은 기능을 한다.

협상을 할 때마다 이 목록에서 각각의 협상 상황에 적합한 재료들—전략, 도구, 모델—을 선택해야 한다. 재료들 중의 하나인 도구란 '전략을 실행하기 위한 구체적인 행동'이다. 사과하거나 양보하는 것도 일종의 '감정적 지불' 전략의 한 도구이다.

다이아몬드 저서에 제시하는 전략과 도구는 독자들이 쉽게 참조할 수 있도록 다음 절에서 설명하고 있는 '협상모델'에 통합되어 있다.

협상자는 자신의 협상 목록을 만들어야 한다. 협상 목록이 없다는 것은 협상 준비를 하지 않은 것이고, 협상 준비가 없으면 좋은 협상 결과를 가져올 수 없다.

단 몇 분이라도 목록 작성에 투자하고, 당신의 협상 목적에 도달할 때까지 협상 때마다 협상 목록의 전략, 도구를 실천해야 보다 많은 것을 얻을 수 있다.

다이아몬드 협상 모델: 20단계 제2절

다이아몬드(2012: 159)는 자신이 제시하는 '더 많은 것을 얻는 모델(Getting More Model)'을 강단에서는 '4분면 모델(the Four Quadrant Model)'로 부르고 있다. 아울러 그의 저서 제7장에서는 이 모델은 '문제해결 모델(problem-solving model)'이라고 추가하여 설명하였다.

이 모델은 협상을 위해 보다 효과적으로 협상을 준비하는 원칙을 조직화하는데 기여한다고 강조하면서 협상자는 이 모델을 혼자 사용할 수도 있고, 협상조(팀)에서 사용할 수도 있다는 것이다.

이하에서는 다이아몬드가 제시한 4분면 모델인 협상 과정 모델을 해당 페이지 인용을 생략한 채 간략하게 설명한다. 보다 구체적인 내용과 사례는 원서를 참조하기 바란다(Diamond, 2012: 158-173).

1. 제1분면: 문제 파악과 목표 확인

제1분면은 협상의 첫 단계로 목표 수립, 문제 파악, 상대방 확인, 협상 결렬 대책, 전반적 준비 등으로 구성된다. 본 협상을 진행하기 위해 필요한 기본적인 정보와 자료를 파악하여 협상의 토대를 마련하는 데 도움을 주는 단계이다(Diamond, 2012: 161-163).

표 11-1
갈등의 순기능

[제1분면] = 문제/목표	[제2분면] = 상황 분석
1. 목표 2. 문제 3. 협상 관련자들 4. 협상 결렬/최악 상황 5. 준비	6. 필요와 이해관계 7. 인식 8. 의사소통 9. 표준 10. 목표 재검토
[제3분면] = 대안/위험 감소	**[제4분면] = 행동**
11. 브레인스토밍 12. 점진적 접근 13. 제3자 파악 14. 틀 형성 15. 대안	16. 최선대안/우선순위 17. 제안 방식 18. 절차 19. 계약과 추가 사항 20. 후속 조치

자료: Diamond, 2012: 160.

〈제1단계〉 목표 확인: 단기, 장기 목표를 확인하라
〈제2단계〉 문제 파악: 목표 달성의 장애물을 파악하라

협상을 시작하기 전에 준비하는 제1단계와 제2단계는 성공적인 협상을 위한 전체 협상의 절반을 차지할 만큼 중요한 과정이다. 목표란 '이전에는 가지지 못했던 것을 협상을 통해 얻고자 하는 것'을 말하며, 문제는 '목표를 달성하는데 방해가 되는 것'을 의미한다.

가령 당신의 목표가 '취업 면접을 보기 위하여 시카고로 가는 것'이라면, 문제는 '폭설로 인하여 항공기 운항이 취소된 것'이다.

하지만 진짜 목표는 '취업하는 것'이고, 진짜 문제는 '면접관이 의사결정을 할 수 있도록 나에 대한 더 많은 정보를 제공하는 것'이다. 이처럼 진짜 목표와 문제를 파악하면 보다 창의적인 방식의 해결방안을 찾을 수 있

게 된다.

폭설로 직접 갈 수 없다면, 전화 면접을 제안하거나 보다 상세한 이력서를 우편으로 보내거나 혹은 회사가 원하는 정보를 다른 방식으로 전달할 수 있다. 이러한 접근 방법은 면접관에게 당신이 매우 창의적인 문제해결자라는 점을 부각 시킬 수도 있는 것이다.

항상 자신의 진짜 목표가 무엇인지 분석하는 것에서 시작해야 한다. 목표가 불분명하면 먼저 무엇이 문제인지 스스로에게 물어본다. 이 질문에 대답이 나올 때 까지 '왜', '무엇'을 반복하여 자문하면서 근본적인 진짜 문제를 찾아내고 진짜 목표를 확인해야 한다. 이때 비로소 문제를 해결하고 목표를 달성할 수 있는 여러 가지 대안들을 생각해 낼 수 있게 된다.

〈제3단계〉 협상 관련자: 상대방, 의사결정자, 제3자를 파악하고 목록을 작성하라

제3단계는 협상의 핵심 관계자들을 파악하는 일이다. 먼저 의사결정자가 누구인지, 의사결정자에게 직접적인 영향을 미치는 제3자가 누구인지 확인해야 한다. 의사결정에 중요한 관계자의 의견을 확인하지 않은 경우 협상 결과가 뒤집어 질 수 있으므로, 협상에 관여하는 숨겨진 제3자가 있는지 잘 살펴보아야 한다.

〈제4단계〉 협상 결렬/최악 상황: 협상 결렬 등 최악 상황을 예상하고 대비하라

제4단계는 만약 협상이 결렬되는 경우를 예상하는 과정이다. 다이아몬드 교수는 BATNA는 협상자로 하여금 자신의 목표를 달성하지 않은 채 '최선(best)'만을 강조하여 협상장을 떠나게 만들 수 있으므로, 협상장을 떠나기 전에 '최악(worst)'의 경우도 생각해 보라고 강조한다. 이른바

WATNA[3]를 제시하고 있다.

이처럼 최선의 대안부터 최악의 대안까지 모든 대안을 고려하여 협상에 임하면 합의에 도달할 가능성이 높다는 것이다.

〈제5단계〉 준비: 협상 관련 정보를 최대한 수집하라

제5단계는 협상을 준비하는 과정이다. 협상을 충실하게 준비하지 않는 것은 초보 운전자가 고속도로 경주에 참가하는 것과 마찬가지로 협상에서 문제만 일으킬 가능성이 높다.

마찬가지로 상대방 역시 협상 준비가 부족한 상태라면, 협상시 감정적으로 대응하고 덜 창조적이며 목표에 제대로 집중하지 못할 것이다. 이럴 때는 상대방이 진정하여 협상에 집중할 수 있도록 도와주어야 한다. 상대방에게도 '더 많은 것을 얻는 협상 모델'을 알려주어라. 상대방이 준비할 시간을 주고 당신도 더 준비할 시간을 가지면 된다.

양측에서 가치가 서로 다른 대상을 교환하는 방법을 안다면, 합의에 도달하여 모두가 더 많은 것을 얻을 수 있다. 협상에서 상대방이 만족할 만한 무엇인가를 얻어 가도록 해야 나중에 보복 가능성을 줄일 수 있는 것이다.

이상의 기본적인 준비가 끝났으면, 보다 더 의미가 있는 것은 제2분면에서 설명하기로 한다.

---

3) BATNA(the Best Alternative To a Negotiated Agreement, 협상 결렬시 선택 가능한 최선의 대안); WATNA(the Worst Alternative To a Negotiated Agreement, 협상 결렬시 선택 가능한 최악의 대안).

2. 제2분면: 상황 분석

제2분면은 협상 상황을 분석하는 과정으로 자신은 물론 협상 상대방의 머릿속에 있는 그림을 파악하는 것이다. 여기에서는 양측의 필요와 이해관계, 인식, 의사소통 방식 분석, 원칙과 방침 확인, 목표 재검토로 이루어진다(Diamond, 2012: 163-164).

〈제6단계〉 필요와 이해관계 파악: 양측의 필요와 이해관계는 무엇인가?

제6단계는 협상 양측의 필요와 이해관계를 파악하는 과정이다. 좀 더 넓게 말하면, 합리적이고 불합리한(또는 감정적인) 필요, 장기적이고 단기적인 필요, 공유되거나 갈등적인 필요 등이다. 목표(goals)가 '협상 결과로 얻고자 하는 것'이라면, 필요(needs)는 '목표를 원하는 이유'이다.

예로, 당신의 목표가 가족과 휴가를 보내고 싶어하는 것이라면, 필요는 배우자와 아이들을 행복하게 해주고 가치가 있는 특별한 시간을 갖도록 하는 것이다. 가족과 당신의 필요가 같다면 이를 충족시키기 위한 다양한 대안이 가능해진다.

마찬가지로 협상에서 당신과 상대방의 필요를 더 많이 확인할수록 더 많은 교환이 가능할 수 있게 된다.

〈제7단계〉 인식: 양측의 머릿속 그림들은 무엇인가?
〈제8단계〉 의사소통: 의사소통의 방식은 무엇인가?

제7단계와 제8단계는 서로 연관성을 갖고 있다. 제7단계인 인식(perceptions)은 상대방이 어떻게 세상을 바라보는가라는 것으로, 상대방의 입장에서 생각해보는 역할 전환이 필요하다. 상대방이 생각하고 느끼는 것은 무엇인가? 그들의 머릿속에는 있는 그림은 무엇인가?

제8단계는 인식을 명확하게 하기 위하여 당신이 상대방과 효율적으로 대화와 의사소통하는 방법에 관한 것이다. 상대방의 의사소통 방식(style)은 무엇인지, 상대방의 인식이 당신의 효율적인 의사소통 능력에 영향을 미치는지 알아내는 것이 중요하다.

〈제9단계〉 표준: 상대방의 규범적 표준은 무엇인가?

제9단계는 표준(standards)에 관한 것이다. 상대방이 의사결정이나 판단에 사용하는 고정적인 규범은 무엇인가? 상대방이 수용할 만한 또 다른 표준은 무엇인가를 파악한다.

〈제10단계〉 목표 재검토: 상대방의 찬성/반대로 목표조정이 필요한가?

지금까지 9단계 과정을 마무리하였다면 잠깐 멈추고 지금까지의 내용을 바탕으로 제10단계에서는 당신의 목표를 재검토할 필요가 있다.

상대방이 당신의 협상 목표에 찬성 또는 반대할 수 있는 이유를 생각해야 한다. 당신의 협상 목표가 상대방이 수용할 수 없는 비현실적인 것이라면 목표를 다시 조정할 수도 있다. 이상 제2분면까지 단계를 마무리하고 나면 당신은 제출할 만한 목록을 가지게 될 것이다.

3. 제3분면: 대안 선택과 위험 감소

이제부터는 제3분면에서 문제를 해결할 대안을 개발하고 우선순위를 결정하며 위험을 감소시키는 과정으로 이어진다. 대안 개발을 위한 브레인스토밍, 점진적 접근법, 제3자 확인하기, 구조 형성하기, 대안 마련을 포함한다(Diamond, 2012: 164-165).

〈제11단계〉 브레인스토밍: 목표 달성을 위한 대안은 무엇인가?

제11단계에서는 여러 대안을 개발하기 위하여 혼자 또는 동료들과 함께 브레인스토밍을 하는 것이다. 이때 제안한 대안을 비판하거나 비난하는 경우창의적인 대안 도출에 방해되므로 금지시켜야 한다.

어리숙한 제안이나 현실성이 없어 보이는 제안도 훌륭한 아이디어의 물꼬가 될 수 있으므로 좋든 나쁘든 모든 아이디어를 기록하고 하나씩 검토하는 것이 핵심이다.

다른 가능성과 연결될 수 있는 아이디어를 활짝 열어 놓아야 한다. 이런 과정이 반복될수록 보다 강력하고 효과적인 대안 개발이 가능해진다.

〈제12단계〉 점진적 접근: 점진적으로 제안하라
〈제13단계〉 제3자 파악: 협상에 영향 주는 제3자가 있는가?
〈제14단계〉 틀 형성: 설득할만한 틀을 만들어라

제12단계와 제13단계, 그리고 제14단계에서는 당신이 대안의 우선순위를 부여하고 최선의 대안을 선택하는 의사결정 과정을 개선하도록 도와주는 과정이다.

천천히 점진적으로 제안하거나 접근하는 것이 상대방이 가지고 있는 위험에 대한 인식을 줄여줄 수 있는지 생각해야 한다. 아울러 협상이 성공하거나 실패하는 데 영향을 미칠 수 있는 제3자가 있는지, 있다면 누구인지도 파악해야 한다.

제14단계에서는 정보의 묶음(package)이나 틀(frame)을 만들어 상대방을 설득할 수 있는 방법을 찾아내야 한다. 이때 상대방에게 하나의 비전을 제시해주는 것도 좋은 방법이 될 수 있다. 예로 6개월에 6%p 이익 증가라는 식의 '6 and 6 program' 같은 것이다.

〈제15단계〉 대안: 성공적 협상을 위해 대안을 개발하고 개선시켜라

제3분면의 마지막 단계인 제15단계는 지금까지 준비했던 정보와 지식을 바탕으로 성공적인 협상을 위해 대안을 개발하거나 기존의 대안을 개선하는 과정이다. 아울러 협상력의 균형을 변화시키거나 합의에 도달하기 위해 당신의 대안을 개선하는 과정이기도 하다. 경우에 따라서는 영향력있는 제3자의 도움으로 협상력 균형을 개선할 수 있다.

4. 제4분면: 행동

협상 모델의 마지막 단계인 제4분면에서는 협상에서 당신이 최선의 대안을 선택하여 양측 모두 그 대안에 서명하도록 하는 과정이다. 최선의 대안과 우선순위, 당신의 대안을 제안하기, 시간 관리 등 일련의 과정, 합의, 후속 집행 등으로 구성된다(Diamond, 2012: 165-166).

〈제16단계〉 최선의 대안과 우선순위 결정: 상호 수용가능한 대안을 선택하라

제16단계에서는 최선의 대안을 선택하는 과정이다. 최선의 대안과 우선순위는 상대방의 수용 가능성이 높은 것, 거의 위험해 보이지 않는 것,

당신의 목표에 다가갈 수 있는 것, 제3자도 지지할 수 있는 것, 그리고 미래에 대한 비전을 창출할 수 있는 것이어야 한다.

〈제17단계〉 제안 방식: 누구에게, 어떻게 제안할 것인가?

다음 제17단계에서는 협상에서 상대방에게 당신의 대안을 제시하는 방법에 관한 것이다. 제안하는 방식은 상대방의 성향에 따라 달라져야 한다. 두 세 줄의 이메일 보고서를 원하는 사람, 한 묶음의 보고서를 원하는 사람, 직접 대면하여 대화를 원하는 사람, 워드로 작업한 파일을 원하는 사람, 프리젠테이션을 원하는 사람 등 등 각자의 선호 성향이 다양하다.

사람들은 자신의 성향에 적합하지 않은 보고서나 제안에 대해서는 익숙하지 않아 흥미를 보이지 않거나 반감을 가지거나 거절하거나 심지어 적대감을 가지기도 한다.

따라서 보고서와 제안은 상대방의 성향을 고려하여 적절한 형식을 갖추어 제안하는 것이 바람직스럽다.

〈제18단계〉 절차: 의제, 마감 시한, 시간 관리에 신경을 써라

제18단계에서는 당신이 제안할 때 고려해야 할 절차들에 관한 사항이다. 의제, 마감 시한, 시간 관리 등 상대방이 당신의 협상 제안을 수용할 만한 기준(criteria)을 포함해야 한다. 당신이 정한 기준이 잘못되었다면 당신의 목표를 달성하는 데 불리하게 작용할 수 있다.

〈제19단계〉 계약과 추가 사항: 합의에 초점을 두어라

제19단계에서는 계약을 마무리하는데 상대방의 동의를 구하는 필수적인 단계이다. 여기에서는 상대방이 선호하는 계약 방식에 맞추는 것이 중요하다. 필요하다면 이 단계에서는 시간을 할애할 필요가 있다.

모든 협상 관계자가 확실하게 계약에 동의하였는가? 어떻게 이를 확인할 수 있는가? 계약을 이행하면 얻는 추가적인 혜택과 계약이 파기될 때 불이익은 무엇인가?를 확인해야 한다.

〈제20단계〉 후속 조치: 누가, 무엇을 이행할 것인가?

대단히 중요한 마무리 단계이며, 협상을 성공적으로 마무리하고서도 후속 조치를 제대로 하지 않아 협상이 실패하는 경우가 많다. 다음 단계로 무엇을 할 것인가? 이행시한은 언제인가? 누가, 무엇을 할 것인가? 협상이 마무리되고 이와 같이 실행할 후속 조치를 제대로 하지 않으면 사람들은 책임을 전가시키고 대안의 많은 것들은 잊혀 버리기 쉽다.

협상 팁 11

공동 소유지의 비극(the Tragedy of the commons)

☞ **우리가 어떤 재화 사용에 아무런 제한을 받지 않는 경우 어떤 일이 발생할까? 일명 공공재, 공유지의 비극을 말한다.**

1968년 12월 13일자 『사이언스』에 실렸던 하딘(G. J. Hardin)의 논문이 이 문제를 간파하였다. 하딘은 '공유지(公有地)의 비극'에서 개인주의적 사리사욕은 결국 공동체 전체를 파국으로 몰고 간다는 점을 다음과 같이 이야기하고 있다.

『한 마을의 목초지 사용에 모두에게 개방되어 있다. 소를 방목하는 마을사람들(목동)은 목초지에서 저마다 가능한 한 많은 소를 키우려고 할 것이다. 그들 각자는 '나의 소를 한 마리씩 더 늘려 가면 나에게 얼마나 이익이 생길까?'라는 질문을 던질 것이다. 소를 한 마리 더 늘리면 좋고 나쁜 점이 있다. ① 장점은 한 마리 소의 증가로 소를 팔면 거의 '+1'이라는 이득을 보기 때문이다. ② 단점은 소 한 마리가 더 늘어나면 그만큼 풀을 많이 뜯어먹어 풀이 점점 없어진다는 것이다.

하지만, 너무 많은 소를 방목하여 나타나는 단점은 모든 목동들에게 똑같이 나누어 부담된다. 즉, 40명의 목동이 있으면, 나에게 돌아오는 부담은 '-1/40'밖에 안 된다. 따라서 합리적으로 계산을 해보면, 소 한 마리 더 키워 '+39/40'라는 이득이 생긴다. 따라서 모든 목동들이 앞다투어 한 마리, 또 한 마리씩 …. 마침내 어느 날 목장에는 기겁할 일이 발생할 것이다. 그 많은 소들이 다 어디로 간 것일까? 과도한 방목으로 풀이 없어서 다른 곳으로 가 버렸거나 굶어 죽었거나 소가 소를 잡아먹은 결과일 것이다.』

'공유지의 비극'은 우리들에게 남을 희생시켜서라도 끊임없이 자기 이익과 권리만을 추구할 경우, 결과적으로 자신을 포함한 공동체 전부가 피해를 입게 된다는 교훈을 준다.

자료: www.naver.com/2015-02-24.
[네이버 지식백과] 공유지의 비극 [The tragedy of the commons] (철학사전, 2009, 중원문화).
* 저자가 원 출처의 내용을 바탕으로 보다 평이하게 개조하여 설명하였다.

☞ **해결 방법**

첫째, 지역 유지나 지주에게 목장의 소유권을 인정하여 관리하는 방법
둘째, 정부가 목장에 적정 소의 마리수를 결정하여 제한하는 방법
셋째, 자율적으로 당사자간에 해결하는 방법.

최선의 방법은 당사자간(목동 끼리)에 의사소통을 통하여 문제점을 인식하고 이를 해결할 필요성을 느껴 상호간의 대화와 양보를 통한 타협점을 찾아내는 방법이다. 이 경우 무엇보다도 중요한 것은 타협 결과에 대한 존중과 신뢰 및 이행이다. 이행하지 않으면 더 이상 자발적인 해결은 이루어지지 못해 타의에 의한 강제적 해결방법이 동원될 뿐이다.

타인에 의한 통제로 자율성이 상실되거나 제약을 받으면 그때야 후회하고 상대방에게 그 책임을 뒤집어 씌워 공격하게 되지만, 이미 때는 늦었다.

제 Ⅳ 편

협상의 술수와 대응전략

자녀에게 충고해 줄 수 있는 최선의 방법은, 자녀가 진정으로 바라는 것이 무엇인지 알아서 그것을 잘 이룰 수 있도록 충고해 주는 것이다.

트루만, Harry Shippe Truman

우유부단한 습관으로 가득찬 사람보다 더 비참한 사람은 없다.

제임스, William James

제12장 까다로운 협상자 대응전략

제1절 다섯 가지 협상 장애와 극복전략

제2절 다섯 단계 성공전략

제1절 다섯 가지 협상 장애와 극복전략

1. 다섯 가지 협상 장애

협상이 항상 우호적인 상황에서 진행되는 것은 아니다. 유리는 협상이란 자신의 이해관계 일부에 대하여 상대방이 반대하는 경우 상대방과 합의를 이끌어내기 위한 의견 교환과정(Ury, 1993: 4)이라고 말한다. 하지만, 협상은 상호작용적이기 때문에 협상시 난관에 봉착할 수 있다. 어떤 사람들은 협상의 실패 원인이 자신보다는 상대방에게 있다고 말할 수 있다.

이와 관련하여 대표적인 협상 전문가인 유리(Ury, 1993)는 그의 저서 「반대를 극복하는 협상전략, Getting Past No, 1993」에서 합의를 방해하는 요인에 대하여 크게 다섯 가지를 제시하고 있다. 즉, '상대방에 대한 자신의 대응 태도, 상대방의 감정, 상대방이 주장하는 입장의 내용, 상대방이 가지는 불만요소, 그리고 상대방의 협상력'이다.

본 장에서는 유리의 저서 내용과 저자의 설명을 추가하면서 요약하여 설명하므로, 좀 더 구체적인 내용은 원 저서를 참조하기 바란다.

2. 다섯 가지 장애 극복전략

협상은 상호 만족을 가져올 수 있는 대안에 합의를 이끌어내는 상호작용과정이다. 유리(Ury, 1993)는 앞에서 설명한 호혜적 협상 방해 요인 다섯 가지와 이를 극복하는 전략을 제시하고 있다. 즉, 상호 만족스러운 합의를 이끌어내는 '직통도로'가 어려운 경우, 지그재그로 장애를 극복해나가는 '우회도로 전략'을 제시하고 있다. 핵심은 협상이 난관에 봉착하였을 때, 본능적으로 '맞대응' 하지 말고, 본능과는 반대로 행동하는 '간접적 행동'을 하라는 것이다.

이를 위해서는 앞에서도 여러 번 강조하였듯이, 성공적인 협상을 위해서는 함께 문제를 해결해가는 동반자 의식(파트너십)이 중요하다. 아울러 극복 전략은 아래에서 설명하는 단계대로 과정을 지켜야 하며, 상황에 따라서는 반복적으로 단계를 되풀이할 수도 있음을 강조하고 있다. 특별히 협상의 성공 마법은 없으므로 '인내심과 끈기'로 난관을 돌파하라고 주문한다.

앞에서 언급한 다섯 가지 장애 요인을 극복하기 위해서는 '발코니로 나가 긴장을 풀어라, 상대방의 입장에서 생각해 보아라, 협상의 틀을 새롭게 변화시켜라, 상대방에게 황금다리를 놓아주어라, 그리고 자신의 협상력은 상대방을 교육시키는 데 이용하라'고 제안한다.

3. 요 약

이하에서는 이러한 장애 요인과 극복전략을 중심으로 유리(Ury, 1993)의 저서 내용을 재정리하고 인용하면서 틀은 유지하지만, 독자들이 이해하기 쉽도록 좀 더 평범한 용어로 바꾸어 간략 간략하게 추가하거나 보완하여 설명하고자 한다.

이상의 내용을 요약하여 먼저 표로 제시하면 다음과 같다. 즉, 협상의 목표는 다함께 문제를 해결하는 것이며, 이를 위해서는 협상자들이 함께 마주 앉아 문제 해결을 위한 공동 운명체라는 인식을 공유한다. 이것은 '협상자들에게는 부드럽지만, 협상 문제에 대해서는 엄격하게'라는 논리와 같다.

표 12-1 협상의 장애 요인과 극복전략

협상 목표: 함께 공동 문제 해결	협력의 장애 요인	전략: 난관 극복
• 협상자들이 함께 나란히 마주 앉기	□ 자신의 대응태도 □ 상대방의 감정	1☞ 발코니로 나가라 2☞ 상대편에 서 주어라
• 문제를 앞에 놓기	□ 상대방의 입장	3☞ 협상틀을 바꾸어라
• 서로 만족할 만한 대안에 도달하기	□ 상대방의 불만 □ 상대방의 협상력	4☞ 황금다리를 놓아 주어라 5☞ 상대방 교육에 협상력을 사용하라

자료: Ury, 1993: 7.

협상 목표를 달성하기 위하여 각자의 문제가 아니라 공동의 문제라는 인식을 위하여 함께 해결해야 할 문제를 서로 앞에 놓는다. 그리고, 협상 과정을 통하여 공동의 문제를 해결하기 위한 합리적인 대안에 대하여 합의를 한다. 이를 위해서는 다섯 가지 협상 장애 요인을 극복하기 위하여 다섯 가지 난관 극복전략을 현명하게 구사할 필요가 있다(Ury, 1993: 6-14).

제2절 다섯 단계 성공전략

1. 제1단계: 발코니 전략

1) 상대방의 공격적 협상 행동

상대방이 까다롭게 협상조건을 제시하거나 공격하는 등 참기 곤란한 상황을 만드는 경우이다. 상대방은 협상에서 당신이 맞대응하는 방식으로 반격을 하도록 유도하거나, 당신을 자꾸 귀찮게 함으로써 협상을 빨리 끝내고 싶어 하게 만들어 항복하다시피 많은 양보를 얻어내려고 하거나, 더 이상 협상을 하지 않고 단절하도록 만드는 전략을 사용할 수 있다. 상대방의 이러한 협상 태도와 행동은 협상자 모두에게 정신적으로나 금전적으로 값비싼 대가를 치르게 된다.

유리는 당신을 화나게 만드는 상대방의 전술(tactics) 세 가지를 지적하면서 이를 극복할 전략을 제시하고 있다(Ury, 1993: 39-41).

(1) 외고집 행동

이 전술은 일체의 타협을 거부하는 행동으로 자신의 요구와 조건을 조금도 양보하거나 변경할 수 없다는 점을 분명히 하여 자신의 입장을 강요하는 전략이다. 자신의 입장과 조건을 기정사실화하여 받아들이거나 협상장을 떠나라는 최후통첩식 전술을 구사하는 것이다.

(2) 공격적 행동

이 전술은 상대방이 의도적으로 당신을 협박하거나 불안하게 만들어 자신의 요구에 굴복하도록 압력을 가하는 것이다. 즉, 자신의 요구를 받아들이지 않으면 큰 문제가 발생하거나 후회할 것이라고 말하거나 당신을 믿을 수 없다고 말하거나 모욕을 주거나 난폭하게 구는 행동을 보일 수 있다.

(3) 속임수 행동

이 전술은 당신을 속여 항복을 받아내려는 것이다. 상대방은 당신이 자신을 믿고 있는 경우 거짓말을 하거나 복잡한 수치를 조작하여 사용하는 것이다. 또는 자신의 권위를 포장하여 당신이 양보하도록 만든 뒤 최종 결정권은 다른 사람이라고 말하거나 마지막 순간에 자신에게 유리한 조건을 슬쩍 끼워넣어 동의한 것처럼 말하는 전술도 포함된다.

2) 당신의 비협상적 대응 태도

상대방이 까다롭게 협상 조건을 제시하거나 공격하는 등 참기 곤란한 상황에 직면하면 사람들은 스트레스를 받으면서 감정적으로 반응하려는 유혹에 빠지게 된다.

이러한 상황에서 협상자가 대응할 수 있는 방법은 세 가지가 가능하다(Ury, 1993: 33-36).

하나는 특별한 협상전략이 아니면서 감정에 치우쳐 맞대응하고 반격하는 첫 번째 방법이다. 이것은 더 까다로운 협상 조건을 제시하거나 상대방을 비난하거나 협상장을 박차면서 나가고 싶어지는 것이다. 이러한 협상 태도와 행동은 작용과 반작용의 악순환으로 이어지면서 양측 모두 상처만 입게 되는 패자가 되기 쉽다. 경우에 따라서는 상대방에게 더 공격적이거나 당신 때문에 협상을 망쳤다는 변명거리를 제공하거나, 상대방의 그릇된 행동에 대한 구실을 제공할 수도 있다. 협상의 본질이 아닌 감정과 자존심 싸움으로 변질될 가능성이 높다.

두 번째 방법으로 상대방의 요구에 순응하면서 인간관계에 치중할 수도 있다. 자신의 협상 내용을 면밀하게 검토하지도 않고 항복하다시피 동의해주어 나중에 '당했다'는 것을 알게 된다.

마지막 방법으로 모든 관계를 단절하는 대응전략도 있을 수 있다. 그러나, 관계를 단절하는 것은 대부분 금전적으로나 감정적으로 값비싼 대가를 치르기 쉽다. 이러한 행동 전략은 상대방의 행동을 잘못 해석하거나 그 사람을 이해하려는 노력이 부족 때 나타나기 쉽다.

위와 같은 세 가지 방법은 모두 상대방의 전술에 휘말려드는 결과이다. 상대방의 전술에 반사적으로 대응하다보면 협상자는 협상 목표를 잊어버리며 이성을 잃게 되어 상대방의 전략과 전술에 휘말릴 가능성이 높아 결국에는 상대방은 물론 당신 자신도 패자로 남게 된다.

3) 성공적 협상전략: 발코니로 나가라

(1) 상대방 전략 파악하기

협상에서 성공하기 위해서는 무엇보다도 상대방의 전략을 간파해야 한다. 외고집을 부리는 경우에는 상대방의 조건에 타협의 여지가 있음을 간파할 수 있다. 공격적 행동을 하는 경우 상대방의 전술에 휘말려 두려워하거나 불안할 필요가 없어지게 된다. 속임수를 쓰는 경우에는 상대방의 여러 가지를 면밀하게 관찰해야 한다. 과거 그의 행동이나 발언과 비교하거나 얼굴 표정, 몸짓, 어조 등이 이상하지 않는지 관찰한다. 초조해하지 않는지, 목소리가 너무 높아지는지, 어색한 미소를 짓는지 등을 세심하게 관찰한다.

유리는 상대방의 전략을 지나치게 의심하고 무장하라는 것이 아니라, 최선의 방법은 경계를 게을리 하지 말고 어떤 전략인지 면밀하게 간파하여 무력화하도록 노력하라고 당부한다(Ury, 1993: 41-43).

(2) 자신의 감정적 약점 파악하기

상대방의 전략을 약화시키기 위해서는 자신의 감정도 파악해야 한다. 손발이 떨리거나 심장이 뛰거나 얼굴이 붉어지거나 손바닥에 땀이 나면 당신도 침착하지 못하고 있다는 증거이다. 당신은 스스로 당신의 감정적 약점을 잘 알고 있을 것이므로 이에 대비해야 한다.

이때야 말로 당신이 발코니로 나갈 시간이다. 심호흡을 하면서 마음을 진정하고 차분하게 협상 상황을 다시 한번 냉정하게 바라보면서 상대방의 전략과 당신의 대응전략을 모색해야 한다.

상대방의 공격을 받고 있을 때 유용한 또 다른 방법의 하나는 상대방보다 자신을 높게 평가하는 것이다. 즉, 상대방은 당신보다 멋지게 처신할 줄 모른다고 생각하면서 맞대응하지 말고 자기 주장을 협상의 기본 원칙대로 이끌고 가려고 노력하는 것이다.

이와 관련하여 레위키 등(Lewicki et al., 1999: 354; 안세영, 2010: 91 재인용)은 협상자가 자신의 감정을 통제하는 방법을 소개하고 있다.

1. 협상 중에 감정이 생기는 것에 너무 걱정할 필요 없다. 협상자도 인간이라는 것을 이해해야 한다.
2. 감정이 발생하면 자신뿐만 아니라 상대방의 감정도 동시에 관찰하라.
3. 적절한 수준으로 적절한 방법으로 자신의 감정을 표현하라. 이것이때로는 협상자의 솔직함과 진지함을 알리는 계기가 될 수 있다.
4. 상대방이 감정을 격하게 노출하면, 마음껏 노출하도록 내버려두어라.
5. 협상 양측 간에 감정이 너무 격회되면, 냉각시간을 가져라.
6. 협상 중에 아무리 감정이 격해지더라도 상대방을 부드럽게 대해야 한다.

(3) 발코니로 나가라

첫째, 잠깐 멈추고 말을 하지 마라.

협상이 긴장의 연속으로 이어지는 경우 발코니로 나가는 첫 번째 방법은 잠깐 동안 아무 말도 하지 않는 것이다. 스트레스를 받거나 흥분되면 몸의 생화학적 변화로 실수를 하게 되므로 몇 초만이라도 여유를 가져라. 잠깐만이라도 객관적으로 사실을 바라볼 수 있도록 한 박자 쉬어라. 상대방이 계속 고함을 지르면 팔짱을 끼고 의자에 편하게 기대어 맘껏 상대방 자신에게 소리 지르는 것으로 이해하면서 기회를 준다(Ury, 1993: 45-46).

둘째, 테이프를 되돌려라.

말을 멈추는 것은 잠깐의 시간일 뿐이므로, 더 많은 시간을 벌기 위해서는 협상 테이프를 되돌리는 것이다. 즉, 이미 이야기 한 것을 다시 한번 질문하거나 설명한다. 이때 상대방은 반복 설명하다가 자신의 전략이나 논리나 주장의 약점을 노출할 수도 있다. 협상 속도를 늦추는 방법으로 협상 내용을 기록하는 것이다. 훌륭한 협상가는 약간 느리고 둔하게 보이는 것이 더 유리하다는 것을 잘 알고 있다(Ury, 1993: 46-48).

셋째, 휴식시간을 가져라.

마라톤 협상은 양측을 피곤하게 만들고 감정적인 자극과 응수가 이루어지는 경우가 많다. 이때는 발코니로 나가야 한다. 생각할 시간이 더 필요한 경우, 자기 팀끼리 회의를 하겠다고 말하면서 잠시 휴식 시간을 가지는 것이 좋다. 또는 협상장에 다른 팀원을 투입하여 교체시키면서 협상에 몰입했던 팀원을 발코니로 내보내 협상에 집중하도록 시간적 여유를 주는 것도 훌륭한 전략이다(Ury, 1993: 48-49).

넷째, 즉석에서 중요한 결정을 하지마라.

협상을 테이블에 마주 앉아 진행하는 경우 상대방의 요구에 동의해 주어야 한다는 심리적 부담이 발생하기 쉽다. 따라서, 중요한 결정은 즉석에서 하지 말고, 발코니로 나가라. 검토할 시간적 여유를 달라고 말하라. 경우에 따라서는 내일 또는 몇 시간 뒤에 결정하자고 제안하라. 변호사 등에게 자문할 필요가 있다고 말하라. 상대방이 사두를 때일수록 조심해야 하며, 상대방의 마감시간을 일부러 지연시키면서 상대방의 태도를 주의깊게 관찰하라(Ury, 1993: 49-50).

(4) 결론: 발코니로 나가라

결론적으로 상대방이 당신을 화나고 짜증스럽게 만들지라도 화내지 말고, 보복하려고 하지 말고, 당신이 원하는 것만 얻으려는 데 열중하라. 마음의 진정을 위하여, 협상 상황을 되돌아보기 위하여 '마음의 발코니로 나아가라'.

여기에서 '발코니'란 '자기 자신을 어떤 일에서 정신적으로 조금 떨어져 있게 한다'는 의미이다. '발코니로 나가라'는 뜻은 '당신 자신을 충동과 감정으로부터 격리시킨다'는 것이다(Ury, 1993: 38).

협상 중 어려움에 봉착할 때 유용한 방법은 한 발짝 뒤로 물러서서 상황을 점검하고 제3자적 입장에서 사태를 다시 한번 바라보는 것이다. 협상을 진행하는 무대를 멀리 위에서 바라볼 수 있는 발코니를 상상하면 이해가 쉽다. 이 곳에서 협상장을 내려 보면서 차분하게 쟁점을 관찰하고 전략을 구상하는 것이다.

발코니로 나가는 것은 협상을 준비할 때도, 협상 중에도 그리고 협상이 끝날 때까지 자주 사용해야 한다. 곧 차분하고 냉정하게 협상에 임하는 것을 말한다. 잠깐의 휴식이야말로 협상에서 당신이 주도권을 잡을 수도 있는 소중한 시간이다.

2. 제2단계: 상대편에 서주기 전략

1) 상대방의 감정적 공격 행동

당신이 원칙협상 태도와 행동을 보임에도 불구하고 상대방은 비협조적인 협상 태도와 행동을 보이는 경우이다. 상대방의 부정적인 행동의 원인은 분노, 두려움, 적대감, 불신 등 다양할 수 있다. 협상을 승패 게임으로 보거나 약육강식으로 인식하거나 자신은 항상 옳다고 생각하거나 야비한 술수를 사용하는 것이 정당하다고 생각 할 수도 있다.

특히 당신을 불신하거나 부정적 감정을 가지게 되면 더 이상 협상 진행이 어렵게 될 수 있다. 이러한 협상자를 만나게 되면 원만한 협상은 난관에 봉착할 수 있다(Ury, 1993: 38).

2) 성공적 협상전략: 상대편에 서 주어라

(1) 상대편에 서 주기

첫째, 상대방을 무장해제 시켜라.

상대방의 감정이 격해지면 논리적으로 따지고 설득해도 '쇠귀에 경읽기'이다. 이때는 상대방을 무장해제 시켜야 한다. '무장해제'란 '상대방의 적대적 감정을 없애주는 것'이다((Ury, 1993: 54). 상대방의 감정을 인정해주어 기분을 가라앉혀야 한다. 상대방이 예상하는 것과 반대로 행동해야 한다. 압력을 가하지 말고, 대항하지도 말고, 그의 편에 서주어라.

둘째, 상대편에 서 주어라.

상대편에 서 준다는 것은 상대방이 말하는 요점과 감정을 들어주고, 상대방의 능력과 지위를 인정해주고, 가능한 범위 내에서 동의해주는 것이다(Ury, 1993: 54).

> "제가 당신 입장이라면 저도 똑 같이 화를 냈을 것입니다."
> "당신이 어떻게 생각하는지 잘 알겠습니다."

(2) 적극적으로 경청하기

첫째, 상대방의 말을 경청하라.

누군가의 말을 잘 들어주는 것은 가장 어렵지만 그만큼 가장 적은 비용으로 보상 받을 수 있는 양보일 수 있다. 사람들은 모두 상대방으로부터 이해받고 싶은 욕구를 가지고 있기 때문이다. 이 욕구를 충족시켜주는 것은 협상에서 당신이 주도권을 쥐게 할 수도 있다.

경청은 인내심과 반복적인 훈련이 필요하다. 상대방이 화가 나 있으면, 도중에 그의 말을 가로채지 말고 그의 불평을 들어 주어라.

둘째, 상대방의 말을 반복하면서 정정을 요청하라.

상대방이 한 말에 대하여 당신이 이해한 것을 요점으로 정리하여 다시 말하는 기술이며, 당신의 이해가 잘못이 있으면 정정해달라고 하라. 이 방법이야말로 협상가에게는 매우 유용한 기술 중의 하나임을 명심해야 한다(Ury, 1993: 58). 다만, 당신의 견해를 덧붙이거나 상대방의 잘못된 점을 지적하여 깨닫게 해주면 안 된다.

셋째, 입을 막고 귀를 열어라.

말을 많이 하면 당신의 협상 정보가 새어 나가지만, 귀를 열면 상대방의 협상 정보가 흘러 들어온다. 훌륭한 협상가는 말하기보다 훨씬 많은 말을 듣는 사람이라는 사실을 명심하라.

(3) 상대방 견해 인정하기

첫째, 상대방의 견해를 인정하라.

상대방의 말을 경청한 후에는 그의 견해를 인정해 주어라. 인정한다는 것은 동의한다는 것이 아니라, 상대방의 생각이 무엇인지 알았다는 뜻을 전달한다는 것이다(Ury, 1993: 58).

"무슨 말씀인지 알겠습니다."
"무슨 말씀인지 이해하겠습니다."

둘째, 상대방의 생각을 선수쳐라.

상대방의 생각을 인정하는 가장 놀라운 방법은 상대방의 생각을 선수치는 것이다. 즉, 상대방의 입장에 서서 상대방이 걱정하거나 의심하거나 오해하는 것이나 원하는 것을 먼저 말하여 걱정이나 의심이나 오해를 없애 우호적인 분위기를 만드는 것이다.

셋째, 당신의 책임 부분만큼 용기 있게 사과하라.

다음으로 상대방의 책임이 많이 있다고 하더라도 당신이 책임질 부분에 대해서는 용기 있게 사과하라. 너무 미적지근하게 사과하거나 당신 자신을 비난하는 사과는 하지마라.

넷째, 당당하게 상대방을 인정하라.

상대방의 견해를 인정하는 것은 당신의 나약함을 내비치는 것이 아니라 오히려 당신이 강하다는 것을 보여주는 것이다. 상대방의 견해를 인정할 때는 자신감을 가지고, 합리적인 표정으로, 냉정하고 자신있는 어조와 태도로, 몸을 똑바로 하고, 상대방의 눈을 마주보며 인정하라(Ury, 1993: 62).

명심할 것은, 당신이 상대방의 의견을 진정으로 인정하는지 여부를 상대방은 잘 안다는 사실이다.

(4) 가능한 범위 내 동의하기

첫째, 양보하지 말고 동의하라.

상대방의 말을 들어주고, 그의 생각을 인정(acknowledge)해 주었다면, 다음은 동의(agree)해주는 것이다. 이 말은 양보하거나 상대방이 승리한다는 것을 허용한다는 의미가 아니라 가능한 범위 내에서 그의 의견을 인정한다는 것이다.

둘째, '네'라고 말하는 기회를 만들어라.

상대방에게 양보하지 말고, 기회가 오는 대로 '네'라고 말 할 수 있도록 대화를 이끌어내라. 당신도 상대방 의견에 '네'라고 말하며, 상대방도 역시 당신의 의견에 '네', '맞아요', '그래요'라고 대답하도록 질문을 하라. 서로간의 긴장감을 완화시켜 협상 분위기를 우호적으로 만들 것이다.

셋째, 상대방의 파장에 주파수를 맞추어라.

상대방의 행동이나 자세, 발언 방식 등을 모방하는 것이 아니라 의사전달 방식이나 표현 방식을 흡사하게 하여 상대방의 파장에 주파수를 맞추는 것이다. 목소리를 높이거나 낮추거나, 말하는 속도를 조절하거나, 몸을 앞으로 숙이거나 등 보조를 맞추는 것이다(Ury, 1993: 65).

상대방 = "저는 그것이 틀렸다고 생각합니다."
당신 = "저도 마음이 편하지는 않습니다.", "저도 조금은 이상하다고 생각합니다."

(5) 상대방을 인간으로 인정하기

첫째, 상대방을 진정으로 인정하라.

상대방의 말을 들은 후에 그의 말을 인정하고, 가능한 범위 내에서 동의했다면, 당신은 사실상 상대방을 한 인간으로 인정한 것이다. 상대방을 인정한다는 것이 상대방의 행동을 인정한다는 뜻은 아니다. 상대방이 의견을 가지고 있으며, 감정도 있고, 자기 주장을 하는 사람이며, 자기 주장에 동의해주면 좋아한다는 사람이라는 것을 인정한다는 것이다. 당신이 상대방을 인정해줌으로써 상대방의 당신에 대한 인식 내용을 변화시키는 것이다. 자신에게 적대적으로만 알고 있던 당신을 우호적인 사람으로 인식시키는 것이다(Ury, 1993: 66-67).

둘째, 상대방의 권위와 능력을 인정하라.

상대방이 가지고 있는 직책, 지위, 권위, 우수한 능력, 훌륭한 업적 등을 언급하거나 인정하여 적대적인 상대방을 무장해제시키는 것이다.

셋째, 평소에 상대방을 인정하는 기회를 만들어 두어라.

협상이 이루어지기 오래 전에, 또는 협상이 시작되기 전이나 협상중이거나 협상이 끝났을 때도 상대방과 담소하여 우호적인 협력관계를 만들어 두어라.

(6) 상대방 자극없이 견해 말하기

첫째, '양자택일'이 아닌 '양자 모두' 자세를 가져라.

이제는 상대방이 당신의 말에 귀를 기울이도록 해야 한다. 이를 위해서는 '양자택일(either/or)'이 아닌 '양자모두(both/and)' 자세를 가져야 한다. 즉, 당신이나 상대방 중 한 쪽이 옳은 것이 아니라, 상대방과 당신 모두 각 자의 경험에 비추어 모두 옳을 수 있다는 자세가 중요하다(Ury, 1993: 69).

"당신이 그렇게 생각하는 것은 당신의 경험에 비추어 타당하다고 생각합니다. 그런데, 제 경험에 비추어보면 제 생각은 이렇습니다."

둘째, 반대할 때, '그러나'가 아니라 '그렇습니다. 그리고'라고 시작하라.

상대방이 다른 의견을 말하면, 먼저 '네. 알겠습니다.'로 상대방의 의견에 동조한 연후에 당신의 의견을 말하라. 상대방의 의견을 직접 반박하지 말고, 덧붙이는 식으로 말하라(Ury, 1993: 69-70).

"저도 당신이 주장하는 것에 동의합니다.",
"저도 그 점을 존중합니다. 그리고, 한 가지 말씀드린다면, 제 생각에는……."

셋째, '너는, 당신은'이 아니라, "나는, 저는…" 식으로 말하라.

당신의 의견을 말할 때, "당신은(너는) …… "로 시작하면, 상대방을 비난하는 것이며, 상대방의 반발만 사게 된다.

밤에 12시를 넘겨 매우 늦게 귀가한 대학생 자녀에게 부모가 말하는 경우이다.

"OO야, 너는 네 생각만 하니? 네가 어제 늦게 와서 잠도 제대로 못 자 무척 피곤해. 너는 가족 생각은 하지도 않니? 전화라도 해주면 어디 덧나니?"

당연히 상대방의 잘못이나 결점에 초점을 맞추어 상대방을 비난하는 표현이므로 잘못을 알고 있는 자녀라도 화를 내고 공격하거나 잔소리로 치부하여 대꾸도 하지 않을 것이다.

"OO야, 나는 네가 연락도 없이 늦어 무척 걱정했단다. 요즈음은 밤길이 무서워 무슨 사고라도 나지 않았나 걱정하니 잠도 못 자겠더라. 혹시라도 전화가 올까 봐 전화기를 곁에 두고 바라만 보았단다."

상대방을 공격하거나 비난하는 것이 아니라 당신의 경험이나 생각을 표현하는 것이다. 자녀는 늦은 사정을 말하거나 미안하다고 말하거나 최소한 미안한 마음이라도 가져 다음에는 다른 행동을 보일 가능성이 높다.

"저는(나는……)"식의 표현은 상대방의 단점에 초점을 두는 것이 아니라, 당신의 희망, 관심, 감정, 바램에 초점을 두고 당신의 경험을 간접적으로 우회적으로 표현하는 지혜로움이다(Ury, 1993: 70-71).

넷째, 자신을 옹호하라.

자신을 옹호한다고 해서 상대방을 인정하는 것을 부정하는 것이 아니다. 상대방의 의견을 인정하면서 자신의 의견을 분명하게 표현하는 것이다.

예로 저녁 식사 약속으로 외출할 때 아이가 보모와 함께 있기를 거부하는 경우, "엄마 아빠도 오늘밤 너와 함께 있기를 원하는 것을 안다. 하지만 오늘 우리는 친구와 약속이 있으니, 내일 저녁은 너와 함께 저녁을 먹을 께"라고 말하여 상대방의 의견을 인정하고 자신의 의견을 분명하게 옹호하는 것이다.

다섯째, 낙관적으로 상대방과의 차이점을 인정하라.

상대방의 의견에 동의를 한다는 것이 당신의 다른 의견을 묵살하라는 것은 아니다. 경우에 따라서는 당신의 다른 의견을 솔직하게 터놓고 말하는 것이 서로를 편하게 만들 수 있다. 이 경우 대담하게 상대방의 의견을 인정하고 당신의 다른 의견도 말하되, 대담하게 서로의 다른 의견을 해결할 수 있다는 낙관적인 태도를 보여라.

(7) 우호적인 분위기 만들기

협상의 장애 요인은 당신에 대한 상대방의 의구심, 적대감, 존경심 부족, 당신의 말을 들으려 하지 않는 태도 등이다. 이 경우 최상의 전략은 상대방의 편에 서 주는 것이다. 상대방의 입장을 인정하고 우호적인 분위기를 만들어 장애 요인을 누그러뜨리면서 협상 대화를 만들어가야 한다. 일단 대화가 가능해지면 앞에서 설명한 다양한 상황에 맞게끔 적절한 협상 전략을 구사해야 한다(Ury, 1993: 73-75).

3. 제3단계: 협상게임 틀 바꾸기 전략

1) 상대방의 경성입장 협상 태도

협상은 공동의 갈등 문제를 공동의 문제로 인식하고 호혜적으로 문제를 해결해 가는 과정이다. 하지만, 상대방은 협상에 대한 그릇된 인식으로 자신의 입장만을 강조하면서 자신의 제안을 받아들이도록 강요하고 압박할 수 있다. 협상은 자신이 아니라 상대방이 양보하거나 항복하는 것이 협상의 본질이요 협상의 목적이라고 인식하고 있을 수 있다.

이러한 협상가는 자신의 입장만 강조하고 상대방의 입장이나 이해관계는 안중에도 없어 협상에서 큰 걸림돌로 작용하게 된다. 문제를 해결하는 협상으로 유도하는 방법은 무엇일까?

2) 성공적 협상전략: 협상게임의 틀을 바꾸어라.

(1) 게임의 틀을 바꾸기

여기에서 '틀을 바꾼다'는 말은, '상대방이 그 자신의 입장에서 벗어나 서로 이해관계가 합치되는 점을 찾는데 주의를 기울이도록 만드는 것'이다. 창의적인 대안을 생각해 낸 다음 공정한 기준으로 대안을 선택하도록 만드는 것이다(Ury, 1993: 78).

상대방의 주장을 직접적으로 반대하지 말고, 그 주장을 화제로 삼아 함께 관심을 가져준다는 믿음이 생기도록 대화와 논의의 주제로 삼아라.

"아, 좋은 말씀인 것 같네요.",
"왜 그렇게 주장하시는 거죠?",
"제가 이해하기 쉽도록 좀 더 자세하게 설명해 주시겠어요?",
"제가 어떻게 하면 동료나 상사 등을 설득할 수 있을까요?",
"더 좋은 방법은 없을까요?"

(2) 문제해결에 관하여 질문하기

첫째, "왜?"라고 질문하라.

상대방의 입장을 좋은 정보로 생각하고 더 많은 정보를 얻기 위하여 가능하면 많은 질문을 하라. 상대방은 자신의 말을 인정해주는 것에 만족하며 대화를 계속한다. 양파 껍질을 하나씩 벗기듯이 하나씩 질문해 나간다. 이때 당신이 상대방의 말에 관심이 있고 존경한다는 어조, 표정, 몸짓 등에 신경을 써야 한다(Ury, 1993: 81).

"어떤 문제죠?",
"어떤 것이 걱정되시는 거죠?",
"왜 그렇게 되는 거죠?",
"이해가 잘 안 되는데 좀 더 쉽게 설명해 주시겠어요?",
"왜 그러시는지 알고 싶습니다.",
"왜 그것이 공정하다고 생각하시는 거죠?",
"당신의 주장이 타당한 이유는 뭐죠?"

둘째, "왜 안 되는지", "만약에"를 사용하라.

상대방이 자신의 입장을 자세하게 설명하지 않거나 소극적이면, 당신의 의견을 제시하면서 상대방의 평가를 요구한다. 상대방의 의견을 인정하고, 당신의 의견을 제시하면서 함께 검토하자고 제안한다.

> "왜 이러한 의견은 안 되는지요?",
> "만약에 이러한 의견이라면 당신은 어떻게 생각합니까?"

셋째, 상대방에게 충고를 요청하라.

상대방과 대안을 논의하기 위하여 충고를 요구한다. 이러한 대화 방법은 상대방의 능력과 지위 등을 인정하는 것과 마찬가지이므로 상대방은 기분이 좋아져 협상에 집중하게 될 것이다. 충고를 구하는 것은 협상 게임의 틀을 바꾸는 매우 유용한 방법이다(Ury, 1993: 84-85).

> "제가 어떻게 하면 좋다고 생각하십니까?",
> "만약 당신이 저라면 어떻게 하시겠습니까?",
> "저의 상사에게 뭐라고 말씀하면 좋을까요?"

넷째, '왜 공정한가?' 질문하라.

상대방의 제안이나 입장 등이 당신이 생각하기에는 매우 불합리하거나 터무니없는 경우도 있을 것이다. 이때 당신은 단번에 상대방의 입장이 엉터리라는 생각으로 일언지하에 '엉터리 같은 소리, 말도 안 되는 것', '너무 어이가 없네요', 등으로 응대하고 싶을 것이다.

이러한 대응은 협상을 계속하지 않겠다는 것과 마찬가지이다. 상대방도 당신도 감정만 상해서 더 이상 대화를 계속할 수 없는 것은 자명한 일이다. 협상이 아니라 이제부터는 서로를 공격하고 비난하며 헐뜯는 감정

싸움, 자존심 싸움으로 변질될 것이다.

상대방의 입장이나 제안이 다소 불합리하고 마음에 들지 않더라도, 일단 상대방의 입장을 인정하는 것이다. 앞에서도 강조하였지만, 인정한다는 것이 상대방의 입장이 옳다고 인정하는 것은 아니고, 단지 상대방의 말을 알아들었다, 이해하였다는 의미이다.

바람직스러운 대화 방법은, 상대방이 주장한 입장이나 제안이 왜 공정하다고 생각하는지 질문하라. 상대방이 객관적으로 공정한 기준이나 논리를 제시하면 당신이 수용하면 되는 것이다.

만약 상대방이 공정하거나 합리적인 기준을 제시하지 않으면 이제 당신이 보다 공정하고 객관적인 기준을 제시하여 협상을 주도해 나가면 되는 것이다.

"당신의 주장이 공정한 해결방법이라고 믿는 이유가 있을 텐데, 그 근거나 이유를 저에게 설명해주시겠습니까?"

다섯째, '끝이 열려있는' 질문을 하라.

문제 해결에 도움이 되는 질문은 끝이 열려 있어야 한다. 즉, '아니오'라고 대답하지 않도록 하는 질문이어야 한다.

'아니오' 대답 질문의 예: "… 입니까?", "… 아닙니까?"
"… 할 수 있습니까?", "… 할 수 없습니까?"

이와 반대로 상대방이 자신의 생각이나 대안이나 아이디어를 말하도록 아래와 같이 '끝이 열려 있는' 질문을 해야 한다(Ury, 1993: 87).

좋은 질문의 예: "어떻게 … 죠?", "왜 …. 죠?",
"무엇이 … 죠?", "누가 …죠?", "왜 … 하는 거죠?"

여섯째, 상대방의 침묵을 존중하고 기다려라.

당신의 질문에 대하여 상대방이 즉시 대답하지 않을 경우, 실망하지 마라. 상대방이 곰곰이 생각할 시간을 주어야 한다. 원하는 대답이 나오지 않으면 다른 각도나 다른 방식으로 질문을 계속하라. 추궁하는 형식의 질문이 아니라 함께 고민하고 대안을 찾으려고 노력한다는 인식을 주어야 한다. 협상에서 성공하는 훌륭한 협상가는 다양한 각도에서 수많은 질문을 많이 한다는 점을 이해할 필요가 있다(Ury, 1993: 88).

(3) 전술의 틀을 바꾸기

상대방이 당신을 굴복시키기 위하여 외고집, 공격, 속임수 등을 사용하는 경우, 협상을 원한다면 당신은 맞대응할 것이 아니라 상대방의 관심을 협상에 다시 집중하도록 해야 한다.

첫째, 장애물을 시험하거나 돌아가거나 무시하라.

상대방이 양자택일을 강요하거나 협상 시한을 제시하는 경우, 못 들은 척 하면서 계속 협상 주제를 말하거나 대화 내용을 완전히 바꿔보는 방법이 가능하며, 만약 상대방의 발언이 진심이라면 당신에게 반복하여 요구할 것이다.

협상 시한을 제시하면, 그때까지 협상을 마무리하자고 받아들이면서 즉시 협상을 하자고 협상 주제로 대화를 돌린다. 또는 그 시한까지 협상을 마무리하기 위하여 상대방의 협조가 필요하다고 말하면서 역으로 상대방에게 양보를 요구한다.

둘째, 공격을 비껴가라.

상대방이 위협하거나 모욕적인 말을 하는 경우, 그의 말을 못들은 척 무시하고 논의하던 문제를 계속 반복하여 이야기한다.

당신의 외모나 행동, 태도 등을 비난하는 경우, 의도적으로 좋게 해석하면서 '관심을 가져 주어서 고마워요'로 받아 넘긴다.

과거의 실수를 비난하는 경우, 이를 인정하면서 조언을 구한다. "네, 그렇군요. 그러면 앞으로 어떻게 하면 그런 실수를 하지 않을까요?"

셋째, '당신', '나'가 아닌 '우리'를 사용하라.

협상이나 대화에서 사람들은 상대방과 자신을 구분하여 갈등을 증폭시킨다. '너' 와 '나'를 구분한 뒤, 잘못은 '너'이고 잘 한 것은 '나'라는 이분법적 논리로 대화를 하려고 한다.

상대방도 마찬가지이므로 결국 대화와 협상은 마치 우주인과 마주하듯이 대화는 알맹이도 없이 서로를 구분하여 잘잘못만 가리는 시간으로 흘러간다.

대화를 '우리'로 만들어라. 서로가 공통의 주제에 관심을 가지고 있으며, 공통의 문제를 해결해야 하는 공동운명체라는 공감대가 형성되도록 대화를 이끌어 나가라.

서로 공격적으로 대화를 나누는 경우, 상대방과 마주 앉지 말고, 옆으로 나란히 앉거나 비스듬히 앉아서 대화 분위기를 바꿀 수 있다.

> "우리에게 무슨 문제가 있죠?", "우리가 왜 이렇게 했죠?",
> "우리가 잘못 했네요.", "우리 같이 생각해 봅시다."

넷째, 속임수를 찾아내라.

상대방이 속임수를 쓴다고 생각되는 경우, 그냥 협상을 계속 진행하면서 결정은 천천히 하고 진심을 확인하기 위하여 질문을 많이 한다.

상대방의 주장이나 요구가 부적절한 경우, 그 주장을 잘 이해하지 못하겠다고 질문하거나, 이해할 수 있도록 해 달라고 설명을 요구한다.

마지막 순간에 추가적으로 끼워 넣기를 하는 경우, 협상을 처음부터 다시 시작해야 하는 것인지 묻거나 당신도 그 대가를 요구하라(Ury, 1993: 94-98).

다섯째, 협상의 규칙을 협상하라.

당신의 노력에도 불구하고, 상대방이 속임수, 외고집, 공격 등을 사용하는 경우, 또 다른 방법은 당신은 상대방의 그 속임수 등을 알고 있다고 말할 필요가 있다. 이때는 공격적으로 상대방을 비난하지 말고, 상대방의 속임수를 흥미롭다는 듯이, 멋진 생각이라는 듯이 말하면서 협상으로 돌아오도록 한다. 상대방의 체면을 세우면서 그러한 행동과 태도를 포기하도록 말한다(Ury, 1993: 98-102).

> "그 것 참 흥미롭군요.", "오늘은 무척 피곤하신가 보군요.",
> "저를 협박하려는 것은 아니죠.", "제가 말을 끝까지 말하도록 기다려 주세요.",
> "다시 제 말을 가로채는 군요."

여섯째, 더 이상 협상이 원만하게 진행되지 않는 경우, 협상의 방법과 태도에 대하여 정식으로 논의하라.

> " 제 생각에 이런 식으로 협상을 계속한다면 우리 모두 좋은 결과를 기대하기 어렵겠습니다. 좀 더 진지하게 협상의 목적, 이해관계, 대안, 선택 기준에 대하여 논의해 봅시다."
> "우리 서로 만족할 만한 방법을 찾아내기 위하여 협상을 해야 한다고 생각합니다."
> "당신이 저에 대한 공격을 멈춘다면 언제라도 협상에 임하겠습니다."
> "당신이 제 입장이라면 이러한 협상 분위기에서 협상을 계속할 수 있다고 생각하시는지요?"

4. 제4단계: 황금다리 놓아주기 전략

1) 협상 결과에 대한 상대방의 불만과 불신

협상은 상호 만족스러운 대안을 모색하여 합의를 도출하는 호혜적 의사소통 과정이다. 하지만, 상대방은 협상에 대한 그릇된 인식으로 협상 결과에 불만을 가질 수 있다. 상대방은 일정 부분 자신의 이익을 가져갈 수 있음에도 그러한 사실을 제대로 인식하지 못하거나 자신도 양보해야 한다는 사실을 수용하지 못하는 태도를 가질 수 있다. 양보하면 자신의 체면을 구기거나 패배로 인식하는 것이다. 상대방이 협상 타결을 주저하는 이유는 여러 가지가 있을 수 있다.

첫째로 협상 결과가 상대방 자신이 아닌 당신의 아이디어로 생각하는 경우이다. 즉, 당신의 아이디어가 채택되고 상대방은 협상에서 중요한 역할을 하지 못했다고 느끼면 협상에 동의하지 않을 것이다. 자존심이 강한 사람은 단지 이러한 이유만으로도 불만을 가질 수도 있다.

둘째로 협상 결과가 양측의 이해관계에 합치되지 않고 일방의 이해관계에 치우치면 협상 결과에 동의하려고 하지 않을 것이다. 한쪽에만 만족스러운 결과로 나타나고 다른 한 쪽은 불만족스럽기 때문에 동의하지 못할 것이다.

셋째로 협상 결과로 상대방의 체면을 세워주지 않거나 체면을 구기는 경우에 협상에 동의하지 않을 것이다. 사람들은 인격적 존재이기 때문에 자신의 체면을 매우 중시하는 경향이 있는데, 이를 망치게 되면 크게 실망하여 비록 협상 결과가 타당하다고 생각하더라도 이를 수용하려고 하지 않을 것이다.

넷째로 너무 많은 내용을 너무 빨리 해결하려는 경우 상대방은 갑작스런 결정에 대한 불확실성, 두려움, 불신, 불만 등으로 쉽게 협상 결과에 동의하려고 하지 않을 것이다.

2) 성공적 협상전략: 황금의 다리 놓아주기

협상에서 '황금의 다리를 놓아준다'는 뜻은, 앞에서 말한 '네 가지 장애 요인을 상대방이 극복할 수 있도록 도와준다'는 의미이다. 즉, 적극적으로 상대방을 해결방안에 참여시켜 그 방안이 당신의 아이디어가 아닌 상대방의 아이디어로 만드는 것이다. 이것은 채워지지 않은 상대방의 이해관계를 만족시키고, 상대방의 체면을 세워주는 것이다(Ury, 1993: 100).

첫째, 상대방을 참여시켜라.

문제의 해결 방안을 찾아내는 과정에 상대방을 참여시켜야 한다. 상대방에게 먼저 질문을 하여 상대방의 의견을 바탕으로 이야기를 전개해 나아간다. 상대방의 제안에서 건설적인 부분만 뽑아서 출발하되 당신이 원하는 방향으로 서서히 이끌어 나아간다.

"당신의 생각에 의하면 …", "앞에서 당신이 제안한 것에서 힌트를 얻었는데요…", "지난 번 당신과 함께 논의한 내용을 살펴보면…"

상대방과 당신이 함께 협상이라는 벽화를 그려나가듯이, 상대방이 붓칠을 하고 나면 당신도 붓 칠을 하고 이를 반복하여 협상 벽화를 완성해 나간다. 당신의 생각을 전개해 나가면서 계속 상대방의 비판이나 의견을 구하여 협상에 참여시켜 나가라. 당신의 아이디어에 상대방의 의견을 추가하거나 수정하라고 요구하면서 초안, 수정안, 재수정안을 만들어 나가 최종안을 완성해 나간다(Ury, 1993: 111-113).

"이러한 저의 생각에 당신은 어떻게 생각하시는지요?",
"무엇을 고치면 좋겠습니까?",
"서로 불리하지 않으면서 더 유리한 방법은 무엇일까요?",
"당신에게 보다 편리한 장소나 시간은 언제인가요?"

그리고 상대방이 협상을 기피하면 상대방에게 먼저 선택할 수 있는 기회를 제공하면서라도 협상에 참여하도록 황금의 다리를 놓아야 한다. 훌륭한 협상가라면 인내심을 요구하는 이러한 과정을 이겨내야 한다. 일단 상대방을 협상에 참여시키면서 앞에서 설명한 여러 가지 전략을 구사하여 협상을 이끌어간다.

"당신에게 보다 편리한 장소나 시간은 언제인가요?",
"그러면 다음과 같은 몇 가지 방안 중 당신이 가장 선호하는 것은 무엇이죠?"

둘째, 상대방의 부족한 이익을 채워주어라.

상대방의 행동과 태도 등에 융통성이 없는 것처럼 느껴지더라도, 그럴 만한 이유가 있다는 것을 명심해야 한다. 당신을 상대방의 입장에 놓고 스스로 솔직하게 자문해 보아라. '왜 상대방이 동의하지 않을까?'를 반문하면서 그 이유를 찾아내도록 노력해야 한다.

상대방은 물질적 욕구뿐만 아니라, 인간적인 욕구도 가지고 있다는 것을 이해해야 한다. '훌륭하거나 성공적인 사람'이라고 칭찬받거나 인정받고 싶은 욕구, '따스하고 인간적인 면이 있다'는 점을 알아주길 바라는 욕구, 개인적인 명예 욕구, 가문이나 집안의 명예를 인정받고 싶은 욕구 등을 찾아내어 인정해 주어라(Ury, 1993: 114-119).

셋째, 상대방의 체면을 살려주어라.

체면은 협상 과정에서 매우 중요하다. 자아 가치, 위엄, 명예심, 자신의 언행일치, 좋은 사람이라는 인상 등은 자존심 그 이상으로 가치를 지닌다.

협상에서 상대방은 위임자나 관찰자 또는 청중이 있을 경우, 협상 결과를 자신의 성공 작품으로 포장하여 설명하고 싶어 할 것이다. 따라서, 당신은 상대방이 그렇게 포장할 수 있도록 협상이 성공한 것을 일부 또는 전부 상대방의 작품으로 돌려라. 그리고, 상대방이 잘 설명하거나 설득할 수 있는 방법도 개발하여 제공하라.

합의를 가져오기 위해서는 상황이 변했음을 잘 설명하거나, 제3자로 하여금 결정하도록 하거나, 양측에서 인정할 만한 공정한 기준을 제시하여 상대방의 체면을 살려주는 것이 유용하다(Ury, 1993: 119-124).

넷째, 빨리 가기 위하여 천천히 가라.

협상이 합의에 도달하는 과정이 어렵게 느껴지면 우선 동의가 쉬운 것부터 시작한다. 하나씩 하나씩 쉬운 것부터 단계적으로 접근하는 전략을 구사하면 성공할 가능성이 높다.

만약 이러한 단계적 방법을 거절하면, 일괄 타결될 때까지 어느 것에도 합의하지 않아도 된다고 안심시키고, 하나씩 논의해 보자고 제안한다.

협상이 막바지에 다다르면 서두르는 경향이 있는데, 이는 실수를 가져오기 쉬우므로 천천히 합의한 사항을 하나씩 정리하면서 마무리해 나가야 한다(Ury, 1993: 124-129).

5. 제5단계: 상대방 교육시키기 전략

1) 승패 게임으로 이해하는 상대방과 당신의 태도

협상은 상호 공존하는 게임임에도 불구하고, 상대방은 승패 게임으로 인식하여 당신을 굴복시키려고 시도하는 경우에 협상은 어려울 수 있다. 상대방은 당신을 밀어 붙여 협상에서 승리할 수 있다고 믿을 수 있다. 상대방이 고집을 부리거나 공격적으로 행동하거나 속임수를 쓰는 경우 등 자신의 파워를 증대시키는 경우 협상은 장애물을 만나게 된다. 이때 당신도 맞대응하면서 당신의 파워(힘)를 힘껏 휘두른다면 협상은 저 멀리 떠나갈 것이다.

당신이 상대방으로 하여금 '아니오'라고 말하지 못하도록 만들수록 상대방이 '네'라고 말하기를 더 어렵게 만든다. 이른바 '힘의 역설(the power paradox)'이 존재함을 명심하라(Ury, 1993: 131). 마치 동화에 나오는 이야기처럼 나그네의 옷을 벗기는 것은 '거세게 휘몰아치는 바람'이 아니라 '부드럽고 따스한 햇살'임을 기억하라.

2) 성공적인 협상전략: 상대방을 교육시키는 전략

첫째, 협상의 성공과 실패 결과를 분명하게 설명해 주어라.

상대방을 궁지에 몰아 넣지 말고 협상이 결렬되었을 때의 손해와 당신의 황금 다리를 받아들일 때의 이익을 비교하도록 제시하라. 가능하면 명확하게 설명해준다. 상대방이 스스로 깨닫도록 질문을 하는 것이 좋다(Ury, 1993: 133-136).

"합의에 이르지 못하면 어떤 일이 발생하는 지 생각해 보셨나요?"
"합의가 안 되면 제가 어떻게 행동할거라고 생각하시나요?"
"합의가 안 되는 경우 당신은 어떻게 하실 겁니까?"

둘째, 협박이 아니라 경고를 사용하라.

협상의 성공과 실패 결과를 설명할 때 협박으로 느끼지 않도록 주의해야 한다. 협박이 아닌 경고를 해야 한다. 경고는 일이 발생하기 전에 사실에 기초하여 객관적이고 중립적으로 정보를 전달하는 것이며, 상대방을 존중하는 마음을 가지는 어조로 말한다. 당신의 목표는 상대방을 굴복시키는 것이 아니라 상호 만족이라는 것을 계속적으로 상대방에게 확신시켜라.

아울러 상대방이 거의 합의점에 도달했다고 생각하는 경우 서두르지 말고 당신은 한 발짝 뒤로 물러나 상대방 스스로 결정하도록 하라. 상황은 설명하되 상대방이 선택하는 권리를 인정하는 것이 합의 이행에도 도움을 준다 (Ury, 1993: 136-138, 149).

"만약 합의가 되지 않으면 (당신이나 또는 저에게) 이런 저런 불행한 일이 발생한다고 생각하는데요?"

셋째, 당신의 배트나를 보여 주어라.

상대방이 더 이상 협상을 진행하지 않는 경우, 앞에서 설명한 당신의 배트나(BATNA)를 보여줄 필요가 있다. 이를 위하여 협상 장소를 조용히 떠나는 전략, 상대방이 알 수 있는 배트나 실행 준비를 하는 전략이 가능하다(Ury, 1993: 138-142).

"죄송하지만, 지금 같은 협상 방법으로는 서로 좋은 결과를 얻을 수 없다고 생각합니다. 좀 더 나은 협상 방법을 원하시면 언제라도 연락을 주십시오."
"더 이상 협상이 합의되지 않으면 저는 이런 저런 행동을 해야 할 것 같습니다."

넷째, 필요한 경우 제3자를 활용하여라.

양측에서 더 이상 협상이 진행되지 못하는 경우, 서로 합의가 가능한 제3자를 중재자로 개입시켜 협상을 진행할 필요가 있다. 제3자에는 알선자, 조정자 및 중재자가 있음을 앞에서 설명하였다(백종섭, 2013). 상대방의 공격을 멈추게 하려는 경우에도 제3자 이용 전략이 유용하다(Ury, 1993: 144-148).

다섯째, 합의 내용이 실행되도록 마무리하라.

협상이 합의된 것과 이를 실행에 옮기는 것은 다른 것이다. 합의 내용이 실행되도록 구두가 아닌 문서로 작성해야 한다. 아울러 실행이 이루어지지 않는 경우에 어떻게 조치해야 할지 등 분쟁해결 절차를 마련해두어야 한다.

마지막으로 인간관계를 우호적으로 매듭지어라.

협상이 타결되어도 상대방과의 인간관계는 우호적으로 매듭을 짓는 것이 합의 내용의 실행에 도움이 된다. 특히 합의 이행이 상대방의 의지에 달려 있다면 좋은 인간관계를 유지하도록 노력해야 한다(Ury, 1993: 152-155).

협상 팁 12

서희와 소손녕의 상견례

서기 993년, 거란의 **소손녕**이 고려를 침입한 상황,

서희는 국서를 가지고 소손녕의 진영으로 가서 역관(통역관, 저자 주)으로 하여금 상견례 절차를 묻도록 하였다. **소손녕**이 "나는 대국의 귀인이니 그대는 뜰에서 나에게 절해야 한다"고 주장하였다.

서희는 "신하가 임금을 뵐 때에는 뜰 아래에서 절하는 것이 예(禮)이다. 그러나, 두 나라의 대신이 대면하는 좌석에서 어찌 그럴 수 있겠는가?"하고 반대하였다. 재삼 말하였으나 **소손녕**이 고집하므로, 서희는 화를 내며 숙소로 돌아와서 누워 움직이지 않았다.

소손녕이 마음속으로 그의 인품이 비범함을 생각하고, 마침내 당 위에서 대등하게 대면하는 예식 절차를 승낙하였다.

이리하여 서희는 **소손녕**의 진영 문 앞에서 말에서 내려 걸어 들어가, **소손녕**과 뜰에서 마주 서서 읍한 후에 당 위로 올라가 예를 행하고 동서로 대좌하였다(고려사).

자료: 김기홍,2006:39.

서희(徐熙, 942-998)

자는 염윤, 본관은 이천, 고려 광종 11년(960년) 갑과에 급제하여 관직에 입문하였고, 972년 송(宋)나라에 사신으로 파견되어 단절된 국교를 회복하였다. 993년 거란이 고려와 송과의 관계를 트집 잡아 침입하자 소손녕과 협상하여 전투를 하지 않고서도 강동 6주를 획득하였으며, 낙타 10마리, 말 100필, 양 1,000마리, 비단 500필도 선물로 받았다. 이로써 고려의영토가 압록강변까지 확대되어 대한민국의 영토가 오늘에 이르고 있다. 서희의 묘는 '경기도 여주군 산북면 후리 상두산'에 있다.

자료: 김기홍, 2006.

미래는 내가 스스로 만드는 것이다.
라무르, Louis L'Amour

적들을 정복하는 자보다 자신의 욕망을 이겨내는 자가 더 용감한 사람이다.
아리스토텔레스, Aristotle

제13장 협상전략과 전술의 응용

제1절 주짓수형 협상전략
제2절 제3자 활용 전략
제3절 벼랑 끝 전략
제4절 양의 탈을 쓴 늑대 전략
제5절 미끼 전략
제6절 손발 묶기 전략
제7절 지연 전략
제8절 악역과 선역 전략

제1절 주짓수형 협상전략

1. 전략 상황

협상에서 상대방이 자신의 입장만을 고집하는 경우, 우리는 여러 기지 전략을 사용할 수 있다. 우선 상대방 입장을 비난할 수도 있고, 그 입장을 단호하게 거부할 수도 있다. 또한 상대방처럼 자신의 입장을 강하게 주장하고 밀어붙이면서 협상을 지속할 수도 있다.

이러한 방식으로 협상에 대응하는 경우 이는 상호간에 치고받는 상황으로 변질되고, 궁극에는 협상의 본질과 목적은 뒷전으로 밀려나면서 상호 비방과 비난, 인신 공격까지 이어질 가능성이 높아진다. 협상은 결렬되기 십상이며 인간관계에도 치명적인 악영향을 남길 가능성이 많아져 차후 협상에도 나쁜 영향을 줄 것이다. 이른바 상호 입장만 제시하고 강성입장 전략으로 치달아 상처만 남기고 협상장을 철수하게 될 것이다. 설령 승리한다고 해도 '상처뿐인 승리'가 될 것이다.

2. 협상 전략과 전술

상대방이 입장을 고수하며 밀어붙이는 전략을 구사하는 경우에 피셔 등은 몇 가지 전략과 전술을 제시하고 있다(Fisher et al., 1991: 107-128). 즉, 원칙협상을 강조하거나, 제3자를 활용하거나 주짓수 기술을 사용하라고 제안한다. 마지막 기술은 상대방의 공격을 맞받아치거나 비난하거나 거부하지 말고, 운동 종목인 주짓수[1]처럼 옆으로 살짝 피하면서 상대방의 힘을 역이용하여 상대방을 제압하는 기술을 사용하라고 제안한다. 이하에서는 이 주짓수 협상 기술 내용을 간략하게 요약하여 소개하고자 한다.

첫째, 상대방의 입장을 공격하지 말고 그 입장의 다른 면을 바라보라.

상대방이 자신의 입장을 제시하는 경우 그 제안을 무조건 받아들이거나 거부하지 말고, 일단 하나의 대안으로 생각하는 것이다. 아울러 상대방의 주장에 숨겨져 있는 이면의 이해관계가 무엇인지 조사하고, 입장이 반영하고 있는 원칙이 무엇인지 찾아보는 것이다. 이러한 과정을 거치면서 상대방의 입장을 수정할 방법을 찾아보는 것이다.

둘째, 상대방이 공격하더라도 자신의 아이디어를 방어하지 말고 상대방에게 비판과 조언을 구하라.

상대방에게 나의 제안을 받아들이거나 거부하라고 요구하지 말고, 자신이 제안한 내용에서 무엇이 잘못되었는지를 되묻든 방식이다. 상대방의 비판을 통하여 자신의 제안 내용을 수정하는 기회로 삼아 합의를 향해 나아갈 수 있는 기회가 될 수도 있다. 상대방에게 서로 입장을 바꾸어 생각해 본다면 어떻게 생각하는지를 질문하는 것도 가능하다.

셋째, 상대방이 당신에게 인신 공격을 하는 경우 반박하기 보다는 상대방에게 발산의 기회를 준 후에 문제로 돌아가라.

상대방이 인신 공격을 하면 자신을 방어하며 역공하고 싶은 유혹을

---

1) 피셔 등은 이러한 기술로 운동 종목인 jujitsu(주짓수)가 사용하는 기술을 제안한다. 즉, 상대방과 경기를 진행할 때 상대방의 공격을 그대로 맞받아쳐 부딪히는 것이 아니라 상대방의 힘을 역이용하여 상대방을 쓰러뜨리는 기술을 이용하라고 강조한다. 상대방이 앞으로 공격할 때 옆으로 살짝 비키면서 달려오는 상대방의 힘을 그대로 사용하여 상대방이 가는 방향으로 그를 잡아당기거나 밀면서 상대방을 작은 힘으로 쉽게 넘어뜨리는 기술이다.

주짓수는 유도와 레슬링과 같이, 타격을 배제하며, 상대를 메치고, 꺾고, 졸라서 제압하는 격투기의 일종이다. 유도가 메치기, 레슬링이 상대를 넘어뜨림에 비중을 둔다면, 주짓수는 넘어진 상대를 압박하거나, 넘어진 상태에서 방어하는 자세와 상대에게 항복을 받아내는 것이 특징이다.

받을 수 있다. 하지만, 잠시 숨을 가다듬고 상대방이 공격함으로써 기분 전환의 기회로 제공하는 것이다. 어느 정도 공격이 끝나면 본격적으로 협상 문제에 집중하면서 공격을 시작하라는 것이다.

넷째, 질문을 한 이후에는 침묵을 지켜라.

피셔는 주짓수 기술을 사용하려는 협상가는 두 가지 도구를 사용하라고 조언한다. 하나는 단정적으로 말하지 말고 질문으로 상대방이 자신의 요구 사항을 설명할 기회를 제공한다. 질문은 공격을 방어하고 상대방을 비판하지 않으면서 교육시키는 효과를 가져 온다. 상대방의 설명은 협상에서 중요한 정보를 얻는 매우 유용한 수단이다.

다른 하나는 상대방이 비이성적이거나 부당한 공격을 하면 차분히 앉아 침묵을 무기로 삼는다. 사람들은 발언보다 침묵을 더 거북스럽게 생각한다는 것을 이해할 필요가 있다. 질문을 연이어 하면 오히려 상대방으로 하여금 곤경에서 빠져나갈 기회를 제공하게 된다. 질문하고 침묵하는 것이 매우 유용한 협상전략이 된다.

제2절 제3자 활용 전략

1. 전략 상황

협상에서 당사자들은 협상을 성공적으로 마무리할 수도 있지만, 여러 가지 상황이 존재하기 때문에 항상 성공적인 협상을 할 수는 없다. 협상자들이 자신들의 입장만 강조하거나, 인신 공격으로 얼굴을 붉히는 상황이 전개되거나, 더 이상 상대방을 믿지 못하는 불신 상황이 발생할 수 있다.

이러한 상황이 발생하면 당사자들간에는 더 이상 협상을 계속하는 것이 무의미할 경우가 있다. 이러한 경우에는 당사자간의 협상보다는 제3자를 활용하는 협상전략이 유용할 수 있다.

2. 전략과 전술

협상에서 제3자를 활용하여 성공적인 협상으로 이끌어낼 수 있다. 제3자는 알선자, 조정자, 중재자로 분류할 수 있다(백종섭, 2013: 149-152).

알선자(conciliator, 斡旋者)란 갈등을 겪고 있는 당사자간에 원만하게 협상을 이끌어내지 못하는 경우, 제3자가 양측에게 서로 양보하고 좋은 결과를 도출하도록 권유하고 설득하는 사람이다. 이 경우 알선자는 갈등 내용을 잘 알고 있거나 양측 또는 일방과 어느 정도 알고 지내 신뢰가 있는 경우 더욱 효과적일 수 있다. 알선자는 구체적인 방안을 제시하기보다는 서로 원만하게 해결하도록 분위기를 조성하고 조언을 해주는 역할에 중점을 둔다.

조정자(mediator, 調停者)란 양측으로부터 어느 정도 신뢰를 받는 사람이 스스로 조정자로 나서는 경우도 있지만, 양측이 합의하에 제3자를 선택하여 그로 하여금 조정을 하도록 요청하는 방식이 일반적이다. 협상이나 조정 또는 관련 갈등 문제에 전문가이거나 권위적인 사람인 경우 보다 효과적이다. 우리나라는 노사간에 갈등이 발생하여 원만하게 해결이 어려운 경우 지방노동위원회와 중앙노동위원회에 조정을 요청할 수 있는 제도를 마련하고 있다.

조정자는 자신의 판단으로 마련한 적절한 조정안을 양측에 제시하여 이를 수용하도록 설득하는 과정을 가진다. 다만, 조정자가 제시한 조정안에 대하여 양측이 수용하지 않으면 조정의 효력은 발생하지 않는다. 즉,

조정안은 양측을 구속하는 효력이 없는 것이다. 따라서, 알선과 별다른 차이가 없기 때문에 종종 알선과 조정을 구별하지 않는 경우도 있다.

중재자(arbitrator, 仲裁者)란 조정자와 마찬가지로 갈등 문제에 전문가이거나 권위자이거나 양측이 신뢰하는 사람으로 중재자가 제시한 중재안은 구속력이 있으며, 양측이 수용하는 경우 법적인 효력이 발생한다. 노사간에 갈등이 발생하여 원만하게 해결이 어려운 경우 중앙노동위원회가 중재안을 제시하는 경우 양측은 반드시 이를 수용해야 한다. 만약 중재재정이 위법하거나 월권이라고 판단되는 경우에는 행정소송을 제기할 수 있다. 그러나, 행정소송을 제기하더라도 중앙노동위원회의 중재재정의 효력은 그대로 유지된다(백종섭, 2013).

협상이 원만하게 이루어지지 못하는 경우, 제3자는 양 당사자의 입장만을 확인하는 수준이 아니라 당사자들의 입장과 함께 보다 본질적인 이해관계에 대한 질문에서 출발하는 것이 바람직스럽다. 이후 당사자들의 이해관계를 어느 정도 반영한 초안을 제출하여 당사자들의 비판을 받는다. 이 비판을 토대로 제2의 수정안을 마련하여 다시 비판을 받는 과정을 반복하여 양 당사자의 이해관계를 좁혀가는 방식이다. 예로 1978년 미국의 전 대통령 카터(Carter)는 이집트와 이스라엘간의 분쟁 조정안을 무려 23회 수정하고 제출하여 합의를 도출하는데 성공하였다.

벼랑 끝 전략 제3절

1. 전략 상황

벼랑 끝 전략이란 자신의 협상전략이 제대로 통하지 않을 때 협상 양측에서 통제하기 어려운 상황을 조성하여 상대방의 양보를 받아내려는 것이다. 위기 상황 연출은 협상 상황에서 종종 사용되는 전술이지만, 다음에서 설명하는 여건이 구비되지 않으면 성공하지 못하고 체면만 구기거나 크게 패하는 경우가 발생하기 쉽다.

국제적으로 벼랑 끝 전술을 자주 애용하면서 성공과 실패를 거듭한 국가는 다름 아닌 북한의 김일성과 김정일 주석이었으며, 주로 미국을 상대로 자주 사용하였고, 미국은 공화당과 민주당의 대응 전술이 상이한 경우가 많아 역시 성공과 실패를 거듭하였다.

미국의 대통령에 따라 대응 전략에 약간의 차이가 있으나, 공화당은 벼랑 끝 전략에 굴복하지 않고 맞대응하는 전략을 구사한 반면, 민주당은 북한의 벼랑 끝 전략에 우호적으로 대응하는 전략을 구사하는 경향이 있었다.

영화에서나 실제 상황에서 국내외적으로 자주 사용하는 사람들은 인질극을 벌이는 범죄자들인데, 인질범을 차례대로 살해하겠다는 협박, 수류탄의 안전핀을 뽑고 폭발시키겠다는 협상전술이 대표적이라고 할 수 있다.

또 하나 대표적인 벼랑 끝 전략의 구사와 실패는 우리나라 영화 '이장과 군수'에서 주인공 이장이 군수를 상대로 자신의 입장을 받아주지 않으면 분신 자살하겠다는 벼랑 끝 전략을 구사하였다. 그러나, 주인공 군수는 그 전략의 성격과 이장의 성품을 간파하여 이를 무력화시킴으로써 이장의 벼랑 끝 전략은 실패하고 만다.

이장과 군수는 같은 마을에 살아 왔던 절친한 친구로 군수는 이장 성품이 착하고 독하지 못하기 때문에 분신자살을 시도하지 않을 것을 잘 알고 있어 승리할 수 있었던 것이다. 이 영화는 아주 코믹하고 흥미로우며, 나름대로 코끝이 찡한 영화이므로 독자들도 한번 감상하라고 추천하고 싶다.[2)]

2. 전략과 전술

위와 같은 벼랑 끝 전략이 성공하기 위해서는 다음과 같은 조건이 갖추어져야 유용하게 사용할 수 있다(안세영, 2012: 138-139).

첫째, 패-패 게임(lose-lose game)이라는 위기 상황이 발생할 수 있음을 경고해야 한다.

협상 테이블에서 벼랑 끝 전략을 구사하는 협상조(팀)의 주장을 상대방이 받아주지 않으면 양측 모두 위기 상황으로 몰리며 손해만 본다는 것을 경고하고 주장해야 한다. 나도 치명적이지만, 너도 역시 치명적이라는 것을 주장하고 믿게 한다. 이장인 내가 분신자살 하면 군수인 너도 끝장난다는 것을 주장하는 것이다.

둘째, 확실하게 벼랑 끝 전략을 구사할 만큼 능력과 의지가 있다는 것을 보여주어야 한다.

인질을 한 명씩 차례대로 사살하는 것이 가능하며, 수류탄의 안전핀을 뽑은 손을 놓을 수 있다는 확신을 주어야 한다. 상대방에게 확실하게 위협

---

2) 이장이 살고 있는 영화 배경 마을은 청정 지역으로 유명한 '임실군 덕치면 가곡 1리'로 저자가 태어나 12살 초등학교 5학년까지 살던 고향(가곡 2리)의 이웃 마을이다(^^~).

이 되도록 행동으로 옮길 만큼 잔인하고 배짱이 있다는 것을 주장하고 믿도록 해야 한다. 영화 주인공 이장은 분신자살을 외치지만, 이럴만한 의지가 없다는 것을 군수는 잘 알고 있기 때문에 벼랑 끝 전략을 무시할 수 있었던 것이다.

셋째, 벼랑 끝 전략을 시도하면 통제할 수 없는 위기 상황이 발생한다는 것을 주장하고 믿게 한다.

일단 수류탄을 바닥에 내려놓거나 인질들을 살해하고, 분신자살을 하면 이를 협상 상대방은 통제할 수 없으니, 통제가 가능한 지금 나의 제안을 수용하고 양보하라는 것이다.

양의 탈을 쓴 늑대 전략 제4절

1. 전략 상황

일반적으로 협상자들은 상대방으로 하여금 자신이 풍부한 전문지식을 가지고 있다고 믿게끔 하고, 높은 지위를 가진 자이며, 신뢰할 만한 사람임을 과시하려는 경향이 있다. 이러한 과시 전략과 전술은 상대방보다 여러 가지 측면에서 우월하다는 점을 강조하여 상대방의 양보를 얻어내려는 방법이라고 할 수 있다.

하지만, 상황에 따라서는 이러한 과시 방법이 오히려 더 불리한 요인으로 작용할 수도 있기 때문에 협상에서 양의 탈을 쓴 늑대 전략이 사용되기도 한다. 양의 탈 전략은 협상장에서 상대방의 동정심이나 방심을 유도하여 쉽게 양보하도록 만드는 술책이다.

2. 전략과 전술

이 전략과 전술은 일종의 'belly-up(동정심 유발 전략 또는 파산 전략, 저자 의역)'으로 고도의 숙련된 협상가가 어떤 측면에서 부족하고 모자란 협상가처럼 의도적으로 행동하는 것을 말한다(안세영, 2012: 149). 이러한 전략은 상대방에게 일종의 동정심을 얻어낼 수 있으며, 상대방이 방심하도록 하는 효과가 있다.

옷을 남루하게 입거나 어색하게 입거나 옷을 단정하지 않게 입는 행동과 태도, 언어 장애가 있는 것처럼 말을 더듬거나 어눌하게 말하는 행동과 태도, 소심하고 겁을 먹은 듯 손을 떨거나 더듬거리거나 소지품을 떨어뜨리는 행동과 태도, 신체 장애인처럼 행동하거나 몸이 불편한 노인행세를 하는 것 등이 대표적이다.

쇼핑을 할 때, 어떤 물건을 사느냐(비싼 물건, 생활용품) 또는 어디에서 쇼핑하느냐(백화점, 전통시장)에 따라 쇼핑 복장이나 사용하는 언어, 행동 등을 다르게 하는 전략도 유사하다고 볼 수 있다.

〈발라당(!) 벌레〉

저자가 농촌에서 초등학교를 다니던 어린 시절에 뜨거운 여름철 하굣길을 가다 보면 부지런히 어디론가 기어가는 벌레(이름은 모른다)가 있었는데, 손으로 툭 치면 즉시 뒤집어지면서 배를 하늘로 향하고 죽은 척 한다(belly-up). 더 이상 건드리지 않고 한참을 그대로 바라보고 있으면 조만간에 그 벌레는 발딱 뒤집어 재빠르게 가던 길로 도망을 친다. 다시 손으로 툭! 건드리면 역시 같은 행동을 반복한다. 발라당 뒤집어져 일종의 죽은 척하여 상대방의 동정심 또는 방심을 유도하는 것이다. 벌레 나름대로 터득한 절묘한 생존 전략인 것이다.

미끼 전략 제5절

1. 전략 상황

협상은 한 가지 주제를 다루는 경우도 있지만, 대개는 여러 가지 주제를 복합적으로 동시에 다루기 때문에 어떤 주제가 제일 중요하고 어떤 주제가 덜 중요한지 사전에 결정해 둘 필요가 있다. 문제의 핵심은 협상을 진행하는 입장에서 자신들에게 가장 중요한 협상 주제는 최대한 양보를 얻어내고 별로 중요하지 않은 협상 주제는 상대방에게 양보하는 것이 최선의 전략일 것이다. 이러한 상황을 연출하기 위하여 미끼 전략을 사용할 수 있다.

2. 전략과 전술

미끼 전략은 일단 여러 가지 협상 주제를 상대하는 경우에 더욱 유용한 전략이다. 미끼 전략은 다음과 같이 구사할 수 있다.

먼저, 상대방에게 협상 주제와 관련 있는 몇 가지 협상 조건을 무작위로 열거하여 제시한다. 이때 순서나 우선순위를 제시하지 않는 것이 중요하다.

둘째, 앞에서 무작위로 열거하여 제시한 여러 가지 제안들은 대부분 상대방이 수용하기 어렵거나 곤란한 내용들을 포함하도록 한다. 그래야 미끼 전략이 효과를 발휘할 수 있다.

셋째, 협상을 진행하지만, 제시한 협상 조건들이 까다롭기 때문에 상대방이 쉽게 받아들여지지 않아 협상 결렬 위기에 처하게 되면, 여러 가지 미끼 중 별로 중요하지 않은 미끼는 양보하면서 자신들만이 알고 있는 가장 중요한 조건을 수용하도록 요구한다. 즉, 우리가 여러 가지 조건을 많이 양보하였으므로 당신들도 우리들의 양보에 상응하는 양보로 최소한 이것만이라도 수용하라는 일종의 읍소와 협박을 병행하는 전략이다.

제6절 손발 묶기 전략

1. 전략 상황

이 전략은 쉘링(Schelling) 전략, 족쇄 전술(lock-in tactics), 손 묶기 전략(tied in hand)(안세영, 2012: 35, 152)이라고도 하는데, 협상 테이블에서 협상을 계속 진행하기가 어려운 경우, 협상을 중도에 포기하거나 철수하고자 하는 경우, 상대방의 주장을 무력화 또는 완화하는 양보안을 얻어내고자 하는 경우, 자신의 주장을 관철하고자 하거나 양보하기가 곤란한 경우, 자신의 불리함을 일시적으로 또는 계속하여 감추거나 회피하거나 모면하기 위해 등 다양한 상황에서 적절하게 사용할 수 있다.

2. 전략과 전술

손발 묶기 전략의 예로는 국내외로 나누어 살펴볼 수 있다. 먼저 국내 협상의 경우 노사간의 협상에서 노동조합측은 대의원 동의가 필요하다고 말하면서 상대방인 경영진의 양보를 요구하거나, 사용자측은 이사회나 주주총회의 승인이 필요하므로 노동조합측이 양보하라고 요구하는 형식이다.

다음으로 국가간에 진행하는 협상에서는 대부분의 협상 내용이 자국의 국회(의회)의 승인을 필요로 하거나 이해당사자(농민, 어민, 상공인 등)의 반대와 저항이 강할 것이라고 설명하면서 수용하기 어려운 상대방의 주장을 철회하거나 주장의 내용을 완화하도록 요구하는 경우이다. 아울러 자신들의 주장이 받아들여지지 않으면 국회나 이해 당사자 집단의 거센 반발로 모든 협상 내용이 물거품이 될 것이라고 설득하는 전략이다.

지연 전략 제7절

1. 전략 상황

우리들은 거래를 하거나 협상을 진행하면서 본인의 의도대로 진행이 안되는 경우 점 점 마음이 조급해지고 빨리 해결하고픈 마음이 생기기 쉽다. 이럴 경우 대부분 상대방에게 양보를 하게 되며 거래와 협상은 실패로 끝날 가능성이 높다.

보다 합리적인 방법은 조급해할 것이 아니라 마음을 가라앉히고 심호흡을 하면서 다시 한번 생각하는 기회를 가져야 한다. 이때 가능한 전략 중의 하나가 시간을 버는 지연 전략이라고 할 수 있다. 레위키는 협상자가 불리한 협상력을 가지고 있는 경우 의도적으로 지연 전략을 사용하는 것이 유리하다고 주장한다(안세영, 2010: 144 재인용).

2. 전략과 전술

상대방보다 협상력이 부족하여 지연 전략을 사용하는 경우 아래와 같은 세 가지 효과를 기대할 수 있다(안세영, 2010: 144-145).

첫째, 부족한 정보를 추가적으로 획득할 수 있다.

협상을 진행하면서 자신의 정보가 부족하다고 느끼는 경우, 일단 협상을 중단하거나 연기할 것을 요구한다. 이후 시간을 가지고 협상력을 증대시킬 수 있는 정보를 확보하여 재협상을 추진하는 전략이 보다 효과적이라고 할 것이다. 불리한 정보로 협상을 강행하는 것은 차라리 협상을 포기하는 것이 더 바람직할수도 있다.

둘째, 협상을 둘러싸고 있는 여러 가지 상황이 자신에게 유리한 상황으로 전개될 때까지 기다릴 수 있다.

협상 주제는 여러 가지 상황에 의해 영향을 받는다. 경제적 상황, 정치적 상황, 국제적 상황 등 국내외적으로 다양한 환경이 협상 주제에 영향을 주게 된다. 이때 현재보다는 유리한 협상상황이 조만간에 발생할 것이라는 정보가 입수되는 경우, 협상을 중단하고 상황이 보다 유리해지면 협상을 재개하는 전략을 구사하는 것이 지연 전략이다.

셋째, 상대방의 강박 관념을 역이용할 수 있다.

협상은 시간과의 싸움이기도 하다. 협상과 관련한 다양한 이해당사자들과 상황이 관여되기 때문에 협상 시점은 매우 중요하다. 협상 결과는 이해당사자들의 찬성과 반대, 정치적 집단과의 2차적 협상 여부, 시간에 따른 여러 가지 부대비용 등이 수반되기 쉽다. 따라서, 협상은 여러 가지 상황이 유리한 최적의 기간 내에 합의를 도출해내는 것이 최상이다. 만약 협상 상황이나 협상력이 본인에게 불리한 경우 협상을 지연시킴으로써 상대방으로 하여금 초조하게 만들어 양보를 얻어내는 전략이 가능하다.

악역과 선역 전략 제8절

1. 전략 상황

협상은 사람간의 대화이며, 협상의 성공과 실패에 심리적인 측면이 많은 영향을 미친다. 일반적으로 협상을 진행하는 사람은 협상의 성공과 실패에 대한 부담 때문에 불안하고 긴장하는 경우가 많다. 이때 상대방 중에 자신에게 좋은 인상을 가지고 호의를 베푸는 경우 긴장을 풀면서 상대방에게 호감을 갖게 마련이다.

더군다나 상대방 중에 상대하기 거북하거나 부담스러운 사람이 있는 경우 호의적인 사람이 접근하면 더욱 긴장을 풀고 우호적으로 대하기 십상이다. 악역과 선역 전략은 협상자들의 이러한 심리를 이용하는 전략이라고 할 수 있다.

2. 전략과 전술

협상은 혼자 진행하는 경우도 있지만, 대개 여러 사람이 한 조(팀)가 되어 진행하는 경우가 더 많다. 이때 협상조(팀) 중 한 사람은 선한 역할을 수행하고 다른 한 사람은 나쁜 역할을 수행한다. 먼저 악역을 맡은 협상자가 상대방을 위협하거나 기분을 상하게 하는 등의 언행을 한다. 괜스레 시비를 걸고 상대방의 결점이나 약점을 들추어내며 비판하거나 비난하는 태도를 보인다.

우리가 드라마나 영화를 보면, 범죄 혐의자를 취조 심문실에 가두고 먼저 경찰관이 한명 들어가 심문을 하다가 자백을 하지 않으면 갑자기 폭언을 하면서 집기를 던지거나 부수고 심지어는 물리적인 폭행을 가한다.

밖에서 모니터나 유리창 너머로 이 광경을 지켜보던 동료 경찰이 갑자기 뛰어 들어와서 폭행을 가하는 경찰을 제지하면서 밖으로 내보내고 피의자에게 음료수나 담배를 권하면서 미안하다고 사과한다. 피의자는 돌발적인 폭행을 당하다가 갑자기 착한 경찰을 만나니 긴장이 풀리고 고맙다는 생각이 들면서 부분적으로 자백을 하게 된다. 앞에서 폭력을 휘두른 경찰은 의도적으로 악역을 맡은 것이며, 뒤에 들어 온 경찰은 선한 역할을 맡아 피의자의 자백을 유도해내는 전략을 구사한 것이다.

협상자나 피의자 모두 이러한 사실을 어느 정도 예상하지만, 실제 상황이 발생하면 인간은 심리적으로 착한 사람에게 의지하고 싶어지며 무언가 보답하고 싶은 마음이 생겨 자백하는 경향이 있다.

협상 팁 13

개구리 삼형제

어느날 개구리 삼형제가 우유 통에 빠졌다. 개구리 삼형제는 너무 놀란 나머지 밖으로 나가려고 발버둥을 쳤지만 너무 깊고 미끄러워 불가능한 것처럼 보였다.

첫째 개구리는 겁을 먹고 울다 지쳐 죽고 말았다. 둘째 개구리는 계속 미끄러지다가 지쳐 죽었다. 막내 개구리는 '빠져 나갈 방법이 있을 거야'라고 중얼거리면서 계속 손발을 저었다.

아니나 다를까. 얼마큼 시간이 지나 막내 개구리는 밖으로 벗어나 살수 있었다.

어떻게 가능했을까?

막내 개구리가 계속 우유통을 젓는 바람에 우유는 치즈 덩어리로 변해갔던 것이다.

출처: 박선철. 2004. 한국형 협상의 법칙. 원앤원북스: 56-57.

♣ 만물의 영장이 꾀돌이 막내 개구리만 못하겠는가! 협상에서 서두르지 말고 침착함을 유지하면서 승리할 방도를 강구하라. 생각하고 또 생각하라! 그러면 얻을 것이다.

어떤 소망을 만 번 이상 되풀이하면 반드시 이루어진다.
아메리칸 인디언 속담

당신이 행복하다고 믿을 때만 행복할 수 있다.
말록, Douglas Malloch

제14장 속임수 협상전략과 대응전략

제1절 속임수 협상전략의 의미

우리는 앞에서 모범적인 협상전략으로 원칙협상, 이익에 기반한 협상, 호혜적 협상 등을 제시하였다. 모든 협상자들이 이러한 협상전략을 사용한다면 협상은 원만하고 효율적으로 이루어질 것이다.

하지만, 세상사라는 것이 어디 뜻대로 규범대로 진행되는가? 협상에서는 규범적으로 행동하지 않은 협상자를 얼마든지 만날 수 있다. 심지어 비열하고 야비한 술책, 기만 전술을 사용하는 것이 대부분의 현실이라고 해도 과언은 아닐 것이다. 앞에서 설명한 수많은 협상 전략과 전술에도 바람직스러운 협상 전략 및 전술과 함께 속임수 전략도 설명하였다.

그렇다면, 이러한 기만적인 전술을 구사하는 협상 상대방에게 효과적으로 대응하는 방법은 없을까? 아마도 협상을 공부하거나 협상을 자주 하는 사람들의 고민은 바로 이것일 것이다. 여기에서는 피셔 등(1991)이 제시하는 상대방의 기만적 협상 전술과 이에 대응하는 몇 가지 방법을 설명하고자 한다. 이외에도 수많은 기만적 전술과 대응전략이 있을 것이지만, 피셔 등이 강조하는 바와 같이, 모두 '원칙화된 협상전략'을 적절하게 구사하여 대응하는 방법이 최선이라고 생각한다.[1)]

1) 제14장의 내용과 틀은 피셔 등 저서(「Getting to Yes」, 1991)를 바탕으로 구성하였으며, 설명하는 내용은 그 저서에서 인용하거나 저자가 직접 서술한 내용이 혼재되었다. 만약 여기의 내용에 대한 다른 사례나 설명을 원하는 경우 인용한 도서를 직접 읽기를 권장한다.

속임수 협상전략과 대응전략 제2절

1. 고의적인 사기 술수

1) 허위 사실(거짓말)

협상론의 대가인 피셔 등(Fisher et al., 1991: 132-138)은 비열한 술수 중 가장 대표적인 것으로 사실, 권한, 의도에 대한 거짓말이라고 강조한다. 사실을 거짓으로 말하는 거짓말은 가장 오래된 속임수로 속아 넘어갈 가능성이 크다는 것이다.

이에 대처하기 위해서는 '문제와 사람을 분리시키라'는 것이다. 말하는 사람은 신뢰하더라도 문제에 대해서는 신뢰할 만한 충분한 근거가 있을 때까지 믿지 말라고 충고한다.

2) 모호한 권한

상대방이 협상에 관하여 전권을 갖지 않음에도 불구하고 마치 전권을 가지고 있는 것처럼 행세하는 것이다. 상대방은 상당한 양보 수준의 합의를 받아낸 뒤에야 비로소 권한이 없음을 실토하는 것이다.

이 경우에는 당신도 합의안은 단지 초안이며 상사로부터 승인을 받아야 한다고 말하여 최종 합의안이 아님을 밝혀야 한다. 따라서, 협상을 시작하기 전 또는 협상 중에라도 상대방의 협상 권한 범위를 명확하게 확인하는 절차를 가져야 낭패를 막을 수 있다.

3) 의심스런 의도

당사자간에 어떤 문제를 협상한 후 협상 결과를 이행하는 과정에서 문제가 발생할 수 있다. 즉, 합의는 하였으나 그 내용을 충실하게 이행하지 않을 가능성이 있는 경우에 해당되는데, 이때에는 합의안에 구체적으로 이행 방법을 명시하여 협상 결과가 충실하게 이행되도록 해야 한다.

2. 심리전 술수

1) 불리한 환경

협상에서 심리전은 상대방이 당신으로 하여금 심리적으로 불편을 느껴 빨리 협상을 끝내버리려는 잠재의식을 갖도록 하는 술수이다(Fisher et al., 1991: 135-138). 협상을 서두르면 요점을 놓치거나 창의적인 대안을 찾지 못하여 불리한 협상 결과를 가져올 가능성이 매우 높다.

협상 상황에서 심리적으로 불안하거나 스트레스를 받는 상황이 발생하면, 먼저 그 원인을 찾아내야 한다. 협상 장소의 위치, 조명, 소음, 온도, 색깔, 앉아서 바라보는 곳, 협상 시간 등을 확인할 필요가 있다.

스트레스의 원인을 확인하면, 먼저 이를 상대방에게 설명한 후 공평한 환경에서 협상을 진행하자고 개선을 요구해야 한다. 편안한 마음으로 여유롭게 협상을 진행해야 보다 나은 협상 결과를 이끌어낼 수 있다.

2) 인신 공격

협상 상대방이 물리적 환경 조작이 아닌 언어나 다른 방법으로 당신을 심리적으로 불안하고 불편하게 만드는 방법이다. 당신의 옷이나 외모를 간접적인 표현 방식으로 비난하거나, 오래 기다리게 하거나, 협상을 잠깐 중단하고 다른 사람과 대화를 하거나, 일부러 못 들은 척하여 반복적으로 발언하게 만들거나, 일부러 눈 마주침을 피하거나 등 다양한 방식으로 인신 공격을 가할 수 있다.

이러한 인신 공격을 받으면 당신은 불쾌감을 느끼고 협상을 원만하게 진행할 수 없으므로, 상대방의 술수를 알아차리는 순간 분명하게 그러한 행위를 지적하고 시정하도록 요구하며, 개선되지 않는 경우 협상을 계속할 수 없다고 말하는 등 적극적으로 대처하는 것이 효과적이다.

3) 악역과 선역 연극

이러한 술수는 앞에서 이미 설명한 바와 같이, 한 사람은 나쁜 역할을 수행하고, 다른 한 사람은 착한 척 역할을 수행하여 상대방으로 하여금 양보를 얻어내는 방식이다. 피의자를 심문하는 경찰이 자백이나 정보를 얻기 위하여 자주 사용하는 대표적인 방식이기도 하다.

협상을 진행하면서 두 사람의 악역과 선역을 알아차리는 경우, 선역을 하는 상대방에게 감사를 표시하지만 왜 그렇게 호의를 베푸는지, 무엇이 공정한지, 그리고 두 사람이 연극을 하고 있다는 사실을 지적하면서 차분하고 냉정하게 협상에 임해야 한다.

4) 위 협

위협이나 압력은 협상에서 가장 남용하기 쉬운 술수이지만, 위협은 상대방의 더 큰 위협을 낳고 협상을 망가뜨리며 인간관계를 파괴시키기도 한다. 위협은 굴복을 가져오기보다는 상대방의 단결을 강화시키는 역효과를 가져오기도 한다. 또한 상대방이 원칙적 협상을 강조하고 홍보함으로써 오히려 상대방의 입지를 강화시키는 역효과도 발생할 수 있다.

하지만, 상대방이 위협 술수를 행사하는 경우에 당신은 상대방이 실제로 권위도 없거나 급조된 것이거나 엉터리라고 생각하여 위협을 무시해버리는 대응책을 구사할 수 있다. 가장 현명한 대처는 상대방이 위협을 가하고 있지만 당신은 이에 굴복하지 않을 것이며, 오히려 위협에 응하지 않는 것이 당신의 협상원칙이라고 천명하여 상대방으로 하여금 위협이 소용없음을 깨닫게 한다.

3. 입장에 근거한 술수

1) 협상 거부

협상을 진행하다가 상대방이 더 이상 협상을 하지 않겠다고 거부하는 경우도 있다. 이는 어떤 사정에 의하여 실제로 협상을 중단하는 경우도 있지만, 대부분 협상에서는 보다 우월한 상황을 조성하기 위한 전술일 가능성이 높다. 따라서, 완전히 협상을 철수하는 것인지 아니면 전술인지 명확하게 확인할 필요가 있다. 피셔는 상대방이 협상을 거절할 때 다음과 같은 방법을 권하고 있다(Fisher et al., 1991: 138-139).

첫째, 협상 거부 전략을 하나의 가능한 협상 술수로 인정하라.

상대방이 협상을 거절하는 것은 협상을 중단하는 것이 아니라 당신으로부터 양보를 얻어내기 위한 전술이라는 것이다. 협상에 참여시키려면 어떤 것을 양보하라는 신호라고 해석할 필요가 있다. 협상에 참여하는 전제조건을 제시할 가능성이 높으므로, 이를 주의 깊게 살펴보아야 한다.

둘째, 상대방의 협상 거부에 대하여 논의하라.

협상을 거부하는 진짜 이유가 있을 것이므로 이를 확인할 필요가 있다. 이는 당사자간에 직접 대화를 시도하거나 또는 제3자를 이용하는 방

법도 가능하므로 대화를 단절하지 말고 의도를 파악해야 한다. 정확하게 말하면, 협상 거부를 비난하지 말고 거부 이면에 숨겨져 있는 진짜 이유, 즉 이해관계를 찾아내는 것이 중요하다. 이해관계를 알아내면 당신의 전략을 조정하면서 협상을 다시 시작할 수 있다.

2) 지나친 요구

협상에서 상식적으로 수긍이 갈 수 있는 수준**의 제안이나 요구, 양보** 수준을 넘는 과도한 협상 조건을 제시하는 경우가 있다. **일종의 후려치기**를 하려는 것처럼 보인다. 이러한 협상가는 협상이라는 것을 양측이 주장한 제안의 중간 수준 정도에서 합의하는 것이라고 생각하는 경향이 있다. 따라서, 일부러 과도하게 낮거나 높은 수준의 요구를 주장하여 중간 정도에서 결정되면 자신에게 유리하기 때문이다.

이에 대응하는 방법은 먼저 협상을 거절하는 것이다. 더 이상 상대방을 협상 파트너나 신뢰할 수 없다고 판단하는 것이다. 두 번째는 상대방에게 지나치게 과도한 제안은 협상이 이루어질 수 없을 것이므로 협상파기를 원하느냐고 질문한다. 마지막으로 그처럼 지나친 요구나 제안이 상식적으로 합당하다고 생각하는지 주장하는 정당한 근거는 무엇인지 계속 질문하여 상대방이 스스로 수정하도록 유도하는 것이다(Fisher et al., 1991: 139-140).

3) 요구 수준 추가

협상가 중에 협상이 어느 정도 타결되면 자신이 양보한 대가를 요구하거나 새로운 요구 사항을 추가적으로 제시하는 경우가 왕왕 있다. 경우에 따라서는 합의된 내용을 다시 논의하자는 요구도 가능해진다. 이러한 술수도 심리전의 일종인데, 상대방이 더 많은 요구를 하기 전에 당신으로 하여금 빨리 협상을 타결하도록 만드는 효과를 노리는 것이다.

물론 이미 합의된 마당에 약간의 추가적인 양보는 가능하지 않겠느냐는 당신의 심리를 노려 추가적으로 약간의 양보를 얻어내려는 의도도 있다. 물건을 구입하고, 다른 물건을 추가 구입할 때 할인을 요구하거나 기념품 등을 요구하는 경우도 이에 해당될 수 있다.

이러한 술수에 대응하는 방법으로 피셔(1991)는 먼저 이러한 제안은 수용이 곤란하다고 말하거나, 협상을 계속할 의향이 있는지 묻거나, 당신이 협상을 계속할 것인지 생각할 시간을 가지기 위해 휴식을 가지라는 것이다.

4) 족쇄 전략

극단적인 족쇄 전략은 앞에서 설명한 일명 겁쟁이 게임(치킨 게임)에서 찾을 수 있다. 겁쟁이 게임은 1차선만 있는 도로에서 두 대의 자동차(트럭)가 마주 달리는 게임으로 누가 먼저 핸들을 꺽어(겁쟁이) 충돌을 피하느냐를 결정하는 도박 게임이다. 구체적인 내용은 이 책의 해당 페이지를 참조하기 바란다.

협상에서 보통 나타나는 족쇄 전략은 협상자가 일방적으로 과도한 요구를 제안하고 더 이상 협상하지 않겠다고 선언해버리는 경우이다.

이에 대응하는 방법에 대한 피셔는 다음과 같이 제시하고 있다(Fisher et al., 1991).

하나는 의사전달을 방해하는 방법으로 그러한 선언을 모르는 척 하여 상대방이 맥 빠지게 만들거나 여러 번 반복 주장함으로써 신뢰도를 떨어뜨리는 효과를 노린다. 또 하나는 상대방의 의도를 약화시키기 위하여 내 맘대로 해석하여 버리는 것이다. 대수롭지 않다거나 농담쯤으로 치부해버리는 방법도 가능하다. 원칙화된 대응 방법으로 당신은 족쇄 전략(압박 전략)에는 굴복하지 않으며 합당한 논리에만 승복할 수 있다고 말하면서 문제의 본질에 대하여 협상하자고 제안한다. 상대방의 공언을 심각하게 받아들이지 말고 모양새 있게 스스로 수정하도록 가볍게 다루라고 충고한다(Fisher et al., 1991: 140-141).

5) 동료 핑계

협상을 진행하다가 당신의 요구를 상대방이 수용하지 못하는 이유로 동료나 다른 사람이 반대할 것이라고 핑계를 대는 술수이다.

이 술수를 알아차리는 경우 앞에서 설명한 원칙에 기반한 협상으로 돌아가서 가능한 한 합의 내용을 문서로 작성해야 한다. 아울러 가능하다면 상대방이 반대한다고 말하는 그 사람과 직접 대화를 나누겠다고 요구하여 스스로 수정하도록 유도하거나 실제로 직접 대화를 갖는 것도 효과적인 협상전략이다.

6) 의도적 지연

협상을 지지부진하게 끌고 가는 지연 전술이 종 종 사용된다. 자신에게 유리하다고 판단되는 상황이 발생할 때까지, 파업하겠다고 선언한 날까지 등 당신을 초조하게 만들어 많은 양보를 얻어내려는 술수이다.

이 경우 상대방에게 지연 전략을 구사하고 있음을 강조하라. 아울러 지연이 오히려 상대방에게 불리할 수 있음을 주장하라. 그리고 협상 이외의 다른 대안(배트나, BATNA)이 있는 지 조사하면서 넌지시 이러한 정보를 흘려라.

7) 양자택일 강요

피셔는 이 전략이 정중하게 사용되는 경우에는 잘못된 협상전략이 아니라고 말한다. 다만, 협상의 여지를 남기지 않으려는 듯 위압적으로 강요하듯 제시하는 경우 문제가 될 수 있는 술수이다.

이 경우 처음에는 화제를 바꾸어 모르는 척 하거나 무시하는 전략을 구사한다. 또는 다른 해결 방안을 논의하는 화제로 바꾸라는 것이다. 만약 이러한 행동이 어려운 경우에는 합의가 이루어지지 않는 경우 상대방이 잃게 될 내용을 설명하라. 협상 분위기나 상황을 바꾸어 체면을 살리면서 양자택일 압박을 수정할 기회를 제공하라(Fisher et al., 1991: 141-142).

협상 팁 14

한국인의 협상력

한국인은 협상에 약하다?

외국의 비즈니스 파트너들이 한국인은 협상력이 부족하다는 인식이 많다고 한다. 왜 이런 평가를 받을까?

① 협상에 대한 준비가 부족하다고.

② 감정적이어서 감정에 치우치거나 감정 조절에 서투르다고.

③ 특유의 성급함으로 한 방에 해치우려 서두른다고.

④ 양보는 굴복으로 인식하여 자기 주장만 한다고.

⑤ 논리와 설득보다는 인간관계나 친밀함으로 승부한다고.

출처: 변종원. 2006. 협상의 원포인트레슨. 랜덤하우스: 29.

♣ 2000년 이전에는 미국의 공무원 사회에 다음과 같은 말이 회자했단다. "승진하려거든 한국과 협상하라!" 한국과 협상하면 대부분 승리하므로 유능하다는 평가를 받아 승진한다는 뜻이다.

지금은 어떤가?

그동안 많은 협상 전문가들이 배출되어 이제는 국제협상에서 한국이 우월한 협상을 가져오는 경우가 많다. 대표적인 것이 미국과의 FTA협상이다. 앞에서 제시한 한국인의 낮은 협상능력은 새겨볼 만한 내용이다. 철저한 준비, 감정 조절, 여유로움(척), 적절한 양보, 논리로 무장한 설득이야말로 최상의 협상 전문가 자질이다.

제V편

협상 사례

제15장 지방자치단체의 정책갈등 사례

제16장 수원 공군비행장기지 이전 협상 사례

제17장 한미FTA 협상 사례

비난 받자마자 곧 발끈하는 사람은 조그마한 웅덩이에 불과하다.

톨스토이, Lev Nikolayevich Tolstoy

좋은 경청자는 어디에서든지 인기 있을 뿐만 아니라, 곧 뭔가를 알게 된다.

마이즈너, Wilson Mizner

제15장

지방자치단체의 정책갈등 사례

제1절 서론

제2절 정책갈등의 이론적 논의

제3절 봉명지구 정책갈등의 사례분석

---

* 제15장은 다음 자료를 간략하게 재정리하고 수정 · 보완하여 게재하였다. 백종섭. 2006. 자치단체의 정책갈등 원인과 정책적 함의. 「한국거버넌스학회보」, 13(3): 25-54.

제1절 서 론

지방자치시대를 맞이하여 각 자치단체는 지역경제의 발전을 위한 노력을 박차를 가하면서 정책의 이해당사자들과 갈등을 표출하는 사례가 빈발하고 있다. 특히 민선에 의해 선출된 지방자치단체의 장들은 다양한 정치적 목적을 실현하기 위하여 지역발전을 강조하면서 개발을 우선시하는 경향이 짙어지고 있고, 이는 지역경제의 활성화에 기여하는 측면과 함께 환경파괴, 난 개발, 불균형개발, 즉흥적 정책의 시행에 따른 부작용도 나타나고 있어 정책의 형성과 집행에 많은 문제점을 제기하고 있다. 정책갈등은 여러 쟁점들을 중심으로 다양한 집단들의 소용돌이 속에서 다양한 방법으로 표출되면서 해결과정을 겪어나간다. 특히 정책갈등이 양 당사자간에 해결이 어려운 경우에는 제3자의 개입에 의한 해결방안이 시도될 수 있으며 이는 갈등당사자들의 극한적인 대결양상을 완화하는 데 결정적인 역할을 할 수 있다.

본 연구는 대전광역시 유성구 봉명지구에서 발생한 정책갈등을 중심으로 갈등 원인과 갈등 진행과정 및 갈등 해결을 분석하여 갈등관리 및 협상전략의 특징, 정책적 함의를 도출하고자 시도되었다.

정책갈등의 이론적 논의 제2절

1. 정책갈등의 의의와 유형

정책갈등과 관련하여 Minnery(1985)는 정책결정상황에 직면하여 정책결정에 관여된 주체들이 정책대안을 선택 또는 결정하는 데 있어서 제약을 받고 있는 상황이라고 규정하였다. 정책갈등은 그 지역사회의 주민 생활에 커다란 변화를 야기시키며, 정책갈등의 존재유무는 다른 지역사회와는 다른 생활패턴상의 차이를 가져오기도 한다. 그리고 정책갈등에 관련된 행위주체들은 정책결정에 직접 관련된 당사자들 뿐만 아니라 관련 대중이나 기타 관련 집단들의 관심을 야기시키기도 한다(Zeigler et al., 1985: 24-32).

정책갈등에는 크게 개인적 갈등, 개인간 갈등, 집단간 갈등 및 조직간 갈등으로 구분할 수 있다. Murray(1968)는 개인적 갈등의 유형으로 접근-접근갈등, 접근-회피갈등, 회피-회피갈등, 이중의 접근-회피갈등으로 구분하고 있다. 조직간 갈등은 조직 상호간에 발생하는 갈등으로서 중앙부처간의 갈등, 중앙정부와 지방정부간의 갈등, 지방정부간의 갈등, 정부와 민간조직간의 갈등 등이 대표적이라고 할 것이다. 특히 지방자치가 본격적으로 실시되면서 중앙정부와 지방자치단체간의 갈등이 빈발하고 있으며, 최근에는 지역개발과 관련하여 지방자치단체간의 갈등도 자주 발생하는 추세이다.

2. 정책갈등의 원인

정책과 관련하여 갈등이 발생하는 원인은 다양하게 설명되고 있다. 첫째, 정책지향에 대한 차이이다. 각 집단들이 추구하는 지향점이 변화와 안정, 단기성과 장기성, 개인위주 또는 집단위주 등 어느 것을 강조하느냐에 따라 정책갈등을 일으킬 수 있다. 둘째, 정책과 관련하여 관할권에 대한 경쟁으로 발생하기 쉽다(김영평, 1991). 관할권 분쟁은 사업의 내용보다는 조직의 기능과 설계에 관하여 새로운 구도를 모색하려는 것으로 이러한 과정에서 정책에 대한 경쟁을 시도하게 된다. 셋째, 목표의 양립불가능성이다. 조직과 집단간의 목표의 차이나 비양립성은 조직과 집단의 규모가 크고 기능이 다양할수록 집단내의 분화와 더불어 갈등의 정도는 심화될 가능성이 높다. 이외에도 한정된 자원에 대한 경쟁 갈등, 조직과 집단간의 상호의존성, 권한의 배분상태도 갈등을 가져오기 쉽다. 특히 지방자치가 실시된 이후 중앙정부와 자치단체간에 기능배분과 관련하여 갈등을 야기하고 있다.

정책의 유형과 관련한 갈등은 혐오시설 또는 비선호시설정책과 관련한 갈등으로 핵폐기물처리장, 쓰레기소각장과 매립장, 공동묘지(추모공원), 납골장 등은 국민과 주민들의 생활에 매우 중요한 위치를 차지하고 있으나 이 시설의 외부불경제적 특성으로 인하여 지역간, 정부간, 정부와 주민간에 입지, 비용, 운영, 보상 등에 대하여 갈등이 나타나는 특징을 갖는다(박병식 외,1998). 혐오시설의 입지는 해당 지역의 주민들에게 환경오염발생으로 인한 건강악화, 주변지역의 지가하락, 교통문제, 안전사고 등으로 주민의 반발이 거세게 나타나는 정책 중의 하나이다(백종섭, 2002).

3. 본 연구의 분석틀

본 연구는 갈등주체와 정책이해당사자가 상당히 복잡하게 구성되어 갈등과정을 발생단계, 증폭단계, 종결단계로 구분한 뒤, 이러한 갈등단계에 따라 갈등주체와 이해당사자간의 갈등과정, 이의 증폭과정 및 해결과정을 살펴보기로 한다. 각 실선은 갈등주체와 이해당사자간의 갈등관계의 정도를 나타내는 것이다. 다만, 그림의 복잡성을 피하기 위하여 중앙정부와 지역주민간의 관계는 표시하지 않고 본문 설명부분에서 그 관계를 분석하였다.

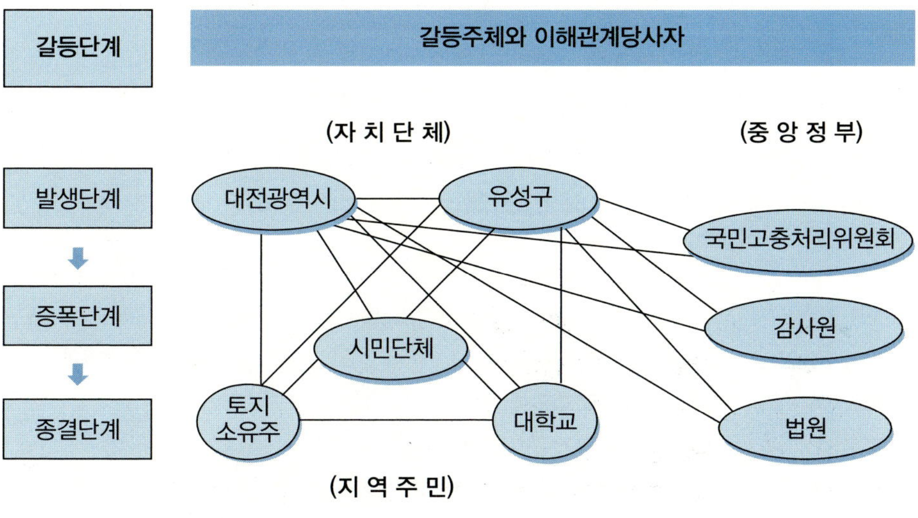

그림 15-1
본 연구의 분석틀

제3절 봉명지구 정책갈등의 사례분석

1. 갈등의 배경과 원인

1) 봉명지구의 구획정리사업

대전광역시는 유성구의 특색인 유성온천을 근간으로 하는 유성구 일원을 관광특구로 지정하여 관광위락단지를 조성하겠다는 계획을 추진하게 되었다. 대전시는 1991년 봉명지구를 도시기본계획 수립시 상업지역으로 계획을 추진하고, 1993년에 온천지구로, 1994년에는 관광특구로 지정하고, 1998년에는 토지구획정리사업 공사를 착수하여 2001년 토지구획정리사업 공사를 마무리하여 원래 토지소유주들에게 대부분 환지되고

표 15-1 건축허가 유보과정

일자	내용
1983.	대전시, 대전도시기본계획수립(봉명지구 관광 · 휴양 · 위락 기능 부여)
1991. 1. 15.	대전시는 봉명지구를 도시기본계획 수립시 상업지역으로 계획
1993. 4. 6.	대전시는 봉명지구를 온천지구로 확대지정
1994. 8. 31.	대전시는 봉명지구를 관광특구로 지정
1998. 10.	대전시, 봉명지구 토지구획정리사업 공사 착수
2001. 5. 31.	유성구, 봉명지구 첫 건축허가 승인
11.	대전시, 토지구획정리사업 공사 준공
12.	유성구, 봉명지구내 건축허가 접수 시작
2002. 2. 5.	유성구, 숙박 · 위락시설의 건축제한
3. 2.	유성구, 건축허가 유보 결정 및 대전광역시장에게 지휘보고
3. 7.	유성구, 대전시에 봉명지구단위계획 변경요청
3. 11.	유성구, 토지소유주에 건축허가 유보 방침을 통보 대전시, 충남건축사협회에 숙박 · 위락시설 건축설계 자제 요청

일부만 매각되는 토지정책을 실시하게 되었다.

2) 유성구청의 건축 허가 유보결정

봉명지구 토지 주인들은 유성구에 건축허가를 신청하였다. 신청 건수 22건 중 19건은 숙박시설(일명 러브호텔, 이하 '숙박시설'이라 함)[1]로 허가가 이루어졌으며, 2002년초 이병령 유성구청장은 허가된 22건 중 19건이 숙박시설이고 허가를 기다리고 있는 9건도 모두 숙박시설이라는 사실을 알게 되었다. 기존의 110여개의 숙박시설과 함께 유성이 전국 최악의 숙박시설 타운이 될 가능성이 높고, 아울러 첨단과학도시라는 대전광역시의 이미지에도 바람직하지 않을 뿐만 아니라 숙박시설과 관련한 불건전한 산업(성인용품, 퇴폐비디오 등)이 난무함으로써 유성지역이 관광특구가 아닌 불건전한 숙박 특구로 변질될 것으로 예측한 구청장은 건축법 제8조 5항에 의거, 2002년 3월 2일 9건에 대한 건축 허가를 유보하는 결정을 내렸다(대전참여자치시민연대 www.cham.or.kr).[2]

2. 갈등단계별 갈등주체와 내용

1) 갈등의 발생단계

(1) 유성구와 민원인간 갈등

대전광역시 유성구는 2002년 3월말부터 7월초까지 봉명지구 토지구

---

1) 현행 건축법상 숙박시설은 ①일반 숙박시설(호텔, 여관, 여인숙), ②관광숙박시설(관광호텔, 콘도 등), ③기타로 되어 있다. 따라서 일명 러브호텔은 공식적인 행정용어가 아니다.

2) 유성구 봉명지구는 장대동 대규모 아파트 단지의 바로 길 건너편이고, 충남대학교 정문으로부터 약 360m 정도 떨어져 있으며 한빛 아파트, 다솔 아파트, 자연 아파트 등 대규모 아파트 단지 건너편에 위치한 지역이다(www.metro.daejeon.kr,www.yuseong.daejeon.kr).

획정리 주변에 모두 4건의 숙박시설을 허가해주었다. 리베라호텔 앞과 유성시장 인근에도 동일한 시설에 대해 건축허가를 내주었으나, 봉명지구에 대해서는 건축허가를 유보하는 결정을 내림으로써 정책결정의 형평성 문제에 휘말리게 되었다. 봉명지구 토지주인들은 대전시에 행정심판 청구, 대전지방법원에 행정소송을 청구하였다.

(2) 대전광역시와 유성구간 갈등

유성구는 대전광역시에 봉명지역에 대한 지구단위계획변경을 요청하였으며, 대전광역시는 지구단위계획의 〈권장용도〉를 적극 활용하거나 건축위원회의 심의를 통하여 건축허가 제한 방안을 모색'하라는 입장을 밝혀 두 자치단체간의 갈등이 시작되었다. 대전광역시 행정심판위원회는 유보처분을 취소하라는 재결을 내리고, 유성구는 승복하지 않고 건축허가를 유보하였으며, 건축법 제8조 5항을 근거로 유성구 건축심의위원회를 열어 건축허가를 불허할 수도 있다는 입장을 보였다. 아울러 유성구청장은 유성구의 입장을 담은 서한문을 유성구 전체 주민, 종교단체, 동구 · 서구 · 대덕구 통장 및 부녀회장들에게 일제히 발송하였다.

(3) 중앙부처의 개입: 국민고충처리위원회

봉명지구 토지소유 민원인들은 국민고충처리위원회에 민원을 신청하였고, 국민고충처리위원회는 실사를 통하여 이 사건 토지의 주변에는 주거시설 및 교육시설이 없을 뿐만 아니라 숙박시설의 건축이 이 사건 지역의 주변 환경에 부적합하다고 할 수 없으므로 건축허가 처분은 위법 부당하다고 의결하였다.

한편, 갈등발생단계에서 각 갈등주체와 이해당사자간의 갈등 정도를 화살표로 나타내면 〈그림 15-2〉와 같다.

표 15-2
갈등 발생과정

2002. 3. 22.	유성구, 토지주에게 건축이용계획에 대한 〈구청장 서한문〉 발송
3. 23.	대전시, 〈봉명지구단위 계획변경 불가〉를 유성구에 회신
4. 15.	토지소유주, 각계에 진정서 제출
4. 18.	토지소유주, 대전시에 행정심판 청구(유보처분 취소 청구)
4. 25.	토지소유주, 대전지방법원에 행정소송 청구
6. 3.	대전시, 행정심판위원회 개최
6. 3.	국민고충처리위원회, 위원회 의결사항 송달 ※ 봉명지구내 건축허가 유보처분을 취소할 것을 시정권고 한다.
6. 18.	대전시, 행정소송 재결서(건축허가 유보처분 취소결정) 유성구에 발송
6. 18.	대전시, 봉명지구 구획정리사업 최종 마무리(환지처분 마감)
6. 19.	행정심판 재결서 송달 ※주문: 건축허가 유보처분은 이를 취소한다.

그림 15-2
갈등 발생단계
갈등상황

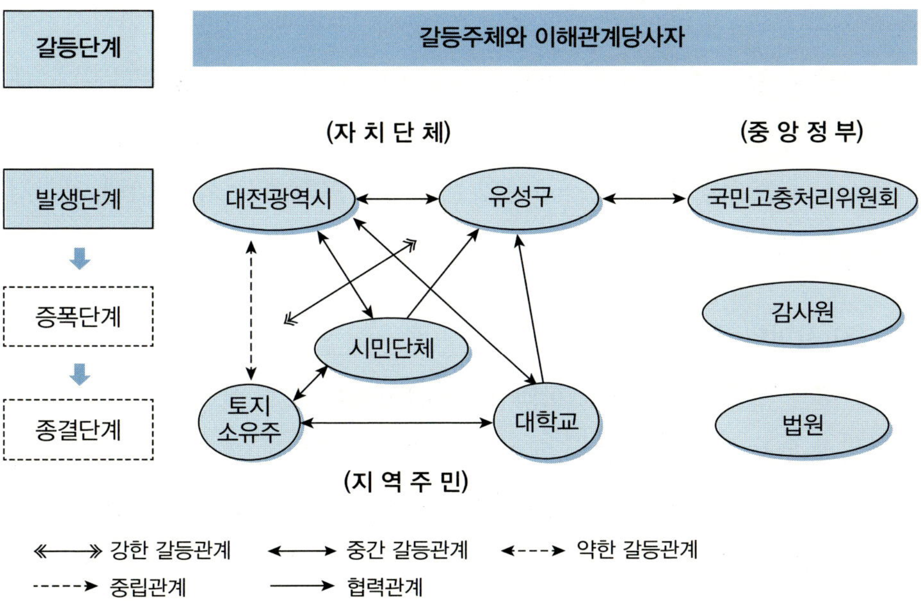

2) 갈등의 증폭단계

(1) 유성구와 민원인간 갈등

대전광역시행정심판위원회가 유성구의 건축허가 처분을 취소하라는 재결서를 송달하였으나, 유성구는 이에 응하지 않았다. 이에 민원인들은 2002년 건축불허가를 취소해달라는 행정소송과 행정심판을 청구하였다. 유성구측은 유성구건축심의위원회에서 봉명지구 숙박시설 건축허가 신청 15건에 대해 모두 불허결정을 내렸다.

(2) 중앙부처의 개입: 감사원

민원인들은 민원을 감사원에 접수시키자 감사원은 대전광역시로 이첩하고 처리결과를 보고하도록 하였다. 지구내에서 숙박 · 위락시설의 건축허가를 받은 토지소유주들과의 형평성 문제 등이 예상됨으로 민원사항이 원만하게 해결될 수 있도록 방안을 강구하여 적극 조치하라고 하였다. 대전시는 감사원이 이첩에 따라 유성구의 행정심판재결 불이행사항에 대해 특별감사를 실시하여 관련 공무원의 위법하고 부당한 사항에 대해 기관경고조치를 내렸다.

(3) 시민단체의 개입

유성구 봉명지구와 관련하여 대전시와 유성구 및 민원인간의 갈등이 심화되고 언론에 보도되면서 대전지역 시민단체들이 이 사안에 관여하기 시작하였다. 대전참여자치시민연대는 조속히 감정대립을 중단하고 합리적 문제해결을 위한 공개정책협의에 착수할 것을 권고하였다. 유성 주민들과 10개 시민단체로 구성된 러브호텔건립반대운동연대는 충남대와 한국과학기술원, 많은 연구소와 아파트가 밀집해 있는 이 지역에 러브호텔 건축불허를 지지했다.

(4) 대학교측의 개입: 충남대교수협의회/총학생회

충남대학교 교수협의회와 총학생회는 유성 봉명지구 러브호텔 건축에 반대한다는 성명을 발표했다. 교협 등은 '유성구가 지역주민의 생활환경을 보호하고자 러브호텔의 건축을 더 이상 허가하지 않은 용기와 판단을 높이 평가하며 유성구를 지원할 수 있는 다양한 방안을 모색하겠다'고 강조했다.

갈등주체와 이해당사자간의 갈등정도를 추가된 부분만 나타내면, 대전광역시와 유성구의 갈등관계가 중간정도에서 강한 갈등관계로 변호하였으며, 유성구와 감사원의 갈등관계가 새롭게 나타났음을 보여준다.

표 15-3 갈등 발생단계 과정

일자	내용
2002. 7. 24-10. 9	민원인, 유성구를 피고로 행정소송 청구
8.	감사원, 민원해결 위한 강구를 조치하고 보고할 것을 대전광역시에 요청
8. 2-8. 6	대전광역시, 유성구에 대해 특별감사 실시 ※행정심판재결 불이행 사항
8. 14	대전참여자치시민연대, 광역시와 유성구에 합리적 해결 촉구 성명 발표
8. 22	유성구, 건축법 제8조 제5항의 규정에 의거 건축위원회 심의 ※ 교육, 주거, 주변환경 등에 부적정하여 지구단위계획변경 등 대안이 확정될 때까지 건축허가 제한
8. 24	유성구, 건축허가 신청서 불허가처분 통지
8. 26	러브호텔건립반대운동연대, 유성구의 건출불허결정 지지 성명 발표
8. 29	충남대교수협의회 · 총학생회, 유성구의 건축불허지지 성명 발표

그림 15-3
갈등 증폭단계 갈등상황

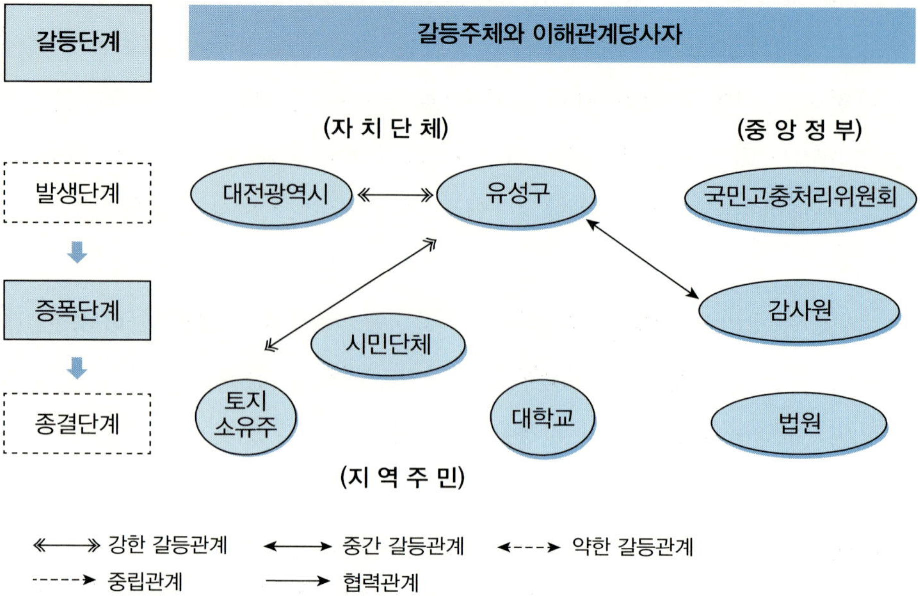

3) 갈등의 종결단계

(1) 유성구와 민원인간의 갈등

유성구가 건축허가 신청서를 불허가처분을 통지하자, 민원인들은 행정소송과 행정심판을 청구하였다. 법원은 재판부가 현장을 검증하여 행정소송에 대한 선고를 내려 원고(봉명지구 민원인)의 청구를 모두 기각 결정하여 유성구의 입장을 지지하였다.

(2) 대전광역시와 유성구간의 갈등

대전시장은 유성구와 대전시의 갈등으로 비춰져 문제가 엉뚱한 방향으로 흐르고 있다고 지적하면서 합리적 대안 마련을 강조했다. 대전시는 합리적 방안의 일환으로 봉명지구에 대한 도시계획을 여관시설 등 일부 유흥시설을 제한하고, 공연시설 등 문화시설을 권고하는 지구단위계획 변경 추진 방안도 검토하였다. 유성구는 유성구건축심의위원회를 열고 건축허가 신청 15건을 모두 불허 결정하였다. 이후 대전시장과 유성구청장이 직접 만나 봉명지구에 대한 의견을 교환하면서 합리적인 대안을 모색하자고 하였다.

민원인들은 대전고등법원에 항소하였으나 원고항소 기각판결을 내렸고, 대법원에 상고하였으나 심리불속행기각판결과 파기환송을 내려 유성구 봉명지구 갈등사례는 결국 자치단체간, 자치단체와 민원인간의 자율해결보다는 법원이라는 제3자에 의한 타율해결로 종결되었다.

마지막으로 갈등종결단계에서의 갈등정도를 나타내면 〈그림 15-4〉와 같다. 즉, 증폭단계에서는 강한 갈등관계이었던 대전광역시와 유성구가 약한 갈등관계로 변화되면서 어느 정도 협조적인 관계로 변화되었음을 보여준다. 법원은 토지소유주의 소송 건에서 유성구의 승소를 결정함으로써 유성구와 협력관계를 보여줌을 나타내고 있다.

표 15-4
갈등 종결단계 과정

날짜	내용
2002. 9. 25-11.	봉명지구 민원인, 행정심판 청구(불허가처분 15건 전체)
12. 16	행정심판위원회 개최 - 재결 보류
12. 24	유성구, 봉명지구 향후 발전방안 모색을 위한 학술 용역 발주
12. 26	행정소송 재판부 현장검증 (1차)
2003. 1. 27	행정심판위원회 개최 - 재결보류
2. 8	행정소송 재판부 현장 검증(2차)
5. 14	행정소송 선고(주문:원고(봉명지구 민원인) 청구 기각)
5. 19	행정심판 재결(주문:청구인(봉명지구 민원인) 청구 모두 기각)
2004. 3. 25	대전고등법원 원고(봉명지구 민원인)의 항소 기각판결
4. 9	대법원, 상고 3건에 대하여 심리불속행 기각판결
4. 13	대법원, 상고 3건에 대하여 파기환송

그림 15-4
갈등 종결단계
갈등상황

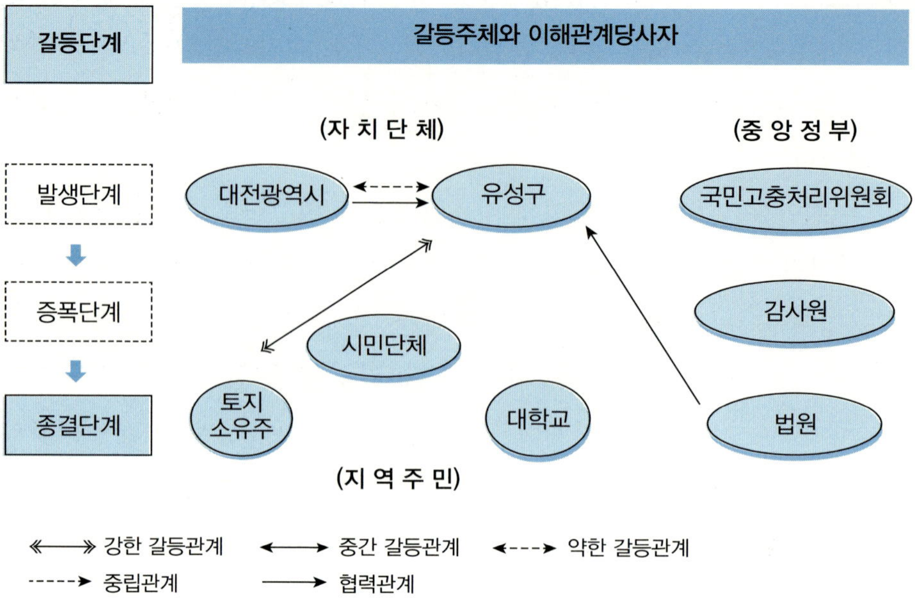

3. 갈등의 근원과 갈등관리 전략

1) 갈등의 원인

(1) 대전광역시의 근시안적 행정

대전광역시는 유성구가 과학과 관광의 이중성으로 인하여 갈등의 근원이 내재되어 있음에도 불구하고 이를 심각하게 고려하지 못한 채 봉명지구 사업을 추진함으로써 문제의 불씨를 뿌린 셈이 되었다.

(2) 유성구의 안이한 행정

유성구는 대전시의 정책에 별다른 의견도 제시하지 않고 사후에 접수되는 모든 건축허가를 내주다가 폭증하는 서류에 놀라 갑자기 건축허가를 유보하는 정책결정으로 형평성 문제를 제기하고 말았다. 유성구건축심의회를 보다 이른 시일내에 개최하여 정책결정의 절차적 합법성을 취하였다면 갈등의 초기단계에서 갈등완화를 가져올 수 있었다.

(3) 지방의회의 방관자적 태도

자치단체의 갈등이 자치단체장의 감정대립까지 이어지면서 갈등이 증폭되는 와중에 유성구의회는 의원간담회를 개최하였으나 중재자 또는 조정자로서의 역할을 수행하지 못하고, 대전시의회는 아무런 조처를 취하지 않아 더욱 중재자 또는 조정자로서의 역할가능성을 보여주지 못하고 수수방관자로 남았다.

(4) 자치단체간의 신뢰부족과 대립의식

유성구 봉명지구의 갈등은 발단 단계에서는 유성구와 민원인간의 건축과 관련한 정책갈등으로 출발하였으나, 점차 두 자치단체장간의 힘겨루기식 감정대립으로 비화되면서 갈등이 증폭 · 확산되어갔다. 결국 두 자치단체간의 신뢰부족에서 기인하는 것으로 지방자치가 민선에 의해 자치단체장이 선출되면서 각 자치단체장의 유권자를 의식한 선명경쟁의식이 가세하면서 증폭된 갈등이라고 할 것이다.

(5) 중앙기관의 형식적 행정처리

국민고충처리위원회는 허가요건을 구비한 사안에 대하여는 기속행위이므로 허가해야 한다고 시정권고하는 입장을 유성구에 송달하였다. 감사원은 건축허가 유보가 법률적으로 문제가 있으며 형평성 문제가 제기되므로 민원사항이 원만하게 해결될 수 있도록 강구하라는 취지로 대전광역시에 이첩하였다. 문제는 국민고충처리위원회나 감사원이 민원인의 입장을 우선시한 채 유성구 봉명지구의 특성에 대한 세밀한 검토가 부족한 채 서류상 검토를 했다고 판단된다.

2) 갈등관리 전략/협상전략

이하에서는 갈등 주체들이 사용한 갈등관리 전략을 라힘과 톰슨 모델을 기준으로 평가하고자 한다. 아울러 적대적 협상전략과 호혜적 협상전략, 입장 협상전략과 이익기반 협상전략을 기준으로 협상전략도 동시에 평가한다. 설명은 생략하고 표로 제시하였다. 갈등 발생단계에서는 모두 지배형, 권리와 힘 중시 갈등관리 전략과 적대적이고 입장중심 협상전략을 사용하였다.

갈등 증폭단계에서는 민원인, 유성구, 대전광역시 모두 지속적으로 지배형 및 권리와 힘을 중시하는 갈등관리 전략을 사용하여 갈등을 증폭시켜 나갔다. 제3자인 감사원과 시민단체는 알선자와 조정자로서의 조정안을 제시하였으나, 증폭되어가는 갈등에는 별 다른 해결책이 되지 못하였다.

마지막 갈등 종결단계에서는 대전시와 유성구 자치단체간에는 갈등을 해결하려는 전략을 구사하였다. 제3자인 법원이 중재자로 개입하여 갈등은 중재안으로 종결되었다. 결국 갈등 당사자들은 지속적으로 지배적인 갈등관리 전략과 적대적이며 입장중심의 협상전략으로 승승-게임을 하지 못한 채, 권위있는 제3자의 중재로 갈등을 관리하게 되었다.

표 15-5
갈등관리 전략/협상전략(발생단계)

갈등 주체	갈등관리 전략(라힘, 톰슨)	협상전략
민원인	지배형 권리와 힘 중시	적대적 협상전략 입장협상전략
유성구	지배형 권리와 힘 중시	적대적 협상전략 입장협상전략
대전광역시	지배형 권리와 힘 중시	적대적 협상전략 입장협상전략
국민고충처리위원회	이해관계 중시	제3자 개입전략 (조정자)

표 15-6
갈등관리 전략/협상전략(증폭단계)

갈등 주체	갈등관리 전략(라힘, 톰슨)	협상전략
민원인	지배형 권리와 힘 중시	적대적 협상전략 입장협상전략
유성구	지배형 권리와 힘 중시	적대적 협상전략 입장협상전략
대전광역시	지배형 권리와 힘 중시	적대적 협상전략 입장협상전략
감사원	이해관계 중시	제3자 개입전략 (조정자)
시민단체	이해관계 중시	제3자 개입전략 (알선자/조정자)
충남대학교	지배형 권리와 힘 중시	적대적 협상전략 입장협상전략

표 15-7
갈등관리 전략/협상전략(종결단계)

갈등 주체	갈등관리 전략(라힘, 톰슨)	협상전략
민원인	지배형 권리와 힘 중시	적대적 협상전략 입장협상전략
유성구	민원인(지배형, 권리와 힘 중시) 대전시(이해관계 중시)	민원인(적대적, 입장협상전략) 대전시(이해관계 전략)
대전광역시	유성구(이해관계 중시)	유성구(이해관계 전략)
감사원	이해관계 중시	제3자 개입전략 (조정자)
시민단체	이해관계 중시	제3자 개입전략 (알선자/조정자)
충남대학교	지배형 권리와 힘 중시	적대적 협상전략 입장협상전략
법원	이해관계 중시	제3자 개입전략 (중재자)

4. 정책적 시사점

1) 장기적 정책기획능력 강화와 절차적 합리성 확보

본 사례는 대전광역시의 장기적인 정책기획능력이 중요하고, 유성구에서도 보다 세밀한 정책분석이 필요한 것을 확인하였다. 단지 자치단체장의 정치적 의욕만으로 추진하는 정책의 경우 실패할 수 있다는 점도 깨닫게 한 사례이다. 유성구는 처음부터 건축심의위원회를 조속한 시일내에 개최하여 합법적인 절차를 거쳤다면 이 문제로 인한 대전광역시와의 갈등은 최소화되었을 것이다.

2) 자치단체간의 유기적 협력과 신뢰구축 및 지방의회 역량 강화

자치단체가 주민을 위한 행정을 수행하기 위해서는 정치적 논리에 의한 정책결정을 삼가고 하나의 정책이 여러 자치단체에 영향을 미치는 경우 해당 자치단체들은 정책의 영향평가, 정책의 효율적인 집행 등을 위하여 상호 신뢰하는 풍토를 조성하면서 유기적인 협력관계를 유지하여 합리적인 정책결정과 효율적인 정책집행이 이루어지도록 노력해야 한다. 지방의회는 주민들의 합리적인 여론을 집행부에 전달하고 이를 정책으로 구현할 수 있도록 수행하는 것이 본연의 기능이다. 정책갈등이 발생하는 경우 합리적인 방안제시와 조정자로서의 역할을 수행해야 한다.

3) 협력정치모형의 설치 및 운영

협력정치모형은 Wise(1997) 등이 강조하여 분쟁 이전의 사전적 혹은 사후적으로 지방정부간의 갈등과 분쟁을 협력으로 전환하는데 매우 유용한 것으로 평가받고 있는 모형이다(Wise, 1997; 사득환, 2001; 백종섭, 2002).

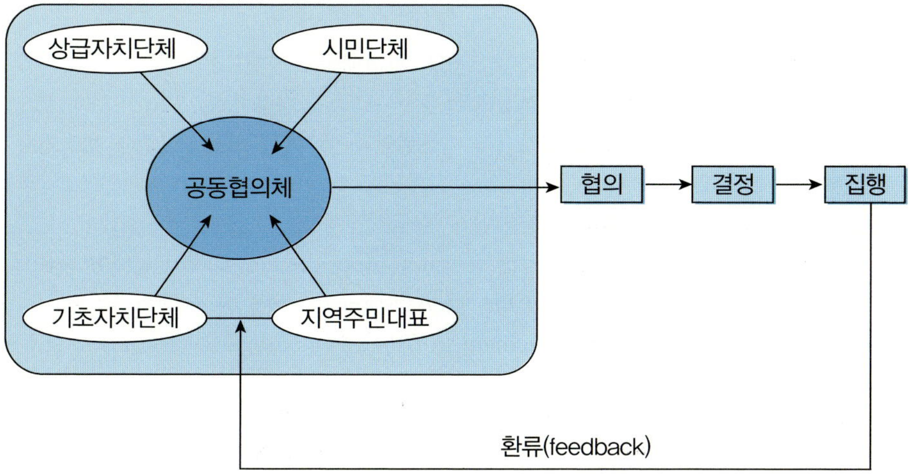

그림 15-5
협력정치모형

협력정치모형에 참여하는 당사자들 상호간의 공정한 규칙이 사전 또는 사후적으로 마련되어야 하고(Lan. 1997), 상호간의 커뮤니케이션에서는 정확하고 솔직한 정보교류가 이루어져야 한다(Deutsch. 1973).

4) 갈등관리와 협상전략의 이해

본 사례에서는 다양한 이해당사자들이 관련되면서 복잡한 양상을 보여주었다. 아울러 이해관계가 첨예하게 대립되면서 지배형 및 힘 중시 갈등관리 전략, 적대적이며 입장중심의 협상전략을 구사하여 당사자간에 갈등을 해결하지 못하여 결국 제3자(법원)에 의한 중재로 해결되었다. 이익에 기반한 이해관계 중심의 협상전략이 구사되었다면 서로 승리하는 다른 결과를 가져 올 수도 있었을 것이다. 갈등관리와 협상전략에 대한 이해가 중요시되는 이유이다.

참고문헌

김영평. 1991.「불확실성과 정책의 정당성」. 서울: 고려대학교 출판부,

박병식 · 강태호. 1998.공공시설 입지결정에 관한 연구.「한국행정학보」, 32(4): 239-255.

백종섭. 2002. 서울시 추모공원 건립정책의 갈등원인과 해결방안.「한국사회와 행정연구」, 13(2): 191-216.

사득환. 1997. 지방시대 환경갈등의 해결기제.「한국행정학보」, 31(3): 187-201.

Murray, E. J. 1968. Conflict: Psychological Aspects, in David L.Sills.(ed.). *I nternational Encyclopedia of the Social Science*, Vol.3. N.Y.: Free Press.

Minnery, J. R. 1985. *Conflict Management in Urban Planning*. Gower House: Gower Publishing Company Ltd.

Zeigler, Harmon, Ellen Kehoe, and Jane Reisman. 1985. *City Managers and School Superintendents: Response to Community Conflict*. N.Y.: Praeger Publishers.

www.merto.daejeon.kr

www.yuseong.daejeon.kr

www.cham.or.kr

협상 팁 15

피로스의 승리와 파비우스의 승리

고대 그리스 북부국가 에피루스(Epirus)의 피로스(Pyrrhos)왕은 뛰어난 전략 · 전술을 가진 장수였다. 카르타고의 명장 한니발도 '나보다 뛰어난 최고의 명장은 알렉산더와 피로스뿐'이라고 하였다.

피로스 왕은 로마군과 첫 결전을 벌인 헤라클레아 전투에서 승리하였으나, 병력 3만 5천 중 4천을 잃는 큰 손실(로마는 1만 4천명)을 입었다. 그 다음해 (BC 269)에 치른 아스쿨룸 전투에서도 승리하였으나 역시 3천명을 잃는 큰 손실(로마는 8천명)을 입었다.

로마는 인구와 경제력을 바탕으로 전력을 수습하였으나, 피로스는 그리스 도시들이 지원이 제대로 이루어지지 않아 결국 이탈리아 지역의 점령을 포기한 채 그리스로 철수하였다.

피로스의 신하가 승리를 기뻐할 때라고 말하자, 피로스는 '우리가 로마인들과 싸워 한 번 더 승리를 거둔다면, 우리는 완전히 끝장날 것이다.'라고 말했다는 것이다. 나중에 스파르타를 침공하다가 전사하고, 에피루스를 비롯한 그리스 지역은 로마의 손아귀에 떨어졌다.

여기에서 승리자에게 엄청난 손실을 안겨 결국에는 패배를 안긴 승리를 '피로스의 승리(Pyrrhic Victory)'라고 부르게 되었다. 또는 '승자의 저주'로도 부른다.

반면, '파비우스의 승리'로 싸우지도 않고 승리를 거두거나, 혹은 큰 피해를 입었음에도 끝끝내 전쟁에서 이기는 것을 뜻한다.

자료: https://mirror.enha.kr; http://rigvedawiki.net/ 2015-02-15

사람이 지나치게 비판적이면 친구가 없다.
맹자

목표없는 계획은 실패한 것이나 다름없다
세네카, Lucius Seneca

제16장 수원기지 비상활주로 이전 협상 사례

제1절 서 론
제2절 사례의 개요 및 특징
제3절 연구설계
제4절 갈등의 전개과정
제5절 갈등의 단계별 분석
제6절 공공협상에 대한 시사점

* 제16장은 다음 자료를 저자의 허락하에 부분적으로 축약하여 게재하였으며, 소중한 원고를 게재할 수 있도록 배려해주신 심준섭 교수님께 감사드린다. 전체내용은 해당 논문을 참조하기 바란다. 심준섭. 2013. 수원기지 비상활주로 이전과정에 대한 협상론적 분석. 「한국협상학회」, 16(1): 101-120.

제1절 서 론

사회의 구조적 분화와 다원화가 가속화되고 정책과정에 대한 다양한 행위자들의 참여가 확대되면서 공공 갈등의 발생 빈도 역시 급증하고 있다. 또한 정책 갈등이 무조건 바람직하지 못하다는 비용관점보다는 정책 참여자들 간의 자연스러운 이해관계나 인식차를 드러내는 현상이라는 시각 역시 점차 확산되고 있다. 그 결과 갈등에 대한 인식의 패러다임이 갈등의 제거에서 갈등의 관리로 점진적으로 변화되고 있다. 정부의 권위나 사법적 판결보다는 갈등 당사자들간의 직접적인 대화와 협상이 보다 중요한 갈등 관리 기제로 자리잡아가고 있다. 이처럼 대화와 협상을 통한 갈등 관리에 대한 사회적 관심이 증폭되고 있는데 반해 공공 갈등에서 당사자간 협상의 성공 사례를 찾아보기는 쉽지 않다. 이는 공공갈등은 그 특성상 상당한 사회적, 경제적 비용을 치른 후에야 제3자 개입 또는 사법적 판결을 통해 갈등이 관리되거나 해소되는 경우가 대부분이기 때문이다. 이러한 배경에서 본 연구는 당사자간 협상을 통한 공공갈등의 성공적인 관리 사례로 여겨지는 수원 비상활주로 이전사업 추진 사례를 갈등 발생기, 갈등 심화기, 당사자 협상기(1,2)로 구분하여 분석하였다.

본 사례분석의 협상시기와 분석대상은 은 공군, 경기도, 수원시, 화성시 간에 직접 협상 내용이다. 협상분석을 위해 당사자, 이슈, 이해관계, 대안, BATNA(Best Alternative To a Negotiated Agreement), 합의가능영역(ZOPA) 등의 핵심 요소들을 분석하였다(Raiffa et al., 2002; Lax & Sebenius, 2003, 1986; Sebenius, 2006, 1992; Thompson, 1998; Lax, 1985; Raiffa, 1982; 심준섭 외 3인, 2008; 심준섭, 2006).

사례의 개요 및 특징 제2절

1. 사례의 개요

전국에는 평상시 일반도로 기능을 유지하지만 비상시에는 활주로로 사용되는 비상활주로가 5곳이 있다. 전국 5곳의 비상활주로 중 수원비상활주로는 수원공군비행장[1)] 바로 옆 수원시 권선구 대황교동부터 화성시 진안동간 국도 1호선 2.7km 구간에 건설된 왕복 6차선(8만 9천m^2) 도로로서 지난 1983년 비상활주로로 지정됐다. 수원비행장 비상활주로 주변 6.75km^2의 건물 높이가 2~11층으로 제한되고, 2km 남짓한 거리에 수원공군비행장으로 인해 이중으로 고도제한 규제를 받고 있다. 현재 해당지역에는 수원시 4만여명, 화성시 2만 5천여 명이 거주하고, 비상활주로 인근 지역 주민들의 재산권 행사 등에 상당한 제약이 가해지고 있다.

2. 사례의 특징

수원 비상활주로 갈등관리 사례는 자치단체와 주민들의 비상활주로 해제 요구에 대해 공군이 대체 비상활주로를 수원 비행장 내로 이전하는 대신 이전 비용을 자치단체가 부담함으로써 갈등을 해소한 갈등관리 성공사례이다. 또한 광역 및 기초 자치단체와 공군이라는 특수한 공공기관이

1) 수원비행장은 2차세계대전 말 일본군에 의해 건설되었으며, 한국전쟁 중 미군 공군기지로 쓰이다가 1954년 한국 공군에 인수되었고, 현재는 제10전투비행단 등 공군 부대가 주둔하고 있다.

당사자로 개입하여 협상을 통해 합의에 도달한 사례라는 점에서 주목할 만하다. 이처럼 수원 비상활주로 이전 합의 사례는 갈등의 당사자인 자치단체들과 공군 간에 입장이 아닌 이해관계 중심의 협상을 통해 합의에 도달한 사례로서 민관군 협력을 통한 갈등관리 우수 사례로 주목받을 만하다.

제3절 연구설계

1. 분석틀

수원비상활주로 이전 사례 역시 복잡하고 다측면적으로 전개되는 공공갈등의 역동성을 그대로 보여주고 있다. 따라서 특정 시점에서의 정태적 접근만으로 수원 비상활주로 이전 갈등을 종합적이며 맥락적으로 이해하기는 어렵다. 이러한 근거에서 본 연구는 수원비상활주로 이전 갈등을 갈등의 발생기, 갈등의 심화기, 당사자 협상기(1,2) 4단계로 구분하였다. 협상분석을 위해 당사자, 이슈, 이해관계, 대안, BATNA, 협상영역의 구조, 가치 창조와 가치 주장 전략, 게임 변경하기 등의 핵심 요소들을 분석하였다. 본 연구를 위한 분석의 틀은 〈그림 16-1〉과 같다.

2. 연구대상 및 범위

본 연구의 대상인 수원 비상활주로 이전사례는 2006년 1월 피해지역 주민들이 집단적으로 국가를 상대로 손해배상 청구소송을 제기하면서 부

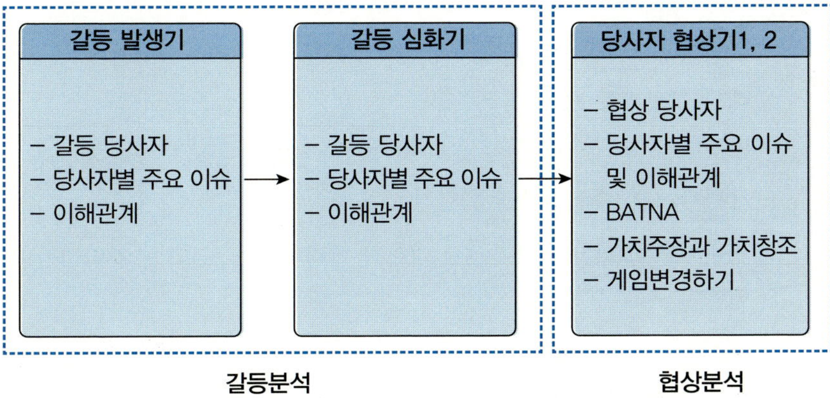

그림 16-1
분석 틀

터 2011년 10월 경기도, 공군, 수원시, 화성시 간에 최종합의에 도달하기까지의 약 6년간의 갈등 전개과정을 시간적 범위로 한다. 협상분석을 위한 2차 자료로는 신문기사, 발표문, 토론회 자료 등이 이용되었고, 2차 자료에서 미흡한 부분은 경기도 내부자료를 활용하였다.

갈등의 전개과정 제4절

1. 갈등의 발생기

1983년 수원 비상활주로가 지정된 이후 해당 지역주민들의 불만과 피해보상 요구는 꾸준히 있어왔지만, 갈등 발생기는 2006년 수원 비상활주로 인근 피해지역에 대한 손해배상 청구소송이 제기된 시점부터 2008년 4월 총선거 시기까지의 기간이다.

표 16-1
갈등 발생기의 주요 사건 정리

시기	사건 내용
2006.1	비행장 인근 주민, 시민단체 등이 국가를 상대로 수원비행장 소음피해 배상 청구소송 제기
2006.8	수원시는 국방부장관, 국회국방위원회, 공군참모총장, 공군제10전투비행단장에게 '수원비행장 이전검토 요청'
2006	국방부는 전국 비상활주로에 대한 종합적인 검토 결과 수원비행장 비상활주로 유지 결정
2007.1	수원시의회는 시의원 14명을 위원으로 하는 '수원비행장 이전추진 및 소음피해대책 특별위원회 구성'
2007.9	민주신당 김진표 정책위원장과 이기우 제5정조위원장, 김용서 수원시장은 국회에서 김장수 국방장관과 수원비행장 이전 및 비상활주로 해제 문제를 놓고 간담회 개최

2. 갈등의 심화기

갈등의 심화기는 2008년부터 2010년 6월 지방선거까지의 시기로 2008년 이명박 정부가 출범하고, 18대 총선에서 수원 권선구에서 당선된 한나라당 정미경 의원을 중심으로 비상활주로 해제 요구가 본격화되었다. 2009년 12월 화성시의회가 "비상활주로 지정 해제에 대한 건의안'을 채택하고, 2010년 4월에는 경기도가 국방부에 비상활주로 해제를 공식적으로 건의하면서 화성시와 경기도가 본격적으로 갈등의 당사자로 참여하게 되었다.

시기	사건 내용
2008.1	수원시는 비행장 소음피해 대책 마련을 핵심 추진사업으로 설정
2008.3	수원 지역 국회의원 후보들은 공통적으로 수원비상활주로 이전을 핵심 공약으로 제시
2008.4	수원시는 서울대 환경소음진동연구센터에 '수원비행장 관련 피해조사' 용역을 의뢰
2008.5	정부의 제2롯데월드 건립 허가 방침
2008.7	수원비행장 항공기 소음피해 손해배상 청구소송에 대한 주민 승소판결
2008.8	수원시의회 비행장 특위 소속 의원들 수원 10전투비행단을 방문
2008.9	수원시의회 비행장특위는 권선구 탑동초등학교에서 변호사 등 소음피해 소송에 대한 주민설명회 개최
2009.4	수원시의회 비행장특위는 수원비행장 비행기 소음피해 실태에 관한 제2차 용역보고회를 개최
2009.6	서울중앙지법은 "국가는 수원비행장 인근 주민 3만690명에게 480억원을 배상하라"며 원고 일부승소 판결
2009.9	'수원 비행장 피해 조사' 용역 최종보고회
2009.10	수원시장 '수원비행장 관련 종합대책'을 발표
2009.12	수원시는 수원비행장 소음피해 대책마련 및 고도제한 완화 등을 촉구하는 정책건의서를 대통령에게 전달
2009.12	화성시의회 '비상활주로 지정 해제에 대한 건의안'을 채택
2009.12	수원시는 국방부와 국민권익위원회를 잇따라 방문해 수원비행장 소음피해 대책 마련 등을 건의
2010.2	국방부는 성남비행장(서울공항), 수원비행장 등 경기도내 공군 비행장 주변의 고도제한을 일괄적으로 완화할 방침
2010.3	수원시장 후보들간에 비행장 해법 공약 제시
2010.4	경기도는 공식적으로 군부대 주변 지역 규제 완화를 위해 국방부 등에 공군 수원비행장 비상활주로 이전 건의안을 제출
2010.5	국방부와 공군은 공군 전술항공작전기지에 대한 비행안전영향평가 기준과 절차를 새롭게 마련
2010.5	한나라당 김문수 경기도지사 후보와 심재인 수원시장 후보간 '수원 발전을 위한 공동정책 협약식'

표 16-2 갈등 심화기의 주요 사건 정리

3. 당사자 협상기(1)

이 시기는 2010년 6월 지방선거가 실시된 직후부터 2010년 10월 국회 국방위원회 공군본부 국정감사에서 공군참모총장이 비상활주로의 수원비행장 이전 안을 공식 확인한 시점까지이다.

표 16-3 당사자 협상기(1)의 주요 사건 정리

시기	사건 내용
2010.6	경기도는 도내 국회의원들을 대상으로 수원비행장내 비상활주로 건설 대안 협조 요청
2010.7	경기도와 공군간에 비상활주로 이전을 위한 협의 시작
2010.7	공군은 경기도의 유도로 확장 제안에 대해 비행장 내 비상활주로 신설안 제시
2010.8	경기도청 도지사 집무실에서 김문수 경기지사와 정미경 의원(한나라당 수원 권선구), 공군 기획관리참모부장, 10전투비행단장 등이 참석한 가운데 수원비행장 비상활주로 문제 해결방안 협의
2010.8	수원비행장 비상활주로 이전 문제에 관한 정책토론회 개최
2010.10	공군참모총장 비상활주로의 수원비행장 이전 안을 공식 확인

4. 당사자 협상기(2)

2010년 10월 하순부터 경기도, 수원시, 화성시간에 비용분담을 둘러싼 4차례의 실무협상이 이루어지고, 마침내 2011년 10월 경기도, 공군, 수원시, 화성시 간에 최종합의에 도달함으로써 비상활주로 갈등이 해소되는 시기이다. 4차례에 걸친 협상 끝에 경기도 수원시 화성시가 각각 40%:40%:20%의 부담비율로 최종 합의에 도달하였다.

시기	사건 내용
2010.10	경기도는 수원시와 화성시에 이전비용 200억원을 공동 부담하자며 이전비 분담을 요구
2011.2	경기도와 수원시, 화성시는 비용부담에 대한 실무협의 돌입
2011.6	경기도는 수원 비상활주로 이전비용의 50%를 부담하기로 했던 당초의 입장을 바꿔 30%만 내놓겠다고 수원과 화성시에 통보
2011.9	수원시는 비상활주로 이전비용 분담 관련 제4차 회의에서 경기도 40%, 수원시 40%, 화성시 20% 분담안을 전격 수용
2011.10	경기도, 공군, 수원시, 화성시간 2013년까지 수원비상활주로를 이전하기로 공식 합의

표 16-4
당사자 협상기(2)의 주요 사건 정리

갈등의 단계별 분석 제5절

1. 갈등발생기와 갈등심화기의 갈등분석

1) 갈등발생기 분석결과

갈등발생기는 2006년 수원 비상활주로 인근 피해지역 주민들이 집단적으로 국가를 상대로 손해배상 청구소송을 제기하면서 부터 2008년 4월 총선거를 앞두고 수원 비상활주로 이전이 수원 지역 국회의원 후보들의 핵심 공약사항으로 부각되던 시기까지의 기간이다. 이 시기의 주요 갈등 당사자는 수원과 화성의 공군비행장 인근 피해지역 주민, 수원시, 국방부이며, 핵심 이슈는 소음피해 보상과 수원비행장 이전이다. 소음피해 손해배상 청구소송이 촉발사건이 되어 수원시는 정부에 대해 수원비행장 이전

표 16-5
갈등 발생기의 이슈별 당사자 입장 및 이해관계 분석

이슈	이해관계자	입장	이해관계
소음 피해 보상	수원과 화성의 비행장 인근 지역주민	수원비행장 항공기 소음피해 배상 요구	• 수원비행장에 따른 소음피해에 대한 정부의 관심을 촉구하고 실질적인 문제 해결을 유도
	수원시	수원비행장 이전 요구	• 수원비행장 이전으로 소음피해 해소 가능
수원 비행장 이전	수원시	수원비행장 이전 요구	• 비행장 소음 피해 해결 및 도시개발 제한규제의 완화를 통한 지역경제 성장
	국방부	수원비행장 이전 불가	• 국가안보 고려 • 대체비행장 확보의 어려움

을 공식적으로 요구하기에 이르렀다. 이러한 상황에서 수원 지역 국회의원 후보들이 새로운 행위자로 갈등에 개입하는 양상으로 확대되었다.

이 시기 당사자들의 갈등관리 전략을 살펴보면, 피해지역 주민들은 사법적 판결을 통한 갈등관리 전략, 수원시는 행정적 절차를 통한 문제해결, 국방부는 소극적인 회피 전략을 사용하면서 탄력적으로 대응하려는 자세를 보였다.

2) 갈등심화기 분석결과

갈등의 심화기는 2008년부터 2010년 6월 지방선거까지의 시기이다. 2008년 이명박 정부가 출범하고, 4월 18대 총선에서 수원지역 국회의원 후보자들 간에 여야구분 없이 비상활주로 해제가 핵심 공약으로 부각되었다. 이 시기는 갈등 당사자와 핵심 이슈들이 갈등 발생기에 비해 보다 다양화되는 양상을 보인다. 주요 갈등 당사자로는 수원, 국방부 이외에 경기도 및 화성시가 추가되었고, 핵심 이슈는 4가지로 기존의 소음피해 보상,

표 16-6
갈등 심화기의 이슈별 당사자 입장 및 이해관계 분석

이슈	이해관계자	입장	이해관계
소음 피해 보상	수원과 화성의 비행장 인근 지역주민	수원비행장 항공기 소음피해 배상	• 수원비행장으로 인한 소음피해에 대한 정부의 관심을 촉구하고 실질적인 문제 해결을 유도
	수원시	수원비행장 이전	• 수원비행장 이전으로 소음피해 해결 가능
수원 비행장 이전	수원시	수원비행장 이전	• 비행장 소음 피해 해결 및 도시개발 제한 규제의 해결을 통한 지역경제 성장
	국방부	수원비행장 이전 불가	• 국가안보 고려
비상 활주로 해제	수원시	비상활주로 해제	• 비행장 소음 피해 해결 및 도시개발 제한 규제의 해결을 통한 지역경제 성장
	국방부	비상활주로 해제 불가	• 국가안보 고려 • 성남, 오산 비행장 등과 연계된 시설
	화성시	비상활주로 해제	• 주민들의 소음피해 해결 • 지역 개발
	경기도	비상활주로 이전	• 대안 제시를 통한 조속한 문제 해결
고도 제한 완화	수원시	고도제한 완화	• 비행장 소음 피해 해결 및 도시개발 제한 규제의 해결을 통한 지역경제 성장
	국방부	고도제한 완화 불가에서 완화로 전환	• 성남비행장 고도제한 완화와의 이슈 연계

수원비행장 이전과 함께 비상활주로 해제와 고도제한 완화가 본격적으로 부각되기 시작하였다.

2008년 국회의원 선거에서 수원 지역 후보들의 선거 이슈화하였고, 수원시는 의회에 수원 비행장특위 설치, 서울대 등 3개 공동연구기관의 피해규모 조사 실시, 주민설명회 개최, 수원비행장 관련 종합대책 발표, 청와대에 건의서 제출 등 정치적 접근과 과학적 접근을 결합하는 다각적인 접근을 시도하였다. 국방부는 여전히 소극적인 자세로 일관하지만 2008년과 2009년 법원의 비행장 소음피해 배상 판결, 수원비행장 피해 조사 용역 결과로 공군은 갈등 회피가 어렵게 되었다. 경기도의 경우 2010년 본격적으로 갈등에 개입하기 시작하였다. 다른 당사자들이 비상활주로 해제의 필요성에 초점을 맞추었던 반면, 경기도는 비상활주로 이전과 구체적인 대안까지 제시함으로써 갈등해결 방법의 전환계기가 되었다.

2. 당사자 협상기의 협상분석

당사자 협상기는 당사자간 협상을 통해 수원 비상활주로 이전에 대한 합의가 이루어지는 '당사자 협상기(1)'과 실무협상을 통해 구체적인 비용분담 문제에 대한 합의가 이루어지는 '당사자 협상기(2)'로 구분된다. 협상분석을 위해 협상 당사자, 이슈와 이해관계(이슈별 중요도), BATNA, 협상의 진행과정 등을 심층 분석하였다.

1) 당사자 협상기(1)의 분석결과

이 시기는 2010년 6월 지방선거가 실시된 직후부터 2010년 10월 국회 국방위원회 공군본부 국정감사에서 공군참모총장이 비상활주로의 수원비행장 이전 안을 공식 확인한 시점까지이다. 이 시기 핵심 당사자는 경기도와 공군이며, 핵심 이슈는 비상활주로의 이전이다. 갈등의 핵심 이슈들 4가지 중에 수원비행장 이전은 단기간에 해결이 어려운 복잡한 이슈였으며, 수원비행장 고도제한 완화는 국방부에 의해 수용되었고, 소음 피해에 대해서는 법원의 피해보상 판결이 이루어지면서 수원 비행장 관련 갈

이슈	경기도 입장	공군 입장
비상활주로 건설 방안	수원비행장 비상활주로를 폐지하는 대신 비항장내 주 활주로 2개와 평행으로 설치된 유도로 2개 중 1개의 도로폭을 22.8m에서 45m로 확장해 비상활주로로 활용	수원비행장내 주활주로와 나란히 3km, 폭 33.5m 규모의 새로운 비상활주로를 신설
비상활주로 건설 비용	자치단체가 분담	자치단체가 분담

표 16-7
당사자 협상기 I의 이슈별 당사자 입장 및 이해관계 분석

등은 비상활주로의 이전 문제로 집중되었다.

경기도와 공군 간에 수원 비상활주로 폐쇄에 대한 공감대가 형성되었다. 이후의 협상은 수원시는 수원비행장 내 기존 유도로를 확장하자는 제안을 하였고, 공군은 비행장 내에 새로운 비상활주로를 건설하자는 역제의를 하였다. 이후 경기도, 지역구 국회의원, 공군이 참석한 협의회에서 수원비행장내 비상활주로 신설이 구체화되었고, 경기도, 수원시, 화성시가 비용을 부담하는 방안에 대한 전체적인 합의가 이루어졌다. 이제 3개 자치단체 간에 200억원의 비상활주로 신설비용에 대한 분담 문제만 이슈로 남게 되었다.

2) 당사자 협상기(2)의 분석결과

(1) 당사자의 초기 입장

비상활주로의 수원비행장 이전이 공식화된 직후인 2010년 10월 하순부터 경기도, 수원시, 화성시간에 비용분담을 둘러싼 4차례의 실무협상이 이루어지고, 마침내 2011년 10월 최종합의에 도달함으로써 비상활주로 갈등은 해소되기에 이른다. 경기도는 실질적으로 혜택을 보는 수원시와 화성시의 부담비율 증대입장이었고, 수원시와 화성시는 지금까지 소음 피

표 16-8 비상활주로 이전비용 분담에 대한 당사자들의 초기 입장

구분	경기도 입장	수원시 입장	화성시 입장
근거	• 비상활주로를 옮기면 비행안전구역으로 묶인 수원 주변지역 3.9km² 안 건물 3500동의 고도제한 규제가 풀려 현재 최고 10~11층인 건축물 고도가 15층까지 가능함. • 따라서 혜택을 보는 수원시와 화성시가 비용을 분담해야 함	• 수십 년간 전투기 소음 등에 따른 주민들의 피해를 보상해야 할 주체가 국방부인데 이전비용을 떠넘기는 것은 부당 • 수혜자 원칙보다는 피해보상 차원에서 마땅히 정부가 부담해야 함	• 지난 수십년간 병점지역 주민들의 비행장 피해를 정부가 보상하는게 우선 • 수십 년간 전투기 소음 등에 따른 주민들의 피해를 보상해야 할 주체가 국방부이므로 이전비를 떠넘기는 것은 부당 • 화성시의 혜택 정도는 미미
부담 비율	수원시와 화성시가 90% 부담(80%까지 양보 가능)	경기도가 50% 정도 부담해야 함	혜택을 보는 수원시가 대부분 사업비를 부담해야 함

자료: 뉴시스, 2010.8.12.; 경인일보, 2010.8.13.; 한겨레, 2010.10.27

해와 피해보상이라는 측면에서 비용부담을 거부하는 입장이었다.

(2) 당사자의 2차적 입장

2011년 2월 3개 자치단체 1차 실무협상에서 전체 이전비용 200억원 중 경기도 50%, 수원시와 화성시가 50% 협의해 부담하기로 하였다. 수원시는 장기적인 안목에서 화성시가 혜택이 있으므로 동등을 주장하고, 화성시는 수원시의 혜택이 더 크므로 더 부담하라는 입장이었다. 1차 실무협상에서 세 자치단체는 '실제 가용토지 기준 분담비율 결정, 현재 기준 가치 및 미래 상승 가치 계산하기'라는 기본규칙(ground rule)에 합의하여 입장 협상보다는 객관적 근거에 기반한 이해협상으로 변화를 시도하였다.

구분	경기도 입장	수원시 입장	화성시 입장
근거	이전비용의 50%를 분담. 나머지는 수원과 화성이 협의	개발여건 등 장기적인 안목에서 봤을 때 결코 화성시가 혜택이 적다고 볼 수 없으며 동등한 부담이 당연	현 상황에서 비상활주로가 해제된다면 수원시에 혜택이 클 것이며, 따라서 수원시가 더 부담해야 함
부담 비율	50%	수원 = 화성	수원 > 화성

표 16-9
비상활주로 이전비용 분담에 대한 당사자들의 2차적 입장

자료: 수원일보, 2011.3.25.

(3) 당사자의 3차적 입장

2011년 4월 2차 실무협상을 앞두고 경기도는 경기개발연구원 용역결과를 근거로 수원 비상활주로 이전비용의 50%(100억원)를 30%(약 60억원)만 분담하겠다는 입장을 밝혔다. 수원시는 경기개발연구원 용역 결과인 수원시(4): 화성시(6)보다는 양보한 5대5의 비율로 부담하자고 주장하였고, 화성시는 수원시가 혜택이 더 많으므로 더 부담하고, 가용토지비율에 따라 10%만 부담하겠다는 입장이었다(중부일보, 2011.4.7.).

(4) 당사자의 최종 입장

2011년 6월 16일 열린 제3차 실무협상에서 경기도는 기존의 30% 입장에 양보할 의사가 있음을 밝혔다. 제4차 실무협상에서 당사자들은 경기도 40%, 수원시 40%, 화성시 20% 분담 안을 전격 수용함으로써 최종 합의에 도달하였다. 수원시는 시민의 재산권 제한과 불편을 더 이상 간과할 수 없다며 비용의 10%인 20억원을 더 부담하기로 결정함으로써 경기도와 화성시의 양보를 얻어낼 수 있었다.

표 16-10
비상활주로 이전비용 분담에 대한 당사자들의 3차적 입장

구분	경기도 입장	수원시 입장	화성시 입장
근거	• 경기개발연구원에 의뢰한 수원 비상활주로 이전에 따른 지역경제 유발효과 연구용역 결과를 근거로 30%만 분담 • 수원, 화성간 협의를 통해 나머지 분담	• 경기도가 이전 비용 절반 이상을 부담하지 않으면 재정여건상 나머지 비용 70%를 충당하기 어려움 • 30% 이상 부담은 곤란 • 경기개발연구원 용역 결과, 수원시와 화성시의 비용 부담은 4대6의 비율이 적합하다고 나왔지만 두 시의 여건을 감안해 양보한 50: 50	• 경기도가 이전 비용 절반 이상을 부담하지 않으면 재정여건상 나머지 비용 70%를 충당하기 어려움 • 고도제한 해제에 따른 실익이 별로 없음. 따라서 10%만 부담
부담 비율	30%	30%	10%

자료: 중부일보, 2011.4.7.; 뉴시스, 2011.6.6

제6절 공공협상에 대한 시사점

1. 자신과 상대방의 배트나(BATNA)를 확인하고 적절히 활용하기

수원시와 화성시는 비상활주로가 해제되는 경우 해당 지역을 효과적으로 개발할 수 있게 됨으로써 상당한 경제적 이익이 기대됨은 물론 고질적인 소음피해 민원도 해소할 수 있을 것으로 예상되었다. 경기도, 수원시, 화성시 모두 기존 비상활주로를 해제하는 것이 최선의 대안이었고, 차선책은 새로운 비상활주로를 만들어 이전하는 방안이었다. 3개 자치단체 모

두 이전 협상이 결렬되면 현재의 비상활주로를 그대로 유지할 수밖에 없었기 때문에 마땅한 BATNA를 갖고 있지 못하여 적극적으로 협상에 임하도록 만드는 계기가 되었다. 공군으로서는 현재의 비상활주로를 대체할 방안이 반드시 필요하지만, 막대한 이전 비용 문제로 협상결렬시 비상활주로 유지를 BATNA로 활용할 수 있었다.

2. 큰 이슈부터 작은 이슈로 순차적으로 합의하기

수원비상활주 이전 협상은 큰 이슈로부터 작은 이슈로의 순차적 합의를 통해 최종 합의에 도달한 사례이다. 경기도와 공군 간에 수원 비상활주로 이전이라는 총론적인 합의를 이루고, 비상활주로의 구체적인 이전 방안에 대한 논의로 전환되었다. 논의 과정에서 수원비행장 내로 비상활주로를 이전하기로 합의하였다. 이후의 협상은 다시 보다 작은 이슈인 수원비행장내에 어떻게 비상활주로를 설치할 것인가의 기술적인 문제로 축소되었다. 경기도는 수원비행장 내 기존 유도로를 확장하자는 제안, 공군은 새로운 비상활주로를 건설하자는 역제의를 하였다. 양측은 자신들의 입장만을 고집하지 않았으며, 어느 안이 더 우수한가를 상대방에 설득하려고 노력하였다. 특히 공군은 경기도 제안보다 자신들의 제안이 20-30억 원 적게 소요된다는 분석결과를 제시하여 경기도를 설득하여 합의에 도달하였다.

3. 적절하게 양보하기

수원비상활주로 이전 협상에서 각 당사자들은 적절한 양보를 통해 합의가능영역(ZOPA)를 확대시킴으로써 합의에 도달할 수 있었다. 특히 자치단체간 협상은 수원시의 양보가 경기도와 화성시의 양보로 이어지는 전형적인 협상춤(negotiation dance)의 모습을 보여주었다.

공군은 유연한 자세로 전환하여 대응하고 협상의 가능성을 열어둠으로써 수원비상활주로 이전을 양보하는 대신 경기도는 이전비용을 양보하는 이슈교환(log rolling)을 통해 양측은 비상활주로 이전 합의에 도달할 수 있었다. 또한 공군은 대체 비상활주로에는 고정용 항공등화를 설치하지 않으며, 평시에는 일반목적의 이착륙 비행훈련 용도로 사용하지 않기로 양보하여 이전에 따른 소음피해 확대에 대한 주민들의 우려를 해소할 수 있었다. 이후 이전비용 분담을 경기도 30%, 수원시 30%, 화성시 10%의 입장에서 각자 10%씩 양보하여 경기도 40%, 수원시 40%, 화성시 20% 분담 합의안에 도달하였다. 수원시와 경기도의 적절한 양보전략이 화성시의 양보로 이어진 것이다.

4. 이슈를 연계하고 분리하기

수원 비상활주로 이전 갈등은 수원비행장과 비상활주로로 인한 소음피해, 수원비행장 주변 고도제한, 수원비행장 이전 등 세 가지 이슈들과 맞물려 있는 복잡한 갈등 양상을 보였다. 갈등의 핵심 이슈들 4가지 중에 수원비행장 고도제한 완화는 국방부에 의해 어느 정도 수용되었고, 소음피해에 대해서는 법원의 피해보상 판결이 이루어지면서 갈등은 수원비행장 이전과 비상활주로의 해제 두 가지 이슈로 집중되었다.

공군은 수원비행장 이전에 대해서는 단호한 반대 입장을 견지할 수밖에 없었기 때문에, 수원비행장 유지와 비상활주로 이전을 연계하는 이슈연계(issue linkage) 방안을 찾는 것이 최선이었다. 이러한 상황에서 기존 수원비행장 내로 비상활주로를 이전하는 대안은 이전 요구 약화와 비상활주로 확보에 최선의 대안이 될 수 있었다.

반면 경기도, 수원시, 화성시는 수원비행장 이전을 장기적 과제로, 비상활주로 해제는 단기적 과제로 분리하여 접근하였다. 이들은 우선적으로 비상활주로 해제 문제를 해결하고, 수원비행장 이전은 장기적으로 지역 정치인들의 도움을 얻어 특별법 제정을 통해 해결하고자 하였다.[3] 그러나 비상활주로의 수원비행장 내로의 이전에 따른 소음피해 증가 우려와 주민 반발을 최소화하기 위해서는 공군에 대해 유도등을 설치하지 않고, 비행훈련 증가에 따른 소음피해 문제를 방지할 수 있는 대책을 조건으로 비상활주로의 수원비행장 내 이전안을 수용하겠다는 자세를 보였다. 결국 공군은 대체 비상활주로에 고정용 항공등화를 설치하지 않고, 평시에는 일반목적의 이착륙 비행훈련을 하지 않기로 함으로써 합의가 이루어질 수 있었다.

참고문헌

심준섭 외 3인 공저. 2008.「협상의 이해」, 박영사.

심준섭. 2006. 협상실험을 통한 다중이슈(multi-issue) 협상의 학습,「현대사회와 행정」. 16(3): 249-276.

Lax, D.A. 1985. Optimal Search in Negotiation Analysis. *Journal of Conflict Resolution*, 29:456-472.

Lax, D.A. & Sebenius, J. K. 2003. 3-D Negotiation: Are You Playing the Whole Game? *Harvard Business Review*, 81:64-74.

Lax, D. & Sebenius, J. K. 1986. "The Negotiator's Dilemma: Creating and Claiming Value." In *The Manager as Negotiator: Bargaining for Cooperation and Competitive Gain*. New York, NY: Free Press.

Raiffa, H., Richardson, J. & Metcalfe, D. 2002. *Negotiation Analysis: The Science and Art of Collaborative Decision Making*. Cambridge: Belknap Press of Harvard

3) 2012년 6월 7일 민주통합당 김진표(수원 정) 의원은 수원비행장 이전을 위한 '군공항 이전 및 지원에 관한 특별법'을 발의하였다.

University Press.

Raiffa, H. 1982. *The Art and Science of Negotiation*. Cambridge, MA: Harvard University Press, Belknap Press.

Sebenius, J. K. 2006. Negotiation Analysis: Between Decisions and Games. In W. Edwards, R. Miles & D. v. Winterfeldt (Eds.), *Advances in Decision Analysis*, Cambridge University Press.

Sebenius, J. K. 1992. Negotiation analysis: A characterization and review. *Management Science*, 38(1): 18-38.

Thompson, L. 1998. *The mind and heart of the negotiator*. Upper Saddle River, NJ.: Prentice Hall.

협상 팁 16

손상된 신뢰를 회복하는 방법

톰슨은 신뢰가 손상되면 감정이 상하고 기회손실 비용이 크기 때문에 양 당사자는 모두 손상된 관계를 회복하려고 노력해야 한다고 강조하면서 깨진 신뢰를 회복하는 10단계 과정을 제시하고 있다.

제1단계 : 개인면담을 제의하라.

제2단계 : 인간관계에 초점을 맞추어라.

제3단계 : 사과하라.

제4단계 : 상대에게 화풀이 할 기회를 주어라.

제5단계 : 수세적으로 행동하지 마라.

제6단계 : 사실 확인 정보를 상대에게 물어보아라.

제7단계 : 상대의 감정을 진심으로 이해해라.

제8단계 : 행동으로 관심을 보여라.

제9단계 : 문제의 재발 방지 방안을 강구하라.

제10단계 : 상대방의 기분을 지속적으로 살펴보아라.

자료: 김성환 외.「지성과 감성의 협상기술」. 2013: 224-228.

행복이란 없는 것을 소유할 때가 아니라,
우리가 가진 것을 인식하고 감사할 때 온다는 사실이다.
퀑, Frederick Koening

다른 사람의 충고를 무시하면 소인배에 지나지 않아 성공하기 어렵다.
저자 운봉

제17장 한미FTA 협상 사례

제1절 FTA의 개관
제2절 한미FTA 협상 사례

제1절 FTA의 개관

1. FTA의 의미

한미FTA는 우리나라가 미국과 체결한 FTA(Free Trade Agreement,자유무역협정)을 말한다. 자유무역협정은 회원국 간 상품, 서비스, 투자, 지적재산권, 정부조달 등에 대한 관세 및 비관세 장벽을 완화함으로써 상호간 교역 증진을 도모하는 특혜무역협정을 의미하며, 특히 관세 철폐에 주요 초점이 맞춰져 있다.[1)]

지역무역협정(RTA: Regional Trade Agreement)의 주류를 이루고 있으며, 자유무역협정 → 관세동맹 → 공동시장 → 단일시장 등의 단계를 통해 경제통합으로 나아간다.

2014년 10월 기준 WTO를 통해 파악된 지역무역협정(RTA) 발효 건수는 393건이며, 이 가운데 상품무역을 다룬 자유무역협정(FTA)이 222건으로 가장 많은 비중을 차지하고 있다. 시기별로 보면 지역무역협정은 1995년 WTO 출범 이후 급증하기 시작하여 전체 393건의 협정 중 95년 이후에만 전체의 87.3%에 해당하는 343건이 발효된 것으로 파악되고 있다.

1) 이하의 내용은 다음 홈페이지(www.fta.go.kr)에서 이용하였으며, 우리나라의 FTA에 대하여 매우 구체적이고 풍부한 자료와 정보를 제공하고 있으므로, 독자들의 방문을 적극 권장한다.

2. FTA의 주요 내용

1) 상품 무역

상품 무역 부문은 협정 당사국간 상품에 대한 내국민 대우 및 시장 접근 원칙을 규정하기 위한 것으로 관세 철폐 조항 및 관세양허표 외 통상 비관세조치, 제도 규정 등으로 구성되어 있다.

2) 서비스

서비스 부문은 서비스 자유화 관련 원칙 · 의무를 규정한 협정문과 자유화 방식에 따라 양허 또는 유보 리스트를 열거한 부속서로 구성되며, 협정 당사국은 서비스 분야의 자유화 규모 및 폭을 결정, 이에 대한 약속을 반영한다. 금융, 통신, 자연인 이동 분야의 경우 특수성과 전문성을 고려하여 별도 부문 또는 부속서로 구성되기도 한다.

3) 투 자

투자 부문은 투자 자유화 및 투자 보호를 목적으로 하며, 협정문에는 투자와 관련된 원칙을 규정하고, 부속서는 외국인 투자 허용 분야를 열거한 유보 또는 양허 리스트로 구성된다.

4) 무역 구제

무역 구제 부문은 협정 당사국간 교역으로 인하여 국내 산업이 피해를 입은 경우 관세 인상 등의 조치를 통해 구제하는 제도를 마련하기 위한 것으로, 통상 반덤핑, 상계관세, 세이프가드 제도 등으로 구성되어 있다.

5) 원산지 규정

원산지 규정 부문은 특혜관세 적용을 받기 위해서 당사국이 자국 원산지임을 인정받기 위해 충족해야 하는 기준을 정한 것으로, 협정문과 함께 HS코드 별로 품목별 원산지 기준을 규정한 부속서로 구성된다.

6) 원산지 절차 및 통관

원산지 절차와 관세행정 관련 부문은 주로 협정 당사국 간 특혜 관세 신청을 위한 원산지 증명 방식, 사전 판정, 기록 유지 의무 및 검증, 수출 관련 의무, 특송 화물과 관세 협력 등 세관에서 이루어지는 일련의 통관과 무역원활화 관련된 규정을 명시한다.

7) TBT(Technical Barriers to Trade, 무역기술장벽)

TBT 부문은 양국의 표준, 기술 규정 및 적합성 평가 절차가 협정 당사국 사이의 상품 교역에 불필요한 장애를 초래하지 않도록 보장하기 위한 것이며, WTO TBT협정의 내용을 기반으로 투명성, 공동 협력, 협의 채널, 정보 교환 등의 조항으로 구성된다.

8) SPS(Sanitary and Phytosanitary)

위생 및 식물검역(SPS) 조치는 각국이 자국민, 동식물의 건강과 생명 보호를 위해 시행하는 조치로서, 일반적으로 무역을 제한하는 효과를 가져오게 된다. FTA에서는 무역자유화 촉진이라는 FTA 체결의 기본 취지에 따라, SPS 조치 관련 WTO SPS 협정상의 권리 의무를 기초로 하여, 양국 관계의 맥락에서 SPS 조치가 무역 제한적으로 기능하는 것을 방지하기 위한 규정들이 포함된다.

9) 지식 재산권

지식 재산권 부문은 저작권, 상표, 특허, 디자인 등 실체적 권리의 보호 수준과 권리에 대한 행정 · 민사 · 형사적 집행에 관한 협정 당사국간 제도를 조화하고 지식 재산권 관련 협력을 제고하는 데 기여한다. 충실하게 구성된 지재권 부문은 권리자와 이용자에게 법적 확실성을 제공하여 무역과 투자를 증진할 수 있는 기반이 된다.

10) 정부 조달

정부 조달은 세계 각국 GDP의 약 10-15%를 차지하는 큰 시장이다. 이러한 정부조달 시장의 상호 개방은 신규 시장 개척 효과를 가져오게 되며, FTA에서의 정부 조달 협정은 이러한 시장 개방에 대한 조건과 규칙들을 규정하기 위한 협상 분야이다. 정부 조달 협정은 보통 입찰 및 낙찰 과정에서의 준수 의무를 다루는 협정문 부분과 시장개방 대상과 개방 하한 금액을 명시하는 양허표로 구성된다.

11) 전자상 거래

전자상 거래 부문은 전자거래 활성화를 위해 당사국간 전자적으로 전송되는 디지털 제품(예, 동영상, 이미지 등)에 대한 무관세 · 비차별대우, 전자인증 및 전자서명, 소비자 보호 관련 규정 등을 명시한다.

12) 경 쟁

세계 경제의 의존성 증가로 인해 한 국가의 경쟁 정책이 시장 개방, 관세 인하 등 FTA의 체결 효과를 훼손할 수 있다는 인식 하에, 이를 방지하기 위한 의무들을 규정하기 위한 협상 분야이다. 일반적으로 경쟁법 집행시 준수해야 할 의무, 공기업 및 독점 관련 의무, 경쟁 당국간 협력 등의 요소들이 포함된다.

13) 노 동

노동 부문은 협정 당사국 노동자의 권리를 보호하기 위한 것으로, 국제노동기준에 명시된 기본 노동권의 준수, 기본 노동권을 포함한 노동법의 효과적인 집행, 이해관계자의 절차적 권리 보장, 공중의견제출제도의 도입 및 운영, 노동협력메커니즘, 노무협의회 등으로 구성된다.

14) 환 경

환경 부문은 협정 당사국의 환경 보호를 위한 것으로, 환경법 및 정책이 높은 수준의 환경 보호를 제공할 의무, 다자간 환경 협정의 의무 이행, 환경법의 효과적인 적용 및 집행, 환경협의회 설치, 대중 참여 확대, 환경협력 확대 등으로 구성된다.

15) 경제 협력

경제 협력 부문은 FTA 협정 당사국간의 경제 협력 증진을 위한 것으로 우리나라의 경우 주로 개도국과의 FTA에서 경제 협력 부문을 별도로 두어 경제협력의 범위 · 방법 및 이행 메커니즘을 규정하고 있다. 통상 경제 협력 부문에는 FTA 분쟁해결절차의 적용이 배제된다.

16) 분쟁 해결

분쟁 해결 부문은 협정 당사국 사이의 분쟁을 신속하게 해결하고 협정상 의무를 위반한 국가에 대하여 의무 이행을 확보하기 위한 것으로, 통상 당사국간 협의, 패널 판정, 판정 이행의 순서로 구성된다.

17) 총칙: 최초조항/최종조항/제도조항/투명성/예외

총칙에는 협정 전체에 관련된 포괄적인 내용을 규정한 부문으로서, 통상 최초조항 부문은 목적 · 다른 협정과의 관계 · 정의, 최종조항 부문은 개정 · 발효 · 탈퇴 및 해지, 제도조항 부문은 협정 이행을 위한 위원회의 역할, 투명성 부문은 공표 · 정보교환 · 행정절차, 예외 부문은 일반예외 · 안보예외 · 과세예외 등의 조항으로 구성된다.

3. FTA 추진 이유

우리나라는 '관세무역일반협정'(GATT: General Agreement on Tariffs and Trade)와 '세계무역기구'(WTO: World Trade Organization)로 대표되는 다자무역체제의 가장 큰 수혜국이며, 우리의 경제발전은 대외교역을 통해 성장을 이룬 전형적인 사례로 인용되고 있다. 또한 우리나라는 명실상부한 통상국가로서 지속적인 경제발전을 위해서는 교역의 확대가 필수적이다.

요컨대 열린 세계시장이 우리의 경제적 생존과 직결되는 것이다. 최근의 세계 통상환경을 보면, '자유무역협정'(FTA: Free Trade Agreement)을 중심으로 한 지역주의(Regionalism)가 가속화되고 있는 상황이다. 이러한 지역주의의 경향은 과거 GATT체제보다 현재의 WTO체제에서 오히려 급속도로 확산되는 경향을 보이고 있다. 각국의 FTA 체결 경쟁은 현재 진행중인 도하개발어젠다(DDA) 협상이 의미있는 합의 도출에 난항을 겪고 있어 많은 국가들이 양자간 지역협정에 의존하는 경향이 더욱 뚜렷해졌다.

이러한 상황에서 우리나라가 적극적으로 FTA를 추진해야 하는 이유를 크게 둘로 나누어 살펴보고자 한다.

먼저 1992년 EU의 출범과 1994년 NAFTA의 발효를 계기로 지역주의가 세계적으로 확산되면서 FTA 네트워크 역외국가로서의 피해를 최소화하고, 나아가 이러한 도전에 적극적으로 대응하기 위해 FTA를 추진하게 되었다는 점이다.

특히 우리의 대외경제 규모가 국내총생산(GDP)의 80% 이상을 차지하고 있는 점을 고려할 때(2009년 국내총생산(GDP)에서 대외교역(수출+수입)이 차지하는 비중은 82.2%), 주요 경쟁국이 FTA를 앞다투어 추진하고 있는 통상환경 하에서 우리나라가 기존 수출시장을 유지하고 새로운 시장에 진출하기 위해 FTA 확대에 전력을 다하는 것은 당연하다고 할 수 있다.

주요 교역국이 여타 국가와 먼저 FTA를 체결한다면 우리 상품은 고관세 적용에 따른 가격경쟁력의 저하로 점차 그 시장을 잃을 수밖에 없기 때문이다. 따라서 우리 상품의 수출경쟁력을 유지하고 안정적인 해외시장을 확보하기 위해서는 주요 교역국가들과의 FTA 체결이 필수적이다.

둘째로 보다 적극적인 측면에서, 능동적인 시장개방과 자유화를 통해 국가 전반의 시스템을 선진화하고 경제체질을 강화하기 위해 FTA 추진이 필요하다. 우리 경제가 양적인 성장뿐만 아니라 질적인 발전을 통해 진정한 선진 경제로 거듭나기 위해서는 우리의 주요 통상정책으로 자리 잡은 FTA를 능동적 · 공세적으로 활용할 필요가 있는 것이다.

전세계적으로도 각국은 산업경쟁력과 국가경쟁력을 신장시키는 주요 정책수단으로서 FTA 및 이에 수반되는 무역자유화(trade liberalization)가 효과적임을 깨닫고 적극적으로 FTA 네트워크 구축에 나서고 있다(www.fta.go.kr).

4. FTA 추진 과정

정부는 2003년 이래 적극적으로 FTA를 추진해 왔으며, 특히 거대경제권과 자원부국 및 주요 거점 경제권을 중심으로 전략적인 FTA 체결 확대 전략을 통한 FTA 네트워크를 구축해 나가고 있다. 동시다발적인 FTA 추진을 통해 그동안 지체된 FTA 체결 진도를 단기간 내에 만회하였으며, 현재 FTA 네트워크의 글로벌화를 위해 노력하고 있다. 이를 통해 우리 기업의 세계시장 확보를 지원하고, 동아시아 FTA 허브국가로 발돋움하려는 것이다.

내용면에서는 FTA 체결 효과를 극대화하기 위해 상품분야에서의 관세철폐 뿐만 아니라, 서비스, 투자, 정부조달, 지적재산권, 기술표준 등을 포함하는 포괄적인 FTA를 지향하고 있다. 또한 WTO의 상품과 서비스관련 규정에 일치하는 높은 수준의 FTA 추진을 지향함으로써 다자주의를 보완하고, FTA를 통해 국내제도의 개선 및 선진화를 도모하고 있다(www.fta.go.kr).

5. 한국의 FTA 현황

한국의 FTA 관련 현황은 다음 〈표 17-1〉과 같다.

우리나라가 최초로 FTA 협상을 타결한 나라는 칠레이다. 2014년 현재 체결이 완료되어 발효된 국가는 ASEAN, EFTA, 인도, 칠레, 싱가포르, EU, 페루, 미국, 터키, 호주, 캐나다이며, 타결이 완료된 국가는 콜롬비아, 중국, 뉴질랜드, 베트남이다.

현재 협상이 진행 중인 국가는 인도네시아, 한중일, RCEP이고, 협상을 재개하거나 협상 여건을 모색 중인 국가는 일본, 멕시코, GCC이다. 마

표 17-1 한국의 FTA 현황 (2014년 현재)

체결 완료		협상 중	검토 중
발효	타결		
ASEAN, EFTA, 인도, 칠레, 싱가포르, EU, 페루, 미국, 터키, 호주, 캐나다	콜롬비아, 중국, 뉴질랜드, 베트남	인도네시아, 한중일, RCEP	MERCOSUR, 이스라엘, 중미, 말레이시아
		(협상재개/여건조성) 일본, 멕시코, GCC	

자료: www.fta.go.kr

자료: 1. RCEP (Regional Comprehensive Economic Partnership, 역내포괄적경제동반자협정); 회원국: ASEAN 10개국(브루나이, 캄보디아, 인도네시아, 라오스, 말레이시아, 미얀마, 필리핀, 싱가포르, 태국, 베트남), 한국, 중국, 일본, 호주, 뉴질랜드, 인도.

2. GCC=걸프만 연안의 6개 산유국이 역내 협력을 강화하기 위해 결성한 지역협력기구(사우디, 바레인, 쿠웨이트, 오만, 카타르, UAE)

3. MERCOSUR=아르헨티나 공화국

지막으로 FTA 협상을 검토 중인 국가는 MERCOSUR, 이스라엘, 중미, 말레이시아 이다(www.fta.go.kr).

제2절 한미FTA 협상 사례

1. 협상 사례 개요

1) 미국 시장의 중요성

미국시장은 전 세계 GDP의 23.3%('10년 IMF기준)를 생산하는 세계 최대시장으로서 우리나라는 과거 40년 동안 미국시장에 우리 상품을 수출

함으로써 경제 발전을 이룩했다고 말할 수 있다. 미국은 세계의 경영 기술 트렌드 표준을 선도하는 국가이다. 따라서, 세계 최고 수준의 선진 제도를 갖추고 세계 정보지식화를 선도하고 있는 미국과의 경쟁, 미국과의 협력은 곧 세계와의 경쟁, 세계와의 협력에서 앞서나간다는 것을 의미하며 경쟁국에 앞서 지식 정보시장을 선점해 우리의 지분을 유지하고 확대할 수 있는 장점이 있다.

세계 최고의 신기술을 가장 많이 보유한 미국은 각국의 경쟁력이 판가름 나는 소위 최대 '테스트 마켓(Test Market)'인 미국시장에서 우리 상품과 서비스를 제값 받고 팔아 경쟁력을 인정받으면 유럽, 아시아 등에서도 통한다고 본다. 미국시장을 외면하고서는 경제의 업그레이드가 불가능하다는 것이 정부의 입장이다(www.fta.go.kr).

2) 한미FTA 추진 일정

한미FTA 추진 일정은 2003년 8월 'FTA 추진 로드맵'을 마련함으로써 시작된다. 이때 중장기적 과제로 미국 등 거대경제권과의 FTA 추진을 상정하고 있다.

한미FTA 추진 일정은 2003년 8월 'FTA 추진 로드맵'을 마련함으로써 시작된다. 이때 중장기적 과제로 미국 등 거대경제권과의 FTA 추진을 상정하고 있다. 이후 2004년 5월 미국의 무역대표부(USTR)는 한미FTA 체결에 대한 관심을 표명하는데, 사실은 우리나라가 먼저 캐나다와 FTA를 체결하겠다고 표명하면서 미국으로 하여금 조급증을 갖게 한 전략이었다.

동년 11월에는 칠레에서 한-미 통상장관회담을 갖고, FTA 추진 가능성 점검을 위한 사전실무점검회의 개최 합의하였다. 이후 본격적으로 서울과 워싱턴을 오가면서 사전실무점검회의가 이루어졌다.

2005년 7월에는 통상교섭본부장(김현종)이 미국을 방문하여 주요 상

표 17-2 한미FTA 추진 과정

연도	일정 및 주요 내용
2014	01.01. 개정된 한-미 FTA 품목별 원산지 규정(HS 2012 기준) 발효
2013	10.05. 제2차 한-미 FTA 공동위원회 개최(발리)
2012	05.15-18. 제1차 한-미 FTA 공동위원회 (워싱턴) 03.15. 발효 02.21. 발효일자 합의(외교 공한 교환) 02.19-20. 한-미FTA 이행준비 상황 점검협의(시애틀)
2011	12.05-20. 한-미 FTA 이행준비상황 점검협의 (워싱턴) 11.22. (한국)한-미 FTA 비준동의안 국회 통과 10.21. (미국) 오바마 대통령 한 · 미 FTA 이행법안 서명 10.12. (미국) 상 · 하원 본회의 한 · 미 FTA 이행법안 통과 10.11. (미국) 상원 재무위 한 · 미 FTA 이행법안 통과 10.05. (미국) 하원 세입위 한-미 FTA 이행법안 통과 10.03. (미국) 한 · 미 FTA 이행법안의 미 의회 제출 05.04. (한국) 한-미 FTA 비준동의안 철회(외교통상통일위원회) 02.10. 한-미 FTA 추가협상 합의문서 서명 및 교환
2010	11.30-12.03. 한-미 FTA 통상장관 회의 개최 (메릴랜드주 콜럼비아시) 12.3. 추가협상 타결
2009	04.22. (한국) 국회 외교통상통일위원회 통과
2008	10.08. (한국) 한미 FTA 비준동의안 18대 국회 제출
2007	09.07. (한국) 한미 FTA 비준동의안 17대 국회 제출 06.30. 한미 FTA 서명(워싱턴) 06.21-22. 추가 협의(서울) 05.29-06.06. 법률 검토 회의(워싱턴) 04.02. 한-미 FTA 협상 타결 03.26-04.02. 한-미 FTA 통상장관 회의 개최 (서울) 03.19-22. 한-미 FTA 고위급 협상 개최 (워싱턴) 03.08-12. 한-미 FTA 제 8차 공식협상 개최 (서울)
2006	06.27. 한-미 FTA 추진 관련 공청회 개최 06.05-09. 한-미 FTA 제 1차 공식협상 개최 (워싱턴) 04.17-18. 한-미 FTA 제 2차 비공식 사전준비협의 개최 03.06. 한-미 FTA 제 1차 비공식 사전준비협의 개최 02.03. 한-미 FTA 추진 발표 (워싱턴 미 상원의사당) 2006.01.31. 본부장-Portman USTR 대표 면담 (워싱턴)

연도	일정 및 주요 내용
2005	09,10,11. 한-미 통상장관회담 (워싱턴, 제네바, 부산) 09. 미행정부, 한국 등 4개국을 FTA 우선협상대상국으로 선정 07.24.-28. 통상교섭본부장(김현종) 방미, 주요 상하원의원 및 업계 설득 03.28-29. 한-미 FTA 사전실무점검회의 제 2차 회의 개최(워싱턴) 02.03. 한-미 FTA 사전실무점검회의 제 1차 회의 개최(서울)
2004	11. 한-미 통상장관회담(칠레)(FTA 추진 가능성 사전실무점검회의 개최 합의) 05. USTR 부대표 한-미 FTA 체결에 대한 관심 표명
2003	08. FTA 추진 로드맵 마련 -중장기적 과제로 미국 등 거대경제권과의 FTA 추진을 상정-

자료: www.fta.go.kr. 저자가 발췌하여 재정리함.

하원의원 및 업계를 설득하는 데 성공하여 9월에 미행정부는 한국 등 4개국을 FTA 우선협상대상국으로 선정하게 되었다. 곧이어 워싱턴, 제네바 및 부산을 오가며 한-미 통상장관회담이 이루어졌다.

이듬해인 2006년 김현종 통상교섭본부장은 미국의 무역대표부 대표(Portman)와 워싱턴에서 면담을 하고, 워싱턴 미 상원의사당에서 한-미 FTA 추진을 공식 발표하였다. 한-미 FTA 제1차, 제2차 비공식 사전준비협의 개최하고, 6월에 워싱턴에서 한-미 FTA 제1차 공식협상을 시작으로 이듬해 2007년 3월까지 8차에 이르는 공식협상을 진행하였다.

2007년 3월부터 4월까지 서울에서 한-미 FTA 통상장관 회의를 개최하고, 드디어 4월 2일 한-미 FTA 협상 타결을 선언하였다. 6월에는 워싱턴에서 한미 FTA 서명이루어지고, 한국은 9월에 한미 FTA 비준동의안 17대 국회 제출하였으나, 미국의 추가재협상 요구와 한국 정부의 찬성과 반대 격화, 한국의 정치적 상황 등으로 비준동의가 이루어지지 않았다.

이듬해인 2008년 제18대 국회가 새롭게 구성되면서 10월에 한미 FTA 비준동의안이 제18대 국회 제출되었으나, 쇠고기 협상 등 추가 협상 문제로 비준이 미루어지게 되었다.

2008년 2월에 이명박 정부가 들어서면서 추가로 소고기협상이 진행되었고, 국내 여론은 찬성과 반대로 광화문 등지에서 대규모 촛불시위가 번지는 상황까지 발생하게 되었다. 우여곡절 끝에 2010년 12월 한미소고기 추가 협상은 타결되었다.

2011년 2월 한-미 FTA 추가협상 합의문서에 대한 서명 및 교환이 이루어지고, 한국은 국회 외교통상통일위원회에서 한-미 FTA 비준동의안 철회가 된 반면, 미국은 하원과 상원에서 통과되고 10월에는 상 · 하원 본회의 한 · 미 FTA 이행법안이 통과되었다. 오바마 미국 대통령은 10월 21일 한 · 미 FTA 이행법안 서명하였다. 11월에는 한국에서도 한-미 FTA 비준동의안이 국회를 통과함으로써 한미FTA는 8년 여만에 결실을 보게 되었다.

2. 한미FTA 타결의 의미

정부는 한미FTA 타결에 대하여 다음과 같은 의미가 있다고 정부 공식 홈페이지에서 설명하고 있다. 첫째, 세계 최대시장 안정적 확보라는 것이다. 관세 등 거래 비용이 감소하고, 통상마찰을 완화하는 효과가 있다는 것이다. 둘째, 생산, 고용, 교역 및 외국인 직접 투자(FDI)가 증대한다는 것이다. 거대시장인 미국시장 선점, 기업환경 개선, 산업효율성 증대를 제시하고 있다.

셋째, 경제 사회 시스템의 선진화를 이루는 계기가 된다는 점이다. Global standard 정착, 서비스 부분의 획기적인 개선을 기대할 수 있는 것이다. 넷째, 국민의 삶의 질 향상에 기여할 수 있다는 설명이다. 미국 제품의 저렴한 가격, 소비자 선택의 폭 확대, 소비자 후생 증대로 나타날 수 있다는 설명이다. 마지막으로 외국인 투자 증대를 기대하고 있다. 즉, 경제적으로나 군사적으로 강국인 미국과 FTA를 체결함으로써 다른 국가로 하여금 한국에 대한 안보리스크 완화, 대외신인도 제고로 이어져 한국에 대한 외국인 투자가 활성화 될 것으로 기대하고 있다(www.fta.go.kr).

3. 한미FTA 주요 내용

이하에서는 정부의 공식 홈페이지에 게재된 한미FTA 주요 내용을 간략하게 소개하여 독자들의 관심과 이해를 돕고자 한다. 보다 자세하고 구체적인 내용은 해당 홈페이지(www.fta.go.kr)를 참조하기 바란다.

1) 원 협정(2007년 4월) 주요 내용

(1) 개 요

한미FTA는 무역 관련 제반 분야를 망라하는 포괄적 FTA이다. 즉, 상품, 무역구제, 투자, 서비스, 경쟁, 지적재산권, 정부조달, 노동 환경 등을 포괄한다. 공산품의 경우 양측 모두 5년내 대부분의 관세를 철폐하는 높은 수준의양허를 통해 공산품의 수출 기반을 확대한다. 이에 대하여 대한민국측은 5년내 96.1%, 미국측은 94.9%를 철폐한다.

농수산물의 경우 양허제외하고, 15년 이상의 관세존속기간을 확보하며, 세이프가드 도입 등 예외적 취급을 통해 민감성을 반영한다. 서비스 분야는 선택적 분야를 단계적으로 개방하여 경쟁력을 제고시키며, 이를 위해 공공성이 강한 부분은 포괄적으로 유보하고 사업서비스 등은 단계적이고 부분적으로 개방한다.

(2) 주요 내용

① 공산품의 경우, 양측 모두 대부분 품목에 대해 5년 내 관세를 철폐하고, 대한민국은 3년내 94% 수준, 5년내 96.1%, 미국측은 3년내 92% 수준, 5년내 94.9% 수준으로 관세를 철폐한다.

② 농수산물은 민감품목에 대해서는 다양한 예외를 확보하였다고 설명하고 있다.

- 양허제외(쌀), 계절관세 도입(포도, 칩용감자 등), 농산물 세이프가드 적용(되지고기, 고추, 마늘 등 30개 품목)
- 사과, 배, 쇠고기, 고추, 마늘, 양파, 인삼, 보리, 감귤 등 민감품목은 15년 이상의 관세존속기간 확보
- 국내 영향이 미미하거나 이미 수요량의 대부분을 수입에 의존하는 품목 위주로 관세를 즉시 또는 단기 철폐(즉시철폐 비중: 품목수 기준 37.9%, 수입액 기준 55.8%)

③ 서비스 및 투자 부분은 선택적 분야를 단계적으로 개방하여 경쟁력을 높일 수 있는 계기를 마련한다.

- 공교육, 의료, 사회서비스 등 공공성이 강한 서비스 분야에 대해서는 규제제한을 포괄적으로 유보(통신 · 방송 융합 서비스 및 온라인 시청각 서비스도 포괄 유보)
- 국내 전문직서비스(법무, 회계, 세무)는 단계적으로 개방(법무서비스 분야는 3단계, 회계와 세무 분야는 2단계로 개방)
- 저작권 보호기간 연장(50년→70년) 등 지재권 보호 강화
- 방송채널사용사업(Program Provider, PP)의 외국인 직접투자 제한(49%)은 유지하된 간접투자 제한(49%) 철폐(발효 후 3년 내)
- 기간통신사업자에 대한 외국인 직접투자 제한은 현행수준(49%)을 유지하되, 국내설립 법인을 통한 간접투자는 100%까지 허용(협정발효 후 2년내)(국내 핵심기간망을 보유한 KT, SKT는 제외)

- 금융서비스는 비대면방식에 의한 보험중개업의구경간거래 허용 등 제한적으로 일부 시장을 개방(금융소비자 보호, 금융시스템 안정을 위해 필요한 건전성 조치는 언제든 시행이 가능하도록 세이프가드 제도 명시)

④ 기타 각종 선진제도 도입

- 무역구제는 반덤핑/상계관세 견제장치 확보(조사개시전 사전 통지 및 협의, 가격약속 또는 사전물량 합의제도 활성화, 무역구제위원회설치 등)
- 개성공단의 경우, 특혜관세 부여를 협의할 구체적 장치 마련(한반도 역외가공지역 위원회 등에 대한 별도 부속서 채택)

2) 추가 협상(2010년 12월) 주요 내용

① 한미FTA 추가 협상 합의문서(서한 교환)

품목		직용	기존 협정	추가 협상
자동차	승용차	미국	관세 2.5% -3000cc 이하 즉시철폐 -3000cc 초과 3년 철폐	발효 후 4년간 유지 후 관세철폐
		한국	관세8% 즉시철폐	발효즉시 4% 인하 4년간 유지 후 철폐
	전기차	미국	관세2.5%, 10년 철폐	5년간 균등철폐
		한국	관세8%, 10년 철폐	발효즉시 4%로 인하-4년간 균등 철폐
	픽업트럭	미국	관세25%, 10년 철폐	10년 철폐 유지, 발효 8년차부터 균등철폐

<table>
<tr><th colspan="2">품목</th><th>직용</th><th>기존 협정</th><th>추가 협상</th></tr>
<tr><td rowspan="2">자동차</td><td>세이프가드</td><td>공통</td><td>-</td><td>한 · EU FTA 세이프가등의 6개 절차요소 반영한 자동차 세이프가드 도입</td></tr>
<tr><td>안전기준</td><td>한국</td><td>6,500대 미만 제작사에 한해 미국과 한국기준 중 선택적 사용</td><td>제작사별 25,000대 까지 미국기준 충족시 완전동등성 인정</td></tr>
<tr><td colspan="2">냉동돼지고기</td><td>한국</td><td>관세 25%, 2014.1월까지 관세균등철폐
※ '12년 발효가정 관세 철폐일정('12(16.7%-'13/8.3%-'14/0%)</td><td>냉동 기타 목살, 갈비살(25%)에 대해 '12년부터 관세 감축하여 '16.1.1일 관세철폐
※ ('12/16%-'13/12%-'14/8%-'15/4%-'16/0%)</td></tr>
<tr><td colspan="2">의약품 허가 특허 연계</td><td>한국</td><td>18개월 간 연계의무에 대한 분쟁을 제소 할 수 없도록 함.</td><td>36개월간 이행의무 자체를 유예</td></tr>
</table>

② 합의의사록

품목	적용	합의 내용
자동차 연비 · CO_2 기준	한국	• 제작사당 2009년 판매대수 기준으로 4,500대까지 19% 완화된 기준 적용 • 미래규정(2016년 이후): 추후 협의
기업내 전근자 비자	미국	• 기존 사업체 근무자를 위한 비자 유효기간 3년 → 5년으로 연장 • 사업체 신설을 위한 근무자를 위한 비자 유효기간 1년 → 5년으로 연장

자료: www.fta.go.kr.

주: 본 자료는 정부 공식 홈페이지에 게시된 자료일 뿐이며, 2007년 4월 원래 협정 내용이나 2010년 12월 추가 협상 내용은 언론 보도, 선행 연구물을 참조하기 바란다. 특히 소고기 추가 협상 건은 많은 논란을 일으켜 관심있게 살펴볼 필요가 있다. 시간적 사정 등으로 충분하게 소개하지 못한 점 아쉽게 생각한다.

4. 한미FTA 협정문

한미FTA 협정문은 한글과 영문으로 작성되어 있으며, 서문, 제1장(최초규정 및 일반적 정의)에서 제24장(최종규정), 그리고 부속서1,2,3으로 구성되어 있다. 전 협정문은 정부 공식 홈페이지에서 확인할 수 있으며, 여기에서는 서문만을 제시하고자 한다.

【협정문】

〈서문〉

대한민국 정부(대한민국)와 미합중국 정부(미합중국)(양 당사국)는, 양국의 오랜 그리고 강한 동반자관계를 인정하고, 양국간의 긴밀한 경제관계를 강화하기를 희망하며, 자유무역지대가 그들의 영역에서 확장되고 확고한 상품 및 서비스 시장을 창출하고 안정적이고 예측가능한 투자환경을 창출하여 그들 기업의 세계시장에서의 경쟁력을 증진할 것임을 확신하며, 양국 영역간 무역 및 투자를 자유화하고 확대함으로써, 양국의 영역에서 생활수준을 제고하고, 경제 성장과 안정을 증진하며, 새로운 고용기회를 창출하고, 일반적인 복지를 향상시키기를 희망하며, 양국의 무역 및 투자를 규율하는 명확하고 상호 유익한 규칙의 제정과 양국 영역간 무역 및 투자에 대한 장벽의 축소 또는 철폐를 추구하면서, 국내법에 따른 투자자 권리의 보호가 미합중국에 있어서와 같이 이 협정에 규정된 것과 같거나 이를 상회하는 경우, 외국투자자는 국내법에 따른 국내 투자자보다 이로써 투자보호에 대한 더 큰 실질적인 권리를 부여받지 아니한다는 것에 동의하면서, 자유무역지대의 창설을 통하여 무역에 대한 장벽을 제거함으로써 세계무역의 조화로운 발전과 확장에 기여하고, 이 협정의 혜택을 축소할 수 있는 양국 영역간 무역 또는 투자에 대한 새로운 장벽의 설치를 회피하기로 결의하며, 노동 및 환경 법과

정책의 개발과 집행을 강화하고, 노동자의 기본적 권리와 지속가능한 발전을 증진하며, 이 협정을 환경보호 및 보전과 합치하는 방식으로 이행하기를 희망하며, 세계무역기구 설립을 위한 마라케쉬협정과 양 당사국이 당사국인 그 밖의 다자적, 지역적 및 양자적 협정과 약정상의 그들 각각의 권리 및 의무에 기초하여, 그리고 특히 아시아 태평양 지역에서의 무역 및 투자에 대한 장벽 축소를 추구함으로써 이 지역에서의 경제적 지도력을 증진하기를 결의하여, 다음과 같이 합의하였다.

The Government of the Republic of Korea (Korea) and the Government of the United States of America (United States) (the Parties): Recognizing their longstanding and strong partnership, and desiring to strengthen their close economic relations; Convinced that a free trade area will create an expanded and secure market for goods and services in their territories and a stable and predictable environment for investment, thus enhancing the competitiveness of their firms in global markets; Desiring to raise living standards, promote economic growth and stability, create new employment opportunities, and improve the general welfare in their territories by

liberalizing and expanding trade and investment between their territories; Seeking to establish clear and mutually advantageous rules governing their trade and investment and to reduce or eliminate the barriers to trade and investment between their territories; Agreeing that foreign investors are not hereby accorded greater substantive rights with respect to investment protections than domestic investors under domestic law where, as in the United States, protections of investor rights under domestic law equal or exceed those set forth in this Agreement; Resolved to contribute to the harmonious development and expansion of world trade by removing obstacles to trade through the creation of a free trade area and to avoid creating new barriers to trade or investment between their territories that could reduce the benefits of this Agreement; Desiring to strengthen the development and enforcement of labor and environmental laws and policies, promote basic workers' rights and sustainable development, and implement this Agreement in a manner consistent with environmental protection and conservation; Building on their respective rights and obligations under the Marrakesh Agreement Establishing the World Trade Organization and other multilateral, regional, and bilateral agreements and arrangements to which they are both parties; and Committed to furthering their economic leadership in the Asia Pacific region, in particular by seeking to reduce barriers to trade and investment in the region; HAVE AGREED as follows:

자료: www.fta.go.kr.

5. 언론에 보도된 협상 사례

1) 사례 선정 이유

이하에서는 한미FTA 협상 사례와 관련하여 언론에 보도된 주요 내용을 소개함으로써 당시 및 현재 상황을 이해하는데 도움을 주고자 한다. 특히 저자가 매우 인상 깊게 여겨져 왔던, 당시 통상교섭본부장(장관)으로 재

임한 '김현종'에 대하여 언론에 보도된 내용을 소개하는 것으로 마무리하고자 한다. 이유는 다음과 같다.

먼저, 본 저서는 FTA에 대한 설명이 아니라 협상과 관련한 주제이므로, FTA자체에 대한 평가는 연구자마다, 특히 관련 이해당사자마다 긍정과 부정이 심하게 엇갈리고 있어 그 분야의 전문가의 연구 자료를 참조할 필요가 있다. 다만, 한미FTA 협상 과정에 대한 평가는 차후의 과제로 남겨두고자 한다.

둘째, 다행스럽게도 정부는 한미FTA 관련 자료와 정보를 매우 자세하고 구체적으로 홈페이지를 통하여 제공하고 있어 관심이 있는 독자라면 누구나 쉽게 접근할 수 있다(www.fta.go.kr).

마지막으로 소개하는 '김현종' 전 통상교섭본부장(통상장관)은 저자가 한창 협상에 관심을 가지고 있던 시기에 한미FTA 협상을 총괄하였고, 협상이 타결되었다는 뉴스와 함께 TV에서 공동 브리핑을 하였다. 당시 김현종 본부장의 당당하고 자신감 넘치는 모습과 태도, 협상 상대방과 힘차고 패기 넘치게 악수를 하는 모습, 확신에 찬 눈매와 어조로 브리핑을 하는 모습이 매우 신선하고 감동적이었다.

그동안 우리나라 협상가들은 다른 국가와의 여러 협상에서 대부분 자신감이 부족하고 소극적이며 마지못해 협상하는 듯한 모습과 행동으로 실망감과 불만, 그리고 양보를 많이 하는 협상 결과를 보여주었기 때문이다. 물론 사람에 따라 다른 평가를 할 수는 있으므로, 독자들도 인터넷 자료 등을 통하여 접해 보기 바란다.[2)]

---

2) 한미 FTA와 관련하여 다음 저서를 참조하기 바란다. 김현종. 2010. 김현종, 한미 FTA를 말하다. 홍성사.

2) 언론에 보도된 협상 사례

한미FTA 국제 협상의 전략과 전술 사례

협상 팁 17-1

[김병준의 대담] 한미FTA 김현종 前 통상교섭본부장

보란 듯이 캐나다와 먼저 FTA 협상…깜짝 놀란 미국 손 내밀어"

♥ 김현종(56)

김현종

아버지가 외교관이었던 그는 열 살이 채 안 되어서부터 외국서 살았다. 미국 변호사에 미국 박사(컬럼비아 대학)이기도 하고 변호사가 된 뒤 약 4년간 미국 법무법인에서 근무했다. 서른인 1989년에 귀국, 법무법인과 대학(홍익대 교수)에서 일했으나 이후 다시 세계무역기구(WTO)의 법률자문관 일을 했다.

당선인 시절 그를 처음 만난 노무현 대통령은 처음부터 그를 높이 샀다. 각국의 이해관계를 꿰뚫어 보는 눈과 상대를 누르고 설득하는 담력과 끈질김, 그리고 나라의 현실과 장래에 대한 고민을 보았기 때문이다. 2003년 대통령에 취임하자 그를 바로 통상교섭조정관(차관보,1급)으로 불렀고, 그 이듬해에는 우리 측 통상장관인 통상교섭본부장에 임명했다. 신임도 대단했다. 통상교섭에 관한 한 그야말로 전권을 부여했다. 한미FTA도 대통령의 이러한 신임과 협상가로서의 그의 실력과 기질이 만들어 낸 결과였다. 그의 나이 45~46세 때의 이야기이다.

그는 그 자신을 협상가라 부른다. 한미FTA와 지난해(2014년) 11월 타결된 한중FTA, 그리고 현안이 되어 있는 TPP(환태평양경제동반자협정) 등에 관한 이야기를 들어보기 위해 그와 자리를 함께 했다. 먼저 협상가는 어떤 사람이고, 또 어떠해야 하는지를 물어보았다.

◈ 협상가의 자질

♥김현종 협상가는 우선 상대방에게 예측 불가능해야 한다. 예측 가능해지는 순간 백전백패한

다. 때로 속마음과 180도 다른 이야기를 하는 경우도 많다. 또 상대가 상상할 수 없는 카드를 던질 수 있어야 한다. 그러려면 고급정보를 가지고 있어야 하고, 또 이를 위해서는 내가 많이 알아야 한다. 관료들만 해도 장관이 어느 정도 알고 있느냐에 따라 딱 그 수준의 정보만 제공하곤 한다.

♡김병준 예측 불가능해야 한다고 했는데, 전략적으로 하는 언행을 국민들은 진짜로 받아들여 비판하곤 한다. 한미FTA에서도 그런 일이 꽤 있었던 것으로 기억된다.

♥김현종 감수할 수밖에 없는 일이다. 그런데 한미FTA를 이야기하기 전에 왜 FTA인가를 먼저 좀 설명했으면 한다. 통상협상은 WTO처럼 다자체제로 해도 되고, FTA처럼 양자체제로 해도 된다. 그런데 WTO는 말이 좋아 다자이지 실제로는 미국 EU 인도 브라질만 합의되면 끝난다. 우리는 목소리를 낼 수가 없다. 그러나 양자인 FTA에서는 우리가 주도권을 쥘 수도 있다. WTO에서 일을 하면서 이 체제를 벗어나야 우리가 산다는 생각을 했다. 즉 동시다발의 FTA를 생각했다.

♡김병준 그러나 문제는 상대국이 우리 뜻대로 따라오느냐이다. 미국만 해도 우리와의 FTA를 깊이 생각하지 않고 있었다.

♥김현종 그렇다. 미국과 BIT, 즉 양자투자협정이 시도되었다 안 된 적이 있었다. 멕시코 칸쿤에서 다자무역협상을 시도한 적이 있었는데, 그것도 잘 안 되었다. 미국 시각에서는 이런 것도 못하면서 FTA를 어떻게 하겠느냐는 시각이 있었다. 우리를 통상 분야 플레이어로 인정하지 않고 있었던 것이다. 그러나 그렇다고 우리가 먼저 매달릴 수도 없었다. 매달리면 더 많은 것을 내어 놓아야 하지 않나.

♡김병준 바로 그런 부분에서 협상가로서의 전략이 필요한데, 당시 상당히 치밀하게 움직였던 것으로 기억된다.

♥김현종 미국 쪽에는 오히려 별 관심이 없는 척했다. 오히려 개방체제가 가져올 국내문제가 만만치 않다고 말했다. 그러면서 캐나다를 설득했다. 캐나다와 FTA를 하게 되면 미국이 자극받을 것이라 생각했다. 농산물만 해도 캐나다 농산물이 한국에서 먼저 팔리게 되는 것을 미국의 농촌지역 상원의원들이 보고만 있겠나. 캐나다와 합의를 본 뒤 미국 쪽에 슬쩍 그 사실을 흘렸다. 아니나 다를까. 미국 쪽이 깜짝 놀라며 왜 미국에 먼저 제안하지 않았나를 물어왔고, 이후 칠레에서 열린 APEC 회의에서 우리에게 먼저 제안을 해 오게 되었다.

♡김병준 체결 이후의 무역흑자 등으로 보면 잘했다는 생각이 든다.

♥김현종 그렇다. 한미FTA 발효 이전인 2011년 대미 무역흑자는 116억 달러였다. 그것이 발효 이후인 2013년에는 205억 달러, 그리고 2014년 1월부터 10월까지 206억 달러, 이렇게 늘었다. 농업 분야에서도 큰 피해는 없다. 우려했던 소고기도, 한우의 시장 점유율이 2012년 48%, 2013년 50%였다. 한미FTA 비준 전과 비슷하다. 미국은 많이 손해를 봤다는 입장이고, 우리 협상가들은 표정 관리를 하고 다닌다.

◈ FTA 이후에는 내치

♡김병준 그러나 FTA를 하지 않아도 그 정도는 늘 수 있었다는 지적이 있다.

♥김현종 문제가 있을 수는 있다. 그러나 그런 문제는 내치로 풀어 가야 할 문제이다. 고래들 사이에서 새우가 아니라 돌고래로 변신해야 하는 상황이다. 또 수치로 계산이 안 되는 이익도 많다. 예컨대 G-20 회의 참여국을 정할 때 미국 무역대표부가 미국과 FTA를 체결한 한국이 포함되어야 한다고 주장을 했다.

♡김병준 내치문제는 정말 중요한 문제이다. 한미FTA는 축복도 아니고 저주도 아니다. 하지 않을 수 없으니 하는 것이다. 그 뒤는 우리가 어떻게 하느냐에 달려 있다. 개방에 따른 구조조정이 있어야 하고, 또 이를 위해서는 평생교육체제를 강화하는 등의 노력을 해야 한다. 공무원들의 정책적 역량을 강화하는 일도 중요하다. 그런데 이런 노력들이 약해 유감이다. 한쪽은 개방을 축복이라 손을 놓고 있고, 다른 한쪽은 반대하느라 실제 챙겨야 할 일이 무엇인지도 모르고 있다.

♥김현종 FTA가 만병통치약이 아니라는 것을 명심해야 한다. 다시 한 번 내치문제를 강조하고 싶다. 와인만 해도 관세가 줄면서 수입원가가 줄었는데도 소비자 가격은 여전하다.

♡김병준 한EU FTA에서도 전략적인 접근을 한 것으로 알고 있다. EU 역시 우리와의 FTA에 별 관심이 없었지 않았나?

♥김현종 로마와 파리 등의 로맨틱한 모습과 달리 이들 국가들은 대단히 현실적인 사고를 한다. 계산도 빠르다. 처음 FTA 문제를 꺼냈을 때 이들의 반응은 차가웠다. 이제 겨우 칠레와의 FTA 정도를 성사시킨 국가가 감히 EU에 그런 제안을 하느냐는 식이었다. "WTO에서 하는 DDA협상에나 신경 쓰라." 일종의 훈계조였다. 결국 EU를 자극하기 위해 그 주변국들, 즉 EU

비가입 유럽 국가들인 스위스 노르웨이 리히텐슈타인 아이슬란드 등을 먼저 두드렸고 6개월 만에 이들과 FTA협정을 타결했다. EU가 우리를 무시하지 못할 상황이 된 것이다.

◈ 한중 FTA는

♡김병준 한중FTA에 대한 걱정이 있다. 다행히 농산물은 제외가 되었다. 하지만 최근 중국의 자본축적 규모나 기술혁신의 속도가 놀랄 만큼 크고 빠르다. 괜찮겠나?

♥김현종 사실 10~15년 후 통일된 대한민국에서나 하면 좋겠다고 생각했다. 그러나 오히려 중국의 성장이 너무 빨라 당길 수밖에 없다는 생각을 한다. 이 시장을 놓칠 수 없지 않은가. 결과도 좋을 것이라 생각한다. 수출의 경우 관세 즉시 철폐로 연간 87억 달러, 10년 이내에는 458억 달러의 효과가 있을 것으로 예상한다. 협상 자체도 균형이 잘 잡혀 있다고 생각한다. 농산물에 있어 특히 방어를 잘했다.

♡김병준 그래도 중국의 기술혁신 속도가 빨라 걱정이다. 벌써 중국의 휴대폰들이 우리 시장을 두들기고 있다. 게다가 중간재들에 있어서도 한국이 진출할 수 있는 길이 점점 좁아지고 있다.

♥김현종 이 역시 우리가 어떻게 하느냐에 달려있다. 재벌들만 해도 3, 4세대들이 잘해 주어야 한다. 벤처정신을 발휘해서 중국기업들과 경쟁을 해 나가야 한다. 국가도 개발만 강조할 것이 아니라 특허를 사오는 것에 대해서 적극적인 자세를 보이는 등 새로운 생각을 해야 한다. 아울러 중국의 낮은 임금을 이길 수 있게 북한과의 경제협력을 강화하는 것도 중요하다. 개성공단 같은 것을 우리 쪽에 설치하는 것 등에 대해서도 생각해 볼 수 있다.

♡김병준 참여정부 때 그 구상을 한 적이 있다. 즉 북한 사람들을 남쪽지역으로 오게 해서 생산하는 방법이었다. 개성공단부터 성공시켜야 된다는 입장 때문에 강하게 추진하지 못했다. 북한 쪽 입장을 알 수 없기도 했고.

♥김현종 한중FTA에 있어 아쉬운 측면이 있다. 중국은 FTA를 정치적인 차원에서 한다. 즉 국경을 맞댄 14개 국가에 대한 영향력을 강화하는 것 등을 생각한다. 중국의 이런 입장을 우리가 활용할 수는 없었을까? 이를테면 무역대금 결제를 원화 위안화로 하게 하는 등, 위안화를 기축통화 만들고 싶어 하는 중국 쪽 요구를 들어주면서 우리 것을 더 챙기는 일 같은 것 말이다.

♡김병준 미국이 가만 보고 있겠나. 당장에 우리 정부에 압력을 가해올 것이다.

♥김현종 앞서 이야기했지만 우리도 독자적인 노선을 걸을 수 있어야 한다. 돌고래로 변신하기 위해서는 그래야 한다. 우리가 어떤 전략으로 접근하느냐에 따라 충분히 가능한 일이다. 중국은

한반도에 대해 사활이 걸린 이해관계를 가지고 있다. 우리가 이를 잘 활용할 수 있어야 한다.

◈ TPP는 우리가 갑이다

♡김병준 TPP 이야기를 좀 하자. 무역협회장을 비롯해 적지 않은 사람들이 정부에 TPP를 빨리 하라고 주문하고 있다. 어떻게 이해해야 하나? 그분들 이야기가 일본하고 우리하고 산업구조나 수출품목이 비슷한데 일본은 들어가고 우리가 들어가지 않으면 큰일난다고 한다.

♥김현종 TPP 12개국이라 하지만 경제규모를 보면 일본과 미국이 90%를 차지한다. 사실상 미일FTA이다. 우리는 이미 미국과 FTA를 했다. 일본이 아닌 우리가 갑이다. 들어가지 않을 이유도 없지만 입장료를 비싸게 내고 들어갈 이유가 없다. 일부에서는 그 효과가 클 것이라 이야기하지만 근거가 없다.

♡김병준 지난 한 해 대구를 자주 간 것으로 알고 있는데 어떻던가?

♥김현종 부산보다 발전 못 했더라. 거시적인 비전을 가질 필요가 있다. 예컨대 원전사고 이후 갈 곳이 마땅치 않은 일본의 부품소재 기업 등을 유치하는 문제 등도 생각해 볼 수 있지 않겠나.

♡김병준 앞서 내치를 이야기했는데 이 부분에 좀 더 신경을 써 정말 우리가 생각한 결과가 있으면 한다.

♥김현종 FTA도 결국 우리의 볼륨을 키우고 열강에 대한 의존도를 낮추자는 뜻을 담고 있다. 수나라를 물리쳤던 고구려의 힘이 우리에게는 없다. 강대국에 의존해 오면서 없어져 버린 것이다. 자주적인 역량을 키우며 살아야 한다. 역사적 교훈이 있다. 김옥균은 시대적 통찰력은 있었으나 정치력이 없었다. 대원군은 정치력은 있었지만 위대한 뜻이 없었다. 전봉준은 위대한 뜻과 힘은 있었지만 시대적 통찰력이 없었다. 우리는 역사의 흐름을 정확히 판단하고 패권국가들이 동북아지역에서 추구하는 것이 무엇인지를 거시 미시 차원에서 모두 파악한 다음, 우리 민족이 우리의 미래를 결정할 수 있는 힘을 키워나가야 한다. 개방의 판을 그렇게 만들어야 한다.

출처: 매일신문. 2015. 1. 19
http://www.imaeil.com/sub_news/sub_news_view.php?news_id=3360&yy=2015#axzz3PLOJLR2k+
참고: 두 사람의 생생한 대담 내용을 독자들에게 그대로 전하고자 이름과 ♥♡표시만 진하게 추가하였다. 게재를 허락해 준 매일신문사 및 김현종 교수님께 감사드린다.

협상 팁 17-2

"유능한 협상가들이 국력을 좌우한다"

김현종(전 前 통상교섭본부장, 유엔대사)

한 노련한 외국 협상 대표가 자국의 협상가들에게 "국가를 대표하는 협상가들은 국익을 극대화하기 위해 부모와도 등질 수 있는 자세로 협상에 임해야 한다"고 조언하는 내용을 엿들은 적이 있다. 국가를 대표하는 협상가들은 국익을 쟁취하기 위해 상대방을 현혹시키고 교란작전도 사용한다.

'칼날 위의 평화'라는 책에 따르면, 한국 정부는 주권적 차원에서 북한 유사시 주체적으로 책임지고 대처한다는 원칙을 가지고 있다. 저자에 따르면, 미국은 북한 비(非)전시 급변사태에 대응하는 주체를 한국 정부가 아닌 주한미군사령관이 통제하는 한미연합사로 변경시키는 협상에서 유리한 위치를 차지하기 위해, 이를 우리 언론에 누설시켜 국내 여론을 미국 측에 유리하도록 몰아갔다고 한다.

미국 측은 한미동맹에 악영향을 끼쳤다며 우리 외교안보 담당자들을 거세게 비난했다. 당시 청와대에서는 누설자가 한국인이라고 생각했지만 결국은 미국 측 인사였다. 교활한 협상전략이다.

북한도 협상력을 높이기 위해 다방면의 수단을 사용하는 것으로 간파된다. 고위급 3명이 갑자기 인천 아시아경기 폐막식에 참석했다. 자기네 선수단을 격려하러 온 북한 고위 관료들에게 청와대 방문을 제안했지만 그들은 시간이 없다며 돌아갔다.

경호원이 들고 있던 검은색 서류가방은 미국 대통령이 이동할 때 해병장교가 들고 다니는 핵 가방을 연상시켰다. 북한이 핵무력을 과시한 것이다. 그리고 이런 상황을 만들어 낼 수 있는 전략가가 북한에 존재함을 간접적으로 보여 준 것이다. 치밀한 계산이었다.

한중 자유무역협정(FTA)을 담당하는 통상 협상가들은 이런 어려움을 호소했다. 우리 대통령이 아시아태평양경제협력체(APEC) 정상회의 때까지 협상 타결을 지시했음을 인지한 중국 측이 양보를 하지 않았기 때문이다. 시간만 지나면 우리 협상가들이 무너질 것을 예측한 것이다. 중국은 한국-캐나다 정상회담 전에 양국 간의 FTA가 급속히 타결된 것을 지켜보았을 것이다.

냉정한 국제질서에서 특히 실시간으로 지형이 변하는 동북아 지역에서 협상가들은 치밀한 전략과 전술을 가지고 '신(新)조선책략'을 구사하는 중국에 대비해야 한다. 경험이 많은 우리 협상가들이 좋은 결과를 내겠지만 이들에게 힘을 실어 주기 위해서는 마감일을 언급하는 것은 금기이며 언제든지 깰 수 있는 권한을 부여해야 한다.

상대방에게 협상을 결렬시킬 수 있다는 압박을 가할 수 있었기 때문에 한미 FTA가 타결돼 2012년 3월 15일 발효될 수 있었던 것이다. 미국은 2007년 6월 30일 체결 시 재협상은 없다고 공개적으로 약속했지만 결과가 불리하다고 생각되자 버락 오바마 행정부가 한국 정부와 재협상을 했다.

그럼에도 불구하고 2011년 116억4000만 달러였던 대미 무역 흑자가 한미 FTA 발효 이후 2012년(첫 3개월 포함) 151억8000만 달러, 2013년에는 205억4000만 달러로 증가했다. 올해 8월까지 대미 무역 흑자는 150억8000만 달러다.

국제무대에서 협상을 깨기 위해서는 명분과 논리가 필요하다. 우리한테 불리한 한일 FTA를 깨기 위해 수석대표였던 필자는 56%에 불과한 일본의 낮은 농산물 개방률을 이유로 내세웠다.

상대방의 요구사항을 포기시킬 때도 마찬가지다. 한미 FTA 협상 당시 미국이 자국 제약사들의 신약에 대해 높은 최소가격을 요구했을 때 필자는 미 제약회사들을 위해 죽도록 싸웠지만 불가능하다고 강조하며 미국의 요구사항을 포기시켰다.

결론적으로 한국은 의약품 가격과 관련해 양보를 하지 않아도 되었고 오늘날 신약에 대해 한국은 경제협력개발기구(OECD) 국가 중 가장 낮은 가격을 지불하는 나라 중 하나다. 협상 시 상대방을 위해 최선을 다했지만 안 됐으니 포기하라고 설득하는 것은 효율적인 협상 전술이다.

우리 협상가들은 선진국들과 상대할 때 줄 것은 많지 않고 받을 것이 많기 때문에 지렛대를 만들어야 한다. 6 · 25전쟁 종전 무렵 휴전론이 대세였지만 이승만 대통령은 반공포로 석방이란 강수를 두며 철수하려는 미국과 협상해 상호방위조약, 2억 달러의 원조 및 20개 사단을 포함한 우리 군의 증강 약속을 받아냈다.

민족주의자인 단재 신채호는 "세계와 교섭하며 분투함으로써 세계 속에 독립을 얻을 수 있는 것이니, 그 나라에 세계와 교섭할 수 있는 탁월한 협상가들이 있어야 그 민족이 독자적으로 운명을 개척해 나갈 수 있다"고 말했다. 우리 미래에 영향을 미치는 원자력협정, FTA 등 굵직한 협상들에 우리 협상가들이 국익을 최우선으로 하는 자세를 가지고 임할 필요가 있다.

김현종 전 통상교섭본부장, 전 유엔대사.

출처 : 동아일보〉뉴스〉오피니언〉사설/칼럼〉동아광장〉/2014-11-06. 게재를 허락해 준 김현종 교수님께 감사드린다.

협상 팁 17-3

"FTA 전쟁에서 앞으로 나아가지 못하면 후퇴하는 것이다"

[홍권희 논설위원이 만난 사람/김현종]

김현종 전 통상교섭본부장(52)은 동시다발적 자유무역협정(FTA) 추진을 노무현 전 대통령에게 건의하고 한미 FTA 협상을 총괄 지휘했던 사람이다. 그는 유엔대사를 거쳐 삼성전자 해외법무 사장으로 일하고 있다(2011.12.31. 퇴사함. 저자 주).

김 전 본부장에게서는 풍운아 기질이 엿보인다. 경험이나 연고 없이 노무현 정부에 뛰어들어 대통령을 움직여 통상과 경제를 넘는 영역에서 한국의 좌표와 행로를 바꿔놓았다. 변호사, 교수, 국제기구의 간부, 장관, 대사에 이어 대기업 사장으로 일하는 그는 요즘 또 다른 도전을 모색하고 있다.

노 전 대통령은 2003년 대통령 당선자 시절 세계 통상현안에 관해 브리핑을 한 세계무역기구(WTO) 수석변호사를 눈여겨보았다가 정부로 불러들였다. 노 전 대통령은 가끔 김 전 본부장에게 "당신과 잘 통한다"고 말했다.

하지만 대통령의 편애에 가까운 신임을 받다보니 적이 많아져 'FTA 정책을 마음대로 한다'는 비판을 들었다. 한미 FTA 협정 체결 직후 자의 반 타의 반으로 유엔대사로 자리를 옮겼다. 김 전 본부장은 요즘도 이따금 봉하마을을 찾는다.

미국 출장 중인 그에게 국회의 비준동의안 통과 소식을 문자로 알려주니 몇 시간 후 전화를 걸어왔다. "한미 FTA는 목적이 아니라 과정이다. 한국이 다음 단계로 나아가는 발판, 플랫폼이 마련된 것이다." 그가 출장길에 오르기 전에 두 차례 만나 FTA에 관해 긴 이야기를 나눴다.

한미 FTA의 기대 효과는….

"한국과 중국의 100대 주력 수출상품 중 미국 시장에서 30여 개가 겹친다. 우리 수출품이 무관세로 들어가면 일본 중국 상품에 비해 경쟁력이 높아질 것이다. 한국이 주요 20개국(G20) 멤버로 초청받고 근자에는 '코리아 디스카운트' 대신 '코리아 프리미엄'이 붙고 있다. 선진국들이 줄줄이 신용등급을 강등당하는 판에 한국은 상향됐다.

이 모두가 한미 FTA에 대한 기대 효과가 반영된 결과다. 한국의 신용도가 올라가면 남북통일 이후 북한 땅에 인프라를 구축할 때 차입 비용을 줄일 수 있다. 버락 오바마 미 대통령은 지난해(2010년, 저자 주) '한미동맹은 한국과 미국뿐 아니라 태평양 전체 안보의 린치핀(linchpin)'이라고 표현했다."

린치핀은 자동차나 마차의 수레바퀴가 빠지지 않도록 고정시키는 핀으로 아주 중요하고 핵심적이라는 의미다.

한미 FTA 재협상으로 한국이 손해를 보았다는 불만이 나온다.

"큰 틀에서 보면 우리가 여전히 유리하지만 추가협상을 잘했다고 볼 수는 없다. 미국이 한국 자동차 수입이 많아질 경우 관세를 과거처럼 부과할 수 있게 세이프가드를 허용한 것은 우리에게 큰 부담이다. 3000cc 이하 자동차의 관세 철폐를 4년 늦춰주고 우리가 돼지고기 목살 관세 철폐 2년 연장을 받은 것도 국민에겐 손해로 비칠 것이다. 미국이 경쟁력이 있는 픽업트럭의 관세 인하가 8년 후로 미뤄져 우리 기업의 진출과 투자유치가 그만큼 늦춰질 수 있다."

추가협상을 피할 수는 없었나.

"2007년 6월 30일 한미 FTA 협정 서명 때 수전 슈워브 미 무역대표가 공개적으로 '재협상은 없을 것'이라고 했다. 3년 후 미국이 '우리가 불리하다'며 추가협상을 요구한 것은 적절치 않았다. 이명박 정부는 필사즉생(必死則生 · 죽기로 싸우면 반드시 산다)의 자세로 나갔어야 했다.

한국이 유럽연합(EU)과 FTA를 맺어 농산물을 수입하기 시작하면 농산물을 수출하는 미국 35개 주 상원의원들이 나서서 미국이 한미 FTA를 비준하도록 압박했을 것이다. 농산물 수출국인 호주나 캐나다와 FTA를 맺어 미국을 전략적으로 압박할 수도 있었다."

김 전 본부장은 "추가협상으로 '한국은 밀면 밀린다'는 나쁜 선례를 남겼다"며 아쉬워했다. 그가 참여하지 않았기 때문에 추가협상을 더 부정적으로 보는지도 모르겠다. 그는 "추가협상을 할 바엔 반대급부를 제대로 챙겼어야 했다"면서 불평등한 한미 주둔군지위협정(SOFA) 개정, 동해 표기, 우라늄 농축 및 재처리권 등을 꼽았다.

자동차 문제도 FTA 협정문에 손대는 대신에 우리가 장차관 관용차와 경찰용으로 캐딜락을 사주고 미국 차 소비 확대를 위한 태스크포스(TF)를 설치하는 식으로 마무리했더라면 좋았을 것이라고 그는 덧붙였다.

FTA 협상에서는 때로 막판까지 가는 벼랑 끝 전술도 구사해야 하는가.

"일본과 김 수입 쿼터 협상 때는 일본을 WTO에 제소하는 강수를 둬 성과를 냈다. 미국이 우리에게 관심을 갖게 하려고 캐나다와 먼저 FTA 협상을 시작했고 EU와의 협상으로 미국을 초조하게 만들었다. 이런 전술이 성공하려면 남다른 정보가 있어야 한다.

한미 교섭이 난관에 빠지자 조지 W 부시 미 대통령이 카타르를 방문한 노 대통령에게 전화를 걸었는데 경제 라인이 아니라 안보 라인을 통해 했다는 것을 알아냈다. 미국도 한미 FTA를 안보 차원에서 중시하고 있다는 의미다. 이런 판단에서 미 협상대표에게 강하게 요구해서 상당 폭 반영시킬 수 있었다. 순간순간 작은 것도 놓치면 안 된다. 때로는 상대방 편을 들어주는 듯이 선의의 거짓말도 할 필요가 있다."

미국으로부터 전문직 비자를 확보했나.

"미국에 최소한 호주 수준(1만500개)의 쿼터를 요구하자 토니 에드슨 당시 미국 비자담당 차관보가 '수용할 수 있는 수준'의 쿼터를 약속하는 서한을 보내왔다. 통상교섭본부 간부들에게 후속 처리를 잘하라고 지시해 놓고 유엔대사로 자리를 옮긴 뒤에 보니 마무리가 안 돼 있었다. 우리 일자리가 걸린 중대한 문제이므로 통상교섭본부가 꼭 받아내야 한다."

개성공단 생산품의 한국 원산지 인정은 어떻게 되나.

"북한이 2006년 핵실험을 한 직후 진행된 FTA 협상이어서 미국 네오콘(신보수주의자)들의 반대가 심해 개성공단에서 생산한 제품의 한국 원산지 인정을 받아내기 어려웠다. 그래서 장차 논의할 때 우리가 유리하도록 두 가지를 협약(부속서 22-나)에 집어넣었다.

이 부분이 미국 내에서 정치적 쟁점이 될까봐 미국 의회가 비준할 때까지 공개적으로 거론하지 않았다. 협상 후 우리 정부의 극히 일부에만 보고했고 이번에 처음으로 상세하게 밝히는 것이다.

첫째는 '미국은 한국 헌법에 기재돼 있는 권한을 인정하며'라는 표현을 집어넣어 헌법 제3조의 영토조항에 의거해 남북한 거래를 민족의 내부거래로 본다는 해석이 가능하게 했다.

둘째는 '남북한 관계'를 영어로 'inter-Korean relations'이 아닌 'intra-Korean relations'로 표기했다. 남북한 두 나라 간 관계가 아니라 남북한 내부의 관계라는 의미다. 특혜관세 부여 대상을 '모든 역외(域外)가공지역'으로 해 우리가 북한 어디에서나 제조한 상품을 한국산으로 인정받을 여지를 만들어 놓았다."

김 전 본부장은 WTO 수석변호사 출신이다. 뜨거운 세계 통상현안을 다뤄본 감각을 살려 협정문 단어 하나하나에 의미를 집어넣었다. 김 전 본부장이 정부에서 일하기 시작할 무렵 WTO 회원국 150개국 가운데 한국은 몽골과 함께 FTA가 전혀 없는 나라였다. 불과 8년 후 한국은 FTA 우등생이 됐다. 김 전 본부장의 '동시다발적 FTA 전략'의 성과다. 하지만 경쟁국이 계속 잠만 자지는 않을 것이다.

일본 미국 등의 환태평양경제동반자협정(TPP)은 성공적일까. 중국은 구경만 할까.

"미국은 2015년까지 관세 철폐를 목표로 하고 있다. 일본이 베트남의 농수산물 시장 개방 요구에 어떻게 대응할지 관심거리다. 우리도 TPP 협상에 참여하되 타결을 서두르지는 않는 것이 좋을 것 같다.

미국, 일본 등 해양세력이 뭉치는 데 대항해, 나라면 중국에 한국, 대만, 홍콩, 마카오, 몽골, 아세안까지 묶는 FTA를 추진하라고 권유하겠다. 이런 제안이 오면 우리도 적극 검토할 필요가 있다. 미국과 중국의 패권 쟁탈전이 벌어지면 우리는 양측으로부터 몸값을 올릴 수 있다."

김 전 본부장은 패권국 간 흥정에 따라 우리 운명이 결정된 뼈아픈 역사를 거론했다. 고종은 일본이 1905년 가쓰라-태프트 밀약과 제2차 영일동맹으로 미국과 영국으로부터 각각 한국 지배를 인정받은 사실을 모른 채 외국 열강에 한국 독립에 대한 지원을 '눈물로 호소'했다. 이런 역사가 되풀이돼서는 안 된다는 것이다.

그는 "부시 대통령이 백악관 만찬에서 '미국과 중국은 생각보다 가까운 관계'라고 말한 적이 있다"며 "패권국 간 갈등도 있지만 은밀히 통하는 게 많다는 점에 유념해야 한다"고 덧붙였다.

외교관이던 부친(김병연 전 노르웨이 주재 대사)을 따라 어려서부터 외국생활을 오래 한 그는 2003년 노무현 정부에 참여하면서 거의 매일 역사책을 읽었다.

한국의 다음 FTA 전략은 어때야 하나.

"FTA를 맺은 45개국을 거미줄처럼 엮는 RTA, 즉 '지역 FTA'를 해야 한다. 예를 들어 한국 EU 아세안을 RTA로 묶어 동남아에 진출한 한국기업이 현지 부품을 사용해 만든 제품을 EU에 무관세로 수출하는 식이다. 러시아가 카자흐스탄 우크라이나 등 8개 국가와 체결한 유라시아경제공동체라는 RTA에도 가입해야 한다."

그는 "앞으로 나아가지 못하면 후퇴하는 것"이라며 김훈의 소설 '칼의 노래'에 나오는 이순신 장군의 말을 인용했다. '바다에서 나의 위치는 늘 적과 맞물려 돌아갔다. 내가 함대를 포구에 정박시키고 있을 때도, 적의 함대가 이동하면 잠든 나의 함대는 저절로 이동한 셈이었다.' FTA, RTA 전쟁에서 우리가 가만히 있어도 경쟁국이 달라지면 우리의 상대적 위치도 달라져 버린다는 것이다.

남북한 FTA도 가능한가.

"2007년에 노 대통령에게 남북한 FTA를 통해 세계적으로 관세부과 등에 쓰는 HS코드와 원산지 규정 등 국제 규범을 북한이 도입하도록 유도하는 방안을 보고했다.

서울에서 북한을 통과해 중국과 러시아 국경까지 10차로 고속도로 건설 프로젝트를 남북 FTA에 포함시킬 수 있다. 북한은 차량 통행료를 받게 된다. 북한 주민은 고속도로를 달리는 현대 · 기아차를 보면서 바깥세상을 더 알게 될 것이고 한국의 젊은이들은 육로로 중국 러시아로 여행할 수 있어 섬나라 같은 고립감에서 벗어날 수 있을 것이다. 고속도로 공사비는 북한에 많이 매장된 마그네슘 철광석 우라늄으로 받을 수 있다.

노 전 대통령이 평양에서 남북 FTA를 제안하자 김정일 국방위원장은 'FTA를 들어봤지만 준비가 안 돼 있으니 다음에 논의하자'고 대답했다."

그에게 청년들에게 들려줄 말을 부탁했다. "준비하고 도전하라. 기회는 꼬리가 없어 뒤에서 잡을 수 없다."

출처: 동아일보. 2011-11-28. 게재를 허락해 준 홍권희 논설위원 및 김현종 교수님께 감사드린다.

협상 팁 17-4

제2차 한미FTA 협상 대응전략

▣ 협상 목표

☞ 1차 협상서 작성된 통합협정문을 기초로 쟁점별 입장 조율

☞ 필요한 양허단계 및 이행기간 등 양허안 기본 요소 합의, 최초 양허안 교환 추진

☞ 민감품목 보호 위해 양허제외 및 장기철폐 양허단계 설치

▣ 협상 전략

◉ 상품 양허안

☞ 성품, 농산물, 섬유 양허안 일괄교환

☞ 3개 분야 양허단계 및 이행기간 등 기본요소 합의

◉ 서비스 · 투자 유보안

☞ 전체적으로 다소보수적 수주 ㄴ유지

☞ 전기, 에니지, 가스, 교육, 의료 등 개방불허

☞ 택배, 법률시장 개방불허

☞ 안경 유통, 선원 교육서비스 개방불허

◉ 정부조달 양허안

☞ 전체적으로 보수적인 수준 유지

☞ 학교급식 예외근거 및 중소기업 보호 조항 설치

☞ 현행 정부조달협정(GPA)상 우리의 예외조항 인정

☞ 미측의 인천공항, 부산항만공사 양허기관 포함 요구 거부

자료: www.fta.go.kr / 2006-07-11

참고문헌

강문희 옮김. 2003.「협상의 법칙」. 청년정신.

김기홍. 2006.「서희, 협상을 말하다」. 새로운 제안.

김기홍. 2003.「한국인은 왜 항상 협상에서 지는가」. 굿인포메이션.

김성환 · 김중근 · 홍석우 옮김. 2012.「지성과 감성의 협상기술」. 한울아카데미.

김진철 · 이수광. 2006.「성공과 행복을 위한 인간관계 관리」. 형설출판사.

김천수 · 정기종. 2004.「노사협상의 전략과 쟁점」. 중앙경제.

김태훈 옮김. 2012.「어떻게 원하는 것을 얻는가」. B.O.

김현종. 2010.「김현종, 한미 FTA를 말하다」. 홍성사.

김호섭 · 김판석 · 유홍림 · 김대건. 2012.「행정과 조직행태」. 대영문화사.

민중서림 편집국. 2000.「엣센스 국어사전」 제4판. 민중서림.

박선철. 2004.「한국형 협상의 법칙」. 원앤원북스.

박정택. 2006.「인생은 게임으로 통한다」. 앨피.

배인연. 2002.「노사갈등과 분쟁조정론」. 중앙경제.

백기복. 2014.「조직행동연구」 제6판. 서울: 창민사.

백종섭. 2013.「공무원노동조합론」. 대영문화사.

백종섭. 2006. 자치단체의 정책갈등 원인과 정책적 함의.「한국거버넌스학회보」, 13(3): 25-54.

백종섭. 2002. 서울시 추모공원 건립정책의 갈등원인과 해결방안.「한국 사회와 행정 연구」, 13(2): 191-216.

변종원. 2006.「협상의 원포인트레슨」. 랜덤하우스.

심준섭. 2013. 수원기지 비상활주로 이전과정에 대한 협상론적 분석.「한국협상학회」, 16(1): 101-120.

심준섭 · 허식 · 이한영 · 손병권. 2010.「협상의 이해」. 박영사.

안세영. 2010.「글로벌 협상전략」 개정4판. 박영사.

오석홍. 2011.「조직이론」. 박영사.

오세덕 · 여윤환. 2000.「현대행정관리론」. 동림사.

이달곤. 2007.「협상론」 제3판. 법문사.

이창원 · 최창현. 2010.「새조직론」. 대영문화사.

천대윤. 2008.「갈등관리와 협상전략론」. 선학사.
동아일보. 2014.11.6.; 2011.11.28.
매일신문. 2015.1.19.

Bohlander, G.W., & Naber, J. 1999. Nonadversarial Negotiations: The FMCS Interest-Based Bargaining Program. *Journal of Collective Negotiations*. Vol. 28(1): 41-52.

Bracken, L. 2006. Building and Maintaining Coalitions and Allegiances throughout Negotiations. Lewicki,R.J., Saunders, D.M., & Barry, B. 2010. *Negotiation: Readings, Exercises and Cases* 6th ed..N.Y.: McGraw-Hill Co., Inc.: 294-300.

Cohen, H. 2003. *Negotiate This! By Caring, But Not T-H-A-T Much*. N.Y.: Warner Books, Inc.

Cohen, H. 1994. *You Can Negotiate Anything*. Illinois: A Citadel Press. 강문희 옮김. 2001.「협상의 법칙」. 청년정신.

DeCenzo, D. A., & Silhanek, Beth. 2002. *Human Relations*. New Jersey: Prentice-Hall.

Diamond, Stuart. 2012. *Getting More*. N.Y.: Three Rivers Press.

Fisher, R., Ury, W. W., & Patton, B. 1991. *Getting to YES: Negotiating Agreement Without Giving In*. Boston: Houghton Mifflin Company.

Gibson, J. J., Ivancevich, J. M., and Donnelly, J. H. 1988. *Organizations: Behavior, Structure, Processes*, 6th ed. Texas: Business Publications, Inc.

Hackman, M. Z., & Johnson, C. E. 2004. *Leadership: A communication perspective*. Waveland Press Inc.: 166.

Hindle, T. 1998. *Negotiating Skills*. New York: DK Publishing. Inc.

Katz, Harry C., and Kochan, Thomas A. 2000. *An Introduction To Collective Bargaining and Industrial Relations*. 2nd ed., Massachusetts: Irwin/McGraw-Hill.

Lax, D., & Sebenius, J. 1986. *The manager as negotiator: Bargaining for cooperation and competitive gain*. New York: Free Press.

Lewicki, Roy J., Hiam, Alexander, & Olander, Karen W. 1996. Selecting a Strategy. Lewicki, Roy J., Saunders, David M., & Barry, Bruce, 2010. *Negotiation: Readings, Exercises and Cases* sixth edition. New York, McGraw-Hill Irwin: 14-29.

Lewicki, Roy J., Saunders, D.M., & Barry, B. 2010. *Negotiation: Readings, Exercises and Cases* Sixth Edition. N.Y.: McGraw-Hill Co.,Inc.

Lewicki, Roy J., Barry, B., and Saunders, D. M. 2010. Best Practices in Negotiation. Lewicki, Roy J., Saunders, D.M. & Barry, B. 2010. *Negotiation: Readings, Exercises and Cases. Sixth Edition*. N.Y: McGraw-Hill/Irwin Companies, Inc.: 443-452.

Lewicki, Roy J. Saunders, D.M. & Barry, B. 2011. *Essential of Negotiation* 5th ed. N.Y.: McGraw-Hill Co., Inc.

Malhotra, D. and Bazerman, M. H. 2007. Investigative Negotiation. Lewicki, Roy J., Saunders, D. M., &

Barry, B. 2010. *Negotiation: Readings, Exercises and Cases.* Sixth Edition. N.Y: McGraw-Hill/ Irwin Companies, Inc.: 435-442.

Moran, R. & Harris, P. 1999. *Managing Cultural Differences: Leadership Strategies for A New World of Business,* Gulf Professional Publishing. Houston.

Pruitt, Dean G., and Rubin, Jeffrey Z. 1986. *Social Conflict: Escalation, Stalemate, and Settlement.* N.Y.: Random House.

Rahim, M. A. 1983. A Measure of Styles of Handling Interpersonal Conflict. *Academy of Management Journal.*: 358-376.

Rahim, M. A. 1985. A Strategy for Managing Conflict in Complex Organizations. *Human Relations.*

Robbins, Stephen P. 2003. *Organizational Behavior: Concepts, Controversies, and Applications.* Englewood Cliffs, NJ: Prentice-Hall.

Robbins, S. P., 1978. Conflict Management and Conflict Resolution Are Not Synonymous Terms, *California Management Review*, Vol. 21, winter.

Schelling, Thomas, C. 1960. *The Strategy of Conflict.* Cambridge, Mass: Harvard University Press.

Shell, G. R. 1999. *Bargaining for Advantage: Negotiation Strategies for Reasonable People*. Viking.

Thompson, Leigh, L. 2012. *The Mind and Heart of the Negotiator 2nd.*: 김성환 · 김중근 · 홍석우. 2013. 「지성과 감성의 협상기술」. 한울.

Ury, W., 1993. *Getting Past NO: Negotiating Your Way from Confrontation to Cooperation, 2nd Ed.* New York: Bantam Books.

Walton, R. E. & Mckersie, R. B. 1993. *A Behavioral Theory of Labor Negotiations: An Analysis of a Social Interaction System.* 2nd ed. New York: McGraw-Hill, Inc.

www.naver.com

www.fta.go.kr

찾아보기

ㄹ

ㅁ

ㅂ

ㅅ

ㅇ

ㅈ

ㅊ

ㅋ

ㅌ

ㅍ

ㅎ

기타

백종섭(白鍾燮, 운봉(雲峰))

[약력]

전북 임실 출생(을미생)
서울 보성고등학교
서울대학교 사범대학 사회교육과(문학사)
서울대학교 행정대학원(행정학 석사)
서울대학교 대학원 행정학과(행정학 박사)
Indiana University Fellowship
1980년 제24회 행정고시 합격(2차)
(전)한국인사행정학회장
(전)한국공공행정학회장
(전)한국행정학회 윤리위원회 위원장
(현)중앙노동위원회 공익위원(심판담당)
(현)중앙 부처 정책자문위원/면접위원
(현)중소기업청 자체평가위원
(현)산림청 갈등조정위원회 위원
(현)대전대학교 행정학과 교수

[저서 및 논문]

「공무원노동조합론」(2013)
「새행정학」(공저, 2014)
「참여정부 인사개혁의 현황과 과제」(공저, 2006)
「민주사회와 행정개혁」(공저, 2003)
「시민사회와 행정」(공저, 2002)
「지방자치의 미래」(공저, 2001)
「복지행정론」(공저, 1998)
공무원단체활동의 영향요인에 관한 연구(박사학위 논문, 1991)
공무원의 이중몰입 분석: 평행모델의 적용(2011)
참여정부 인사정책에 대한 평가 소고(공저, 2007)
국립대학교 직원의 노조몰입결정요인 분석(2006)
공무원노동조합제도의 정책적 쟁점과 해결 방안(2005) 외 다수

갈등관리와 협상전략

2015년 3월 5일 초판 인쇄
2015년 3월 10일 초판 발행

昌 旼 社

저 자 백 종 섭
발행인 윤 동 구
발행처 **창 민 사**
주 소 서울시 마포구 구수동 68-2 대건빌딩 103호
등 록 1999. 10. 28/제10-1846호
전 화 3272-1243~4
팩 스 3272-1245
e-mail cmbooks@hanmail.net

정가 20,000원   ISBN 978-89-90359-77-3   93350